FAMILIE IN FORM

FAMILIE IN FORM

Schlank werden, schlank bleiben

STIFTUNG WARENTEST

Dagmar von Cramm

ISBN-10: 3-937880-28-3
ISBN-13: 978-3-937880-28-0

Liebe Leserin, lieber Leser,

Dagmar von Cramm, Autorin

wenn Kinder schlank werden oder bleiben sollen, geht das nur mit den Eltern. Deshalb wendet sich „Familie in Form“ an Sie, gibt Ihnen Hilfestellung und versorgt Sie ganz praktisch mit Rezepten für den schlanken Familientisch. Gemeinsam gesund essen macht zudem gemeinsam schlank. Übergewicht wollen schließlich auch Eltern nicht.
Am Anfang verschaffen Sie sich Klarheit: Wie sieht es denn aus mit Essen und Trinken in Ihrer Familie? Woher kommen die Pfunde? Vier unterschiedliche Checks sollen Ihnen helfen, die kritischen Punkte zu erkennen. Dabei geht es um die Bereiche „Essen und Trinken“, „Einkaufen und Kochen“, „Bewegung und Freizeit“ und „Wohlfühlen und Entspannen“, die alle entscheidend Ihr Essverhalten und Körpergewicht beeinflussen. Denn Fettpölsterchen haben nicht nur mit Kalorien zu tun, sondern mit dem gesamten Lebensstil. Selbsterkenntnis ist zwar der erste Schritt zur Besserung, aber für den Weg selbst brauchen Sie Wissen und praktische Tipps. Daher folgen auf jeden Check kompakte Informationen zum Thema – nach neuesten wissenschaftlichen Erkenntnissen kurz und verständlich aufbereitet.
Im Anschluss an die Nachdenk- und Infophase geht's an den Speck: Legen Sie sich und Ihre Familie auf gemeinsame Ziele und Regeln fest – damit am Ende nicht alle Anstrengungen vergebens sind.
Bei der Umsetzung dieser Ziele im Alltag helfen Ihnen die Rezepte. Sie basieren auf dem aktuellen Wissensstand, nutzen einen Fatburning-Effekt und machen gleichzeitig richtig satt. Sie berücksichtigen Vorlieben von Kindern, ohne langweilig zu sein. Sie bieten eine Menge Varianten, um auch individuelle Wünsche zu erfüllen. Und sie sind einfach und schnell zubereitet. Selbstverständlich versorgen sie Ihre Familie optimal mit allen wichtigen Nährstoffen.
Die erste Hälfte der Rezepte ist der warmen, die zweite der kalten Jahreszeit gewidmet. Je nach Saison essen und leben wir ja anders – gerade mit Kindern.
Um Ihnen den Start zu erleichtern, haben wir Speisepläne für 4 Wochen pro Halbjahr zusammengestellt. So bekommen Sie ein Gefühl für Portionen, Mahlzeiten und Mengen.
Danach können Sie entweder selbst einen Speiseplan entwickeln – eine Kopiervorlage finden Sie im Internet unter www.test.de/wochenplan – oder ganz spontan von Tag zu Tag Rezepte aussuchen. Ihre Art zu kochen wird sich ändern, Sie werden neue Kombinationen und Techniken kennen lernen und Ihre ganze Familie wird auf „Schmeckpedition“ gehen.
Dieses Buch soll Sie auch weiter begleiten, wenn Sie Ihr Ziel längst erreicht haben. Es wird verhindern, dass Sie wieder in den alten Trott verfallen oder sich womöglich der Jo-Jo-Effekt einstellt.

Wir wünschen Ihnen nicht nur viel Freude beim Kochen und Essen, sondern auch neuen Schwung für Ihr gesamtes Familienleben.
Genießen Sie es!

Ihre Dagmar Frfr. v. Cramm

Inhalt

Essen und Trinken, Einkaufen und Kochen

Bewegung und Freizeit, Entspannen und Wohlfühlen

Frühling, Sommer

Herbst, Winter

Service

Sie sind der beste Coach Ihrer Familie

In allen Ländern, in denen es reichlich zu essen gibt, werden die Menschen immer dicker. Über die Hälfte aller Frauen in Deutschland sind übergewichtig und etwa zwei Drittel aller Männer – das fand das Robert-Koch-Institut heraus. Bei den Kindern sieht es scheinbar besser aus: 10 bis 20 % sind übergewichtig, davon sind etwa 4 bis 8 % viel zu dick. Nicht so schlimm? Leider doch: Kilos haben die unangenehme Eigenschaft, sich mit steigendem Alter zu vermehren. Wogen die heutigen dicken Erwachsenen als Kinder seltener zu viel, so hat sich seit den 60er-Jahren das Übergewicht bei Kindern verdoppelt! Was geschieht mit den jetzigen pummeligen Kindern, wenn sie älter werden? Schreitet diese Entwicklung fort, dann rollt eine dicke Zukunft mit vielen gesundheitlichen Problemen auf uns zu.

Gegessen wird zu Hause

Fällt Ihnen auch auf, dass Sie in der Stadt oft essenden Menschen begegnen? Dass alle 50 Meter ein Schnellimbiss einladend duftet? Und trotzdem: Meistens essen wir zu Hause. Das ergab der Bericht der Deutschen Gesellschaft für Ernährung (DGE) 2004: Durchschnittlich wird 125 Minuten pro Tag zu Hause gegessen – und nur 17 Minuten auswärts. Die Zeit fürs Essen zu Hause erhöhte sich in den letzten Jahren sogar, vor allem dann, wenn Kinder zu versorgen sind. Die erste Mahlzeit eines kleinen Menschen ist schließlich die Muttermilch. Und auch das erste Breichen, das erste Butterbrot, die ersten Nudeln werden zu Hause gegessen.

Mit anderen Worten: In der Familie lernen Kinder das Essen. Dabei entwickeln sie ihren Geschmackssinn, ihre Gewohnheiten, Vorlieben und Abneigungen. Besser: sie werden entwickelt – und zwar von den Eltern. Die Eltern wiederum werden von ihren Kindern „erzogen“: Feste Mahlzeiten werden wichtiger, als es sich lockere Singles jemals hätten träumen lassen. Aber eben auch Süßigkeiten und süße Getränke.

Heftige Essstreiks des Nachwuchses können dafür sorgen, dass Vollkorn und Gemüse aus dem Speiseplan verschwinden oder sie einen Pizza-Spaghetti-Pommes-Hype auslösen! Ein Familienmitglied allein kann sein Essverhalten nicht ändern – gegessen und eingekauft wird immer im Verbund. Alleingänge sind von vorneherein zum Scheitern verurteilt. Das beschränkt sich nicht aufs Essen. Ob die Familie Sport treibt, wie lange der Fernseher läuft und ob es gemeinsame Spiele gibt, wie lange man schläft und wie Erholung aussieht – das alles liegt zu einem Großteil in den Händen der Eltern. Manchmal sind sie sich dessen gar nicht mehr bewusst und überlassen den Kindern die Initiative. Damit sind diese aber überfordert! Manchmal wiederholen Eltern auch automatisch, was sie selbst als Kinder zu Hause gelernt

▶ Was ist ein Coach?

Die Idee kommt aus den USA und macht auch bei uns Furore. Das Prinzip ist einfach: Um etwas zu lernen, braucht man Unterstützung. Das kann ein Lehrer sein, ein Therapeut, Trainer oder ein Buch. Ein Coach ist exklusiv für mich und meine Probleme da. Er setzt sich mit mir und meiner Situation auseinander. Er übt mit mir, verrät mir Tricks und Tipps, beantwortet meine Fragen und erklärt mir Zusammenhänge. Eltern sind der natürliche Coach ihres Kindes. Um das im Hinblick auf gesunde Lebensweise leisten zu können, müssen sie sich selbst schlau machen. Dafür ist dieses Buch da: Es soll Sie coachen, damit Sie Ihrem Kind und Ihrer ganzen Familie helfen können. Niemand kann das besser als Sie!

Eltern machen ihre Kinder fit fürs Leben – von den ersten Gehversuchen über Entdeckungsreisen im Alltag bis zum Sprechen, Singen, Schwimmen. Essen und Trinken spielen dabei eine Schlüsselrolle. Ganz nebenbei werden Sie selbst zum Experten und verändern Ihre Lebensweise. Das kostet Mühe. Aber es macht auch Spaß. Gewinner ist dabei die ganze Familie.

haben. Das kann gut gehen oder auch nicht: „Meine Mutter war schon rund, ich bin's auch und, kein Wunder, Klein Ida ebenfalls – alles Veranlagung." Stimmt das?

Dicke Mama – dickes Kind?
Ganz so einfach ist es nicht. Gerade im Kleinkindalter sind Kinder fülliger Mütter oft ganz „normal". Die Mütter sehen das häufig anders: Sie empfinden ihr Kind als zu dünn und versuchen das zu ändern. Tatsächlich fand eine Studie heraus, dass die eigene Familie Übergewicht meist nicht erkennt. Je jünger ein „dickes" Kind war, desto eher fand die Mutter es „gerade richtig". Das Bild vom niedlichen Babyspeck wirkt da sicher nach. Viele Mütter lieben jedes Pfund an ihren Kindern. So schön es ist, wenn Kinder ohne Wenn und Aber von ihren Eltern angenommen werden – diese blinde Liebe kann Kindern schaden und ersetzt keine Hilfe bei gesundheitlichen Problemen. Übergewicht ist weder nur ein Schönheitsfehler noch ein unabwendbares Schicksal. Es entsteht im Laufe von Jahren durch falsches Verhalten. Die Anfänge sind meist harmlos – Babyspeck eben. Doch je länger sich das Übergewicht hält und je älter das Kind wird, desto schlechter stehen seine Chancen, die Polster loszuwerden. „Je früher, desto besser" ist deshalb die Devise.

Aus dicken Kindern werden kranke Erwachsene
Der jüngste Diabetiker vom Typ 2 machte Schlagzeilen: Schon mit acht Jahren hatte er einen „Altersdiabetes" entwickelt. Dieser Diabetes wird durch falsches Essverhalten und Übergewicht ausgelöst (während der Diabetes vom Typ 1 eine Autoimmunerkrankung ist, die oft auch bei Kindern vorkommt). 12-Jährige haben schon Fettablagerungen in den Adern, also verengte Blutgefäße, die irgendwann zu fehlender Durchblutung und Herzinfarkt führen können. Kurz: Übergewicht bei Kindern ist weder niedlich noch wächst es sich aus. Nehmen Sie es ernst!

Die Kinderdiät?
Nein, zumindest nicht so wie Sie denken. Diät heißt ja eigentlich „Schonkost" – aber das trifft es nicht. Denn Ihr Kind soll nicht „zwei Kilos in zwei Wochen" abspecken und danach wieder in den alten Trott verfallen. Es soll seine Essgewohnheiten ändern, langfristig neue Vorlieben entwickeln, seine Freizeit aktiver verbringen – kurz: anders leben als zuvor. Sie als Eltern übrigens auch. Erst recht, wenn einer von Ihnen auch ein paar Kilos zu viel auf den Rippen hat. Eine Studie in den USA ergab, dass kalorienreich essende Eltern ihre Kinder sehr stark prägten nach dem Motto: Wenn Chips der Mama gut tun, dann auch mir. Ebenso konnten gesundheitsbewusste Eltern ihr Kind (positiv) beeinflussen – aber schlechte Beispiele hatten eine stärkere Wirkung als gute. Ein Vater, der Gemüse abfällig als Kaninchenfutter bezeichnet, prägt die Vorlieben seines Kindes mehr als die möhrenknabbernde Mutter. Fazit: In jedem Fall muss die ganze Familie mitmachen, sonst kann die Umstellung nicht klappen. Besser: darf mitmachen. Denn dicke Kinder haben häufig dicke Eltern. Und denen tut eine Umstellung erst recht gut. Bei kurzfristigen Alleingängen stellt sich sonst schnell der gefürchtete Jo-Jo-Effekt ein: Je mehr Diäten, desto mehr Kilos.

Nur für Dicke?
Und was ist, wenn ein Teil der Familie schlank ist, Ihr Liebster eher Typ Bohnenstange und Sie hart gegen einen Kürbisumfang kämpfen? Oder Ihr Nesthäkchen nur ein ganz klein wenig niedlichen Babyspeck auf den Rippen hat und der ältere Bruder zaundürr ist? Keine Sorge: Gesundes Essen tut auch Dünnen gut. Unsere Rezepte sind so ausgelegt, dass Ihr Kind und Sie alle wichtigen Nährstoffe reichlich bekommen. Die Portionen sind unterschiedlich groß. So werden auch schlanke Kinder widerstandsfähiger und selbst die Eltern einfach vitaler. Darüber hinaus profitiert das Familienleben mit Sicherheit von frischem Wind in Richtung besser leben.

▸ Eltern machen Kinder fit

Die Universität Basel untersuchte, wie Eltern ihre Kinder beim Abnehmen unterstützen können. In einer Gruppe wurden ausschließlich die Eltern trainiert. In einer zweiten bekamen nicht nur die Eltern, sondern auch die Kinder eine Therapie. Die Kinder nahmen durchschnittlich 7 % ab. Aber nach der Therapie nahmen die Kinder der Gruppe weiter ab, in der nur die Eltern behandelt worden waren! Warum? Die Verantwortung lag eindeutig bei den Eltern. Sie wurden nicht von einer Kindertherapeutin unterstützt. Wenn Eltern die Zügel in die Hand nehmen, haben Kinder die besten Chancen, langfristig ihr Gewicht zu normalisieren!

ESSEN UND TRINKEN, EINKAUFEN UND KOCHEN

Welcher Esstyp ist Ihre Familie?

Wissen Sie, wie Ihre Familie isst? Wo Ihre Stärken und Schwächen liegen? Woran Sie anknüpfen und was Sie ändern können? Lesen Sie den Kommentar und die Tipps zu dem Buchstaben, den Sie am häufigsten angekreuzt haben – das bringt Sie auf eine erste Spur in Sachen Esstyp und weckt Ihr Bewusstsein für das Essverhalten Ihrer Familie. Machen Sie den Test ruhig mit der ganzen Familie.

1 Welche Rolle spielt Essen in Ihrer Familie?
- **C** Die Hauptrolle – Essen ist bei uns ständig ein Thema.
- **B** Hauptsache satt – alles andere ist uns nicht so wichtig.
- **A** Gesund soll's sein, aber vor allem schmecken.

2 Hat Ihre Familie Probleme mit dem Gewicht?
- **B** Ja, das liegt bei uns wohl in der Familie.
- **C** Teils, teils: Einige von uns haben zu viel auf den Rippen, die anderen sind normal.
- **A** Ja, unsere Kinder/unser Kind sind/ist ein bisschen pummelig.

3 Haben Sie schon ein- oder mehrmals eine Diät gemacht?
- **C** Ja, wir haben sämtliche Diäten durchprobiert.
- **B** Nein, noch nie – das bringt doch sowieso nichts!
- **A** So richtig nicht, aber wir kämpfen trotzdem ständig gegen die überflüssigen Pfunde.

4 Wie viele Mahlzeiten gibt es bei Ihnen am Tag?
- **C** Drei: Morgens, mittags, abends.
- **B** Feste Mahlzeiten gibt's selten, bei uns isst jeder, wenn er Hunger hat.
- **A** Meistens drei richtige, aber oft ist zwischendurch Naschen angesagt.

5 Wie oft sitzt Ihre Familie gemeinsam am Esstisch?
- **C** Einmal am Tag.
- **A** Mehrmals am Tag.
- **B** Nur am Wochenende.

6 Wie viel Zeit nehmen Sie sich für eine gemeinsame Mahlzeit?
- **C** Knapp eine halbe Stunde.
- **A** Am liebsten eine ganze Stunde.
- **B** Wir sind Schnellesser – 15 Minuten reichen.

7 Wie ist die Stimmung am Esstisch?
- **C** Gestresst und angespannt.
- **A** Meistens entspannt. Wir genießen das Essen zusammen.
- **B** Chaotisch: Jeder kommt, wann er will und isst, was er will.

8 Was machen Sie vor dem Essen?
- **C** Wer kocht, steht am Herd, die Familie sitzt drängelnd am Tisch.
- **A** Wir fangen nach einem „guten Appetit" oder einem Ritual (Lied, Spruch oder Gebet) gemeinsam an.
- **B** Meist fängt ein Teil der Familie schon mal an zu essen, der Rest trudelt nach und nach ein.

9 Was machen Sie nach dem Essen?
- **A** Jeder steht auf, wenn er fertig gegessen hat.
- **C** Wir warten auch auf den langsamsten Esser, bevor wir gemeinsam aufstehen.
- **B** Die Kinder springen meistens schon während dem Essen durch die Gegend.

10 Wie oft kochen Sie selbst aus frischen Zutaten?
- **A** Jeden Tag.
- **C** Zwei- oder dreimal in der Woche.
- **B** Eher am Wochenende.

11 Was essen Ihre Kinder zwischen den Mahlzeiten?
- **B** Alles, was im Kühlschrank zu finden ist.
- **A** Süßigkeiten und Knabberzeug.
- **C** Obst, Gemüse oder auch mal einen Joghurt.

12 Wird gegessen, was auf den Tisch kommt?
- **C** Ja. Da bin ich eisern!
- **A** Eigentlich schon, aber wer etwas gar nicht mag, muss es auch nicht aufessen.
- **B** Nein, das ständige Gemecker würde ich gar nicht aushalten.

13 Dürfen sich Ihre Kinder bei Lebensmitteln selbst bedienen?
- **C** Bei Obst und Getränken ja – bei allem anderen müssen sie fragen.
- **A** Sie müssen nur bei Süßigkeiten und Knabberzeug fragen.
- **B** Sie dürfen essen, was da ist.

14 Gibt es in Ihrer Familie Tischregeln?
- **A** Ja, aber eigentlich hält sich keiner daran.
- **B** Nein, wir leben doch nicht mehr im Mittelalter!
- **C** Ja, im Großen und Ganzen halten sich auch alle daran.

15 Wann wird bei Ihnen geknabbert und wie oft?
- **B** Beim Fernsehen jeden Abend.
- **C** Nachmittags, beim Kaffeetrinken.
- **A** Wenn einer Appetit hat – also dauernd.

Auswertung

Vorwiegend A: Familie Knabber
Zu den Hauptmahlzeiten kommt bei Ihnen meistens etwas Vernünftiges auf den Tisch – deshalb ist es Ihnen ein Rätsel, wo die ganzen Pfunde herkommen. Vermutlich machen Ihnen die kleinen Köstlichkeiten zwischendurch zu schaffen: Der Schokoriegel in der Pause, die Chips vor dem Fernseher, das Stückchen Torte am Nachmittag und die Käsestange beim Stadtbummel. Oder auch das Glas Apfelsaft, die Latte Macchiato oder der Kakao. Alles Extra-Kalorien, die Sie so ganz nebenbei konsumieren, die sich aber schnell am kneifenden Hosenbund bemerkbar machen. Und dadurch, dass Ihre Familie ständig knabbert, wissen Sie gar nicht mehr, wann Sie wirklich Hunger haben oder satt sind. So wird das natürliche Hungergefühl abtrainiert.

▶ Das hilft Ihnen: Vereinbaren Sie feste Essenszeiten. Dazwischen ist Knabberpause! Wer es gar nicht mehr bis zur nächsten Mahlzeit aushält, bekommt etwas Obst oder Gemüse. Keine Angst, auch Ihre Kinder halten eine Esspause unbeschadet durch. Der Körper ist dafür eingerichtet und versorgt sich aus seinen Reserven – und denen wollen Sie doch schließlich an den Kragen! Kaufen Sie erst gar keine Süßigkeiten und Knabberartikel ein. Was nicht im Haus ist, kann auch nicht gegessen werden. Wenn Sie anfällig sind für „Unterwegs-Snacks" nehmen Sie sich eine Banane, einen Apfel, einen Zwieback oder Knäckebrot mit – so sind Sie bei Heißhungerattacken gerüstet und können Ihren Appetit auf leichte Art stillen. Ständig und überall sollten Sie aber nicht Marschverpflegung mit sich rumschleppen, sonst tappen Sie schnell wieder in die Knabberfalle. Vergessen Sie nicht: Ihr Körper hat Reserven, Sie verhungern nicht! Ganz wichtig: Die Regeln gelten für alle Familienmitglieder! Sie als Eltern sollten dabei als Vorbilder auftreten und nicht die eigenen Regeln unterlaufen – das macht Sie unglaubwürdig bei Ihren Kindern.

Vorwiegend B: Familie Sorglos
Dass Ihr Kind etwas zu viel „Babyspeck" auf den Rippen hat und der Rest der Familie vielleicht auch etwas kräftiger ist, ist Ihnen schon klar. Aber deswegen gleich eine Diät machen? Das wächst sich doch aus, oder? Leider meistens nicht. Im Gegenteil, die Pfunde vermehren sich eher noch und sind eine ungesunde Last fürs Leben. Deshalb sollten Sie sie ernst nehmen und nicht als harmlosen Babyspeck abtun – damit tun Sie Ihrem Kind keinen Gefallen.

▶ Das hilft Ihnen: Die gute Nachricht: Ihr Kind muss nicht abnehmen – es sollte nur nicht weiter zulegen: So wächst sich sein Übergewicht aus. Auch wenn nicht alle Familienmitglieder mit den Kilos kämpfen: Es kann nur funktionieren, wenn die ganze Familie an einem Strang zieht. Wenn der schlanke Vater vor dem Fernseher Chips futtert, wird sich der pummelige Sohnemann kaum mit einer Möhre zum Knabbern zufrieden geben. Unterstützen Sie die Familienmitglieder, die abnehmen wollen oder sollten. Gesunde Ernährung tut allen gut. Sie als Eltern sollten versuchen, nicht weiter zuzunehmen – auch das hilft schon.

Vorwiegend C: Familie Diät-Fan
Sie kämpfen schon seit Jahren mit den überschüssigen Kilos, probieren jede neue Diät aus und saugen Ernährungstipps wie ein Schwamm auf. Leider purzeln die Pfunde trotzdem, wenn überhaupt, nur kurzfristig. Auf Dauer will irgendwie nichts so richtig helfen, und Sie haben das Gefühl, schon beim Anblick einer Sahnetorte zwei Kilos zuzulegen. Der Knackpunkt: Kurze Crashkuren und einseitige Diäten bringen immer nur kurze Erfolge. Danach schlägt der Jo-Jo-Effekt gnadenlos zu und der Zeiger an der Waage klettert sogar noch höher. Bei Kindern besteht zudem die Gefahr, dass das natürliche Hunger- und Sättigungsgefühl auf der Strecke bleibt und sie ein gestörtes Essverhalten entwickeln. Gerade für Kinder ist Verbotenes besonders attraktiv. Und einseitige Diäten können sie kaum durchhalten.

▶ Das hilft Ihnen: Um langfristig den Kampf gegen die Pfunde zu gewinnen, müssen Sie Ihr Ess- und Bewegungsverhalten auch langfristig umstellen. Fangen Sie mit kleinen Schritten an, denn eingefahrene Gewohnheiten lassen sich nicht von heute auf morgen ändern. Und zu viele Veränderungen nehmen schnell die Lust. Streichen Sie z. B. als erstes zuckrige Limonaden und Erfrischungsgetränke vom Speiseplan und bieten Sie vor allem Wasser als Getränk an. Kaufen Sie keine Süßigkeiten und Knabberartikel mehr, bauen Sie jeden Tag 30 Minuten Bewegung in Ihren Alltag ein, nehmen Sie sich jedes Wochenende ein „Bewegungsevent" vor. Vor allem: versuchen Sie herauszufinden, was Sie und Ihr Kind gerne essen und bauen das in den Speisezettel ein. Oft, wenn es gesund ist – möglichst selten, wenn es süß, fettig, ungesund ist. Ziel ist eine „flexible" Kontrolle, die auf individuelle Vorlieben eingeht und bei der es kein „Alles-oder-Nichts" gibt.

Aus welchen Gründen nehmen wir zu?

Sie wissen jetzt etwas mehr über das Essen in Ihrer Familie. Aber ob es nun gut oder schlecht ist, was sich negativ auf Ihr Gewicht auswirkt, was positiv, das wissen Sie noch nicht so recht. Hier allgemeine Informationen zur Ernährung, damit Sie Ihr Essverhalten auch bewerten können. Will man die Frage, warum wir zunehmen, in einem Satz beantworten, heißt die Antwort: Weil wir mehr essen als wir brauchen. Doch warum essen wir mehr als wir brauchen? Oder brauchen weniger als wir essen? Gerade Kinder sollten doch eine funktionierende innere Stimme haben, die „Stopp" schreit! Oder?

Das Erbe der Steinzeit

Im Laufe der Entwicklungsgeschichte hat der Mensch die Fähigkeit entwickelt, Energievorräte anzulegen – in Form von Speckpolstern. Das hilft ihm über magere Zeiten hinweg. Er kann zuschlagen, wenn's was gibt – dabei ist die Grenze nach oben ziemlich offen. Wir können eben auch ohne Hunger futtern. Das Zuviel wandert in die Fettzellen und bleibt dort, wenn die schlechten Zeiten ausbleiben. Oder wird sogar mehr.

Die Gene

Aber unbestritten ist: Es gibt gute und schlechte Futterverwerter. Die guten Futterverwerter ziehen aus jedem Bissen auch die letzte Kalorie und nutzen sie effizient aus. In mageren Zeiten sind sie deshalb die großen Gewinner. Doch wenn Essen im Überfluss da ist, sind sie arm dran: „Ich nehme schon vom Hinschauen zu", wird oft belächelt, hat aber einen wahren Kern. Zwillingsstudien belegen diese These: Auch getrennt lebende, adoptierte Zwillinge haben ein ähnliches Körpergewicht. Ob das an einem stärker ausgeprägten Hungergefühl, an einem niedrigeren Energieverbrauch oder an beidem liegt, ist schwer festzustellen. Fakt ist: Ein guter Futterverwerter muss sich beim Essen stärker zurückhalten als ein schlechter. Das ist ungerecht und besonders für Kinder hart. Doch es hilft ihnen nicht, dieses Problem unter den Tisch zu kehren – sie werden es ein Leben lang haben. Umso mehr Anerkennung haben Kinder verdient, die damit gut umgehen können.

Die Bewegung

Innerhalb weniger Jahrzehnte ist unser Leben sehr viel statischer geworden. Die Ochsenwiese in der Nachbarschaft ist zugebaut, auf der Straße spielen ist gefährlich, Schulwege sind es ebenfalls, zum Spielen brauchen Kinder häufig nur noch einen Computer. Folge: Sie sitzen und verbrauchen so viel weniger Energie als früher. Was das bedeutet, lesen Sie ab Seite 44.

Die Umgebung

Auch sonst hat sich unsere Lebensweise rasant verändert. Das beginnt

bei gut geheizten Räumen, Shopping Malls und Thermokleidung und endet beim Pizza-Service und Essen nach Lust und Laune. Geregelte Essenszeiten sind die Ausnahme. Wir sind von einer strengen Tisch-gemeinschaft zur lockeren Snack-Gesellschaft geworden. Das überfordert unseren Stoffwechsel – und besonders den der Kinder. Mehr dazu ab Seite 20.

Die Lebensmittel
Jahrhunderte hatte es der menschliche Magen mit einfacher Kost zu tun: Grundnahrungsmittel bestimmten den Speisezettel, kamen einfach zubereitet auf den Tisch. Frisches von weither gab es nicht – nur Gewürze machten lange Reisen. Heute ist oft nicht erkennbar, was in der Packung und auf dem Teller ist. Lebensmittel werden industriell stark verändert – und unser Sättigungsgefühl hat nicht so schnell gelernt damit umzugehen. Wir merken zu spät, wenn wir satt sind. Und unsere Kinder erst recht. Eine Studie des Instituts für Jugendforschung fand heraus, dass dicke Kinder tatsächlich mehr Fastfood und weniger naturbelassenes Gemüse, Obst, magere Milchprodukte aßen als die dünnen.

Wer mehr isst, als er verbraucht, nimmt zu

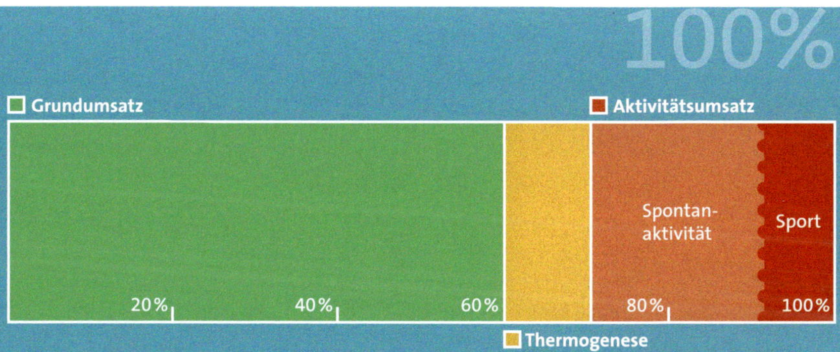

Der gesamte Energieumsatz teilt sich etwa so auf. Durch gezielt sportliche Aktivität steigt natürlich der Aktivitätsumsatz. Am Grundumsatz und an der Thermogenese lässt sich dagegen wenig ändern.
Quelle: CMA

▶ Wofür wir Energie brauchen

Am Übergewicht sind also eine Menge Faktoren beteiligt. Doch egal, wie man es dreht und wendet: Energiezufuhr, also Essen, muss in einem ausgeglichenen Verhältnis zum Energieverbrauch sein. Der setzt sich so zusammen:

- ***Der Grundumsatz** ist die Energie, die der Körper bei völliger Ruhe braucht, um seine Lebensfunktionen aufrecht zu erhalten. Wir benötigen selbst im Tiefschlaf Energie für unser Herz, unsere Atmung, unsere Zellerneuerung. Muskelmasse verbraucht mehr Energie als Fett. Deshalb haben Männer einen höheren Grundumsatz als Frauen: Ihr Körper hat mehr Muskeln. Kinder haben auch einen höheren Grundumsatz: Sie wachsen, bilden also ständig neue Zellen!*
- ***Die Thermogenese** (Wärmebildung) entsteht durch die Verdauung der Nahrung. Das verbrennt buchstäblich Energie und sorgt für Wärme. Kinder haben im Verhältnis zu ihrer Körpermasse eine größere Körperoberfläche als Erwachsene, brauchen also auch relativ mehr Energie, um warm zu bleiben. Das steigert ebenfalls ihren Grundumsatz. Übrigens: auch der Umbau von Nährstoffen trägt zur Erwärmung bei.*
- ***Der Aktivitätsumsatz** ist die Summe aller Bewegungen. Sie denken dabei sicher zuerst an Sport. Aber viel wichtiger als einmal pro Woche das Fitnessstudio ist die normale Bewegung im Alltag. Jedes Aufstehen, Gehen, Treppensteigen, Schaukeln, Putzen oder Hausaufgaben-Machen verbraucht Energie – je nach Tempo und körperlicher Anstrengung mehr oder weniger. Ein Zappelphilipp kann deutlich mehr Kalorien verbrennen als ein ruhiges Kind.*

▶ Der DGE-Ernährungskreis

Gegessen werden keine Nährstoffe, sondern Lebensmittel. Die Deutsche Gesellschaft für Ernährung (DGE) empfiehlt deshalb in ihrem Ernährungskreis folgende Verteilung:

Gruppe 1	*Getreide, Getreideerzeugnisse, Kartoffeln*
Gruppe 2	*Gemüse, Salat*
Gruppe 3	*Obst*
Gruppe 4	*Milch, Milchprodukte*
Gruppe 5	*Fleisch, Wurst, Fisch, Ei*
Gruppe 6	*Fette, Öle*
Gruppe 7	*Getränke*

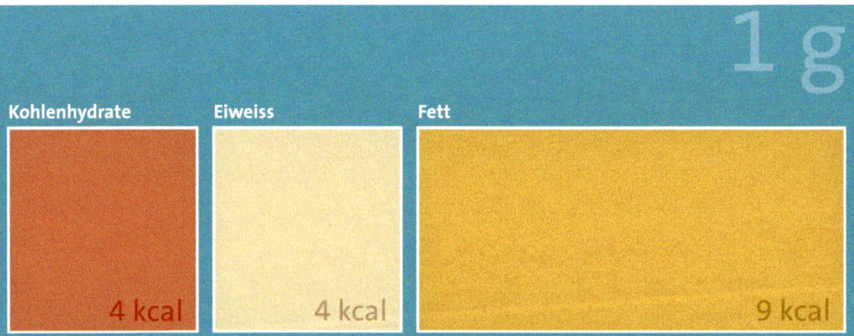

Hier ist es auf einen Blick zu sehen. 1 g Fett enthält mit 9 kcal (39 kJ) doppelt so viele Kalorien wie 1 g Eiweiß und 1 g Kohlehydrate mit je 4 kcal (17 kJ).

▶ Was uns Energie liefert

Essen und Trinken! Gemessen wird diese Energie immer noch meist in Kilokalorien (kcal). Wissenschaftler benutzen Kilojoule (1 kcal = 4,184 kJ). Energie ist in Lebensmitteln in Form von drei Bausteinen enthalten:

*• **Eiweiß** besteht aus Aminosäuren und ist lebenswichtiger Grundbaustein unseres Körpers. Muskeln, Organe, Blut bestehen zum Großteil aus Eiweiß (Protein). Es ist Grundsubstanz von Hormonen, Enzymen und Antikörpern. Mindestens 0,8 g Eiweiß pro Kilo Körpergewicht brauchen wir am Tag. Meist essen wir mehr. Über 2 g pro Kilo sollten es nicht sein – das kann die Nieren belasten.*

*• **Kohlenhydrate** bestehen aus Einfach-, Zweifach- und Mehrfachzuckern und die sind so etwas wie das Benzin unseres Motors. Der Körper baut sie zuallererst ab und nutzt sie zur Energiegewinnung. Sie stammen vor allem aus Pflanzen und sollten den Löwenanteil unseres Essens ausmachen – 50 bis 55 %. Die Einfach- und Zweifachzucker wie Trauben-, Frucht-, Milch- oder Haushaltszucker enthalten in ihrer reinen Form außer Kalorien nichts Wertvolles. Anders sieht es mit den Mehrfachzuckern aus: Obst, Gemüse, Getreide liefern neben diesen Mehrfachzuckern Vitamine und Mineralstoffe, und enthalten auch gesunde Bioaktivstoffe sowie Ballaststoffe. Letztere machen satt, aber nicht dick, weil wir sie nicht verdauen können.*

*• **Fett** besteht aus Glyzerin und Fettsäuren. Ein Teil der Fettsäuren, die mehrfach ungesättigten, sind lebensnotwendig als Baustein unserer Zellwände und von Hormonen. Fett ist Träger von Vitaminen. Es liefert jede Menge Energie und ist unsere stille Reserve für schlechte Tage: 30 % der Energie aus Fett ist o. k.*

Kalorie ist nicht gleich Kalorie

Was macht dick?

Klar: die Menge entscheidet, ob etwas dick oder dünn macht. Aber es gibt bestimmte Nährstoffe, die mit Vorsicht zu genießen sind:

• **Fett** enthält pro Gramm doppelt so viele Kalorien wie Kohlenhydrate und Eiweiß – es ist ein konzentrierter Energielieferant. Deshalb dient Fett auch in unserem Körper als Energiespeicher. Gefährlich sind die „unsichtbaren“ Fette in Wurst, Käse, Gebäck, Schokolade, die schwer einzuschätzen sind. Oft ist es viel mehr Fett als man denkt. Low-Fat-Diäten haben also durchaus ihre Berechtigung. In den letzten Jahren wurde vor allem Fett als Dickmacher angegriffen. Doch auch das stimmt nur zum Teil. Fett hat zwar tatsächlich viel mehr Kalorien als Kohlenhydrate und Eiweiß, aber es macht auch satt. Außerdem scheint es eine Rolle zu spielen, ob Fett zusammen mit Zucker, Stärke und Weißmehl gegessen wird (→ glykämischer Index, Seite 18). Mittlerweile ist erwiesen: Nicht allein zu viel Fett ist das Problem. Deshalb sind unsere Rezepte nicht extrem fettarm, gehen aber sparsam mit Fett um.

• **Kohlenhydrate** in isolierter Form als Zucker, Weißmehl oder Stärke sind leicht verdaulich, gehen also schnell ins Blut – fast wie eine Infusion. Frucht- und Traubenzucker, Milch- und Malzzucker haben ebenso viele Kalorien wie „normaler“ Zucker. Es nützt daher nichts, sie auszutauschen. Im Gegenteil: im Tierversuch setzte Fruktosesirup mehr an als weißer Zucker. So wird vermutet, dass gerade Erfrischungsgetränke, die vor allem in den USA mit diesen Sirups gesüßt werden, zum Übergewicht entscheidend beitragen. „Zuckerfrei“ heißt also nicht „kalorienfrei“.
Auch Zuckeraustauschstoffe wie Sorbit, Xylit, Isomalt, Laktit, Maltit oder Mannit haben Kalorien, allerdings 40 % weniger als Zucker. Nur Süßstoffe sind fast kalorienfrei (→ Seite 32). Das heißt aber nicht, dass man Zucker einfach durch Süßstoff ersetzen sollte, um Kalorien zu sparen: Insbesondere ein Kind sollte nicht an einen zu starken Süßgeschmack gewöhnt werden. Sonst wird es auch in Zukunft überzuckerte Fertigprodukte lieben. In diesem Zusammenhang spielt der glykämische Index eine Rolle (→ Kasten, Seite 18). Festzuhalten ist: Einfach- und Zweifachzucker gehören zu den Dickmachern. Mehrfachzucker dagegen lassen den Insulinspiegel nur langsam steigen – und das ist wesentlich günstiger.

• **Kalorien, die über den Bedarf hinausgehen.** Denn die bunkert der Körper begierig als Vorrat und sorgt dafür, dass sie sicher angelegt werden – in Fettpolstern. Kalorienbegrenzte Diäten sind also auch nicht falsch. Wir haben deshalb unsere Rezepte auf einen vernünftigen Kaloriengehalt hin entwickelt. Sie finden die Werte unter jedem Rezept. Doch nur auf Kalorien zu schauen, sichert nicht die gute Versorgung und macht das Abnehmen schwer.

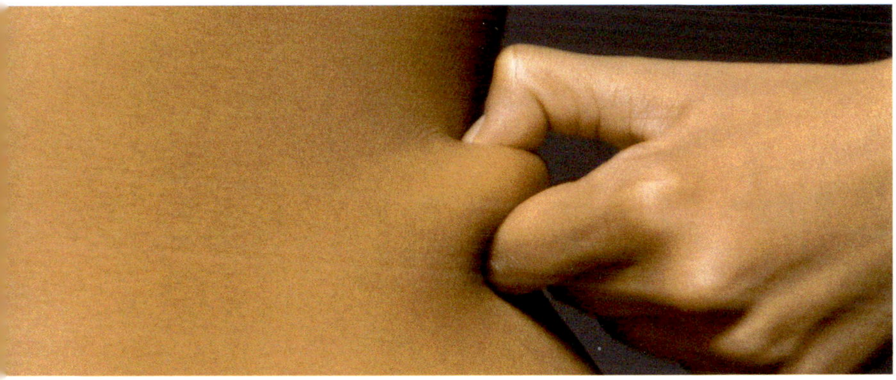

Was macht dünn?

Auch hier entscheiden natürlich die Menge und der Mix. Trotzdem gibt es Hinweise auf figurfreundliche Stoffe.

• **Eiweiß** dient in erster Linie dem Bau unserer Zellsubstanz. Doch das, was über unseren Bedarf von 0,8 g pro Kilo Körpergewicht pro Tag (bei Kindern 0,9 g) hinausgeht, setzt an. Dabei entfaltet Eiweiß eine – wie die Wissenschaft sagt – „spezifisch dynamische Wirkung“. Es muss umgebaut werden, bei dieser Reaktion entsteht Wärme. Sie merken das: Nach dem Essen wird uns oft warm. Ein Teil der Kalorien verpufft also, gleichzeitig läuft unser innerer Motor auf Hochtouren. Die Hebel stehen auf Verbrennung – gut fürs Abnehmen. So wird Eiweiß auch als „Fatburner“, Fettverbrenner, bezeichnet. Deshalb arbeiten manche Diäten mit Eiweißkonzentraten. Im Alltag hat das allerdings wenig Sinn – denn man lernt dabei nicht, sich vernünftig zu ernähren. Ein etwas höherer Eiweißgehalt der Nahrung scheint nach neuesten Forschungsergebnissen die Gewichtsabnahme positiv zu beeinflussen.

▶ Vorsicht!

Was Diätprodukt heißt, hat nicht automatisch etwas mit Abnehmen zu tun! Sie sind für Personen, die bestimmte Lebensmittel nicht vertragen und deshalb „Diät" halten müssen.

Allerdings: Eiweiß in Fleisch, Milchprodukten und Nüssen ist oft ganz natürlich mit viel Fett verbunden. Es ist also wichtig, eiweißreiche, fettarme Lebensmittel auszusuchen (mehr auf Seite 32). Und genau das haben wir in unseren Rezepten getan.

- **Wasser** enthält null Kalorien – und hat trotzdem Volumen, füllt also vorübergehend den Bauch. Das macht sich die „Volumetrics"-Diät zunutze und auch die „Magische Kohlsuppe". Dabei geht es um Lebensmittel und Gerichte mit einem hohen Wassergehalt: Obst, Gemüse, Joghurts, Suppen, Eintöpfe. Viele haben gleichzeitig einen niedrigen Kaloriengehalt, füllen aber den Magen und der signalisiert: Satt. Gut, wenn sie reich an vielen wichtigen Nährstoffen sind – bei wenigen Kalorien. So hat die „Magische Kohlsuppe" beispielsweise nicht nur einen hohen Wassergehalt, sondern ist auch reich an Ballaststoffen, Vitaminen, Mineralstoffen und sekundären Pflanzenstoffen. Wissenschaftler nennen das eine hohe Nährstoffdichte. Das heißt aber nicht automatisch, dass Flüssiges schlank macht: An Säften und Limonaden kann man sich dick trinken, Milch ist eine Zwischenmahlzeit und kein Durstlöscher und Tee ist nur ohne Zucker ein Schlankmacher! Bei unseren Rezepten jedenfalls haben wir auf eine hohe Nährstoffdichte und Volumen geachtet: Der Teller wird schön voll!

- **Ballaststoffe** füllen Magen und Darm, das macht satt, aber unsere Verdauungssäfte können die Zellwände dieser Pflanzenteile nicht knacken. Das schaffen nur Bakterien am Ende des Verdauungstraktes im Dickdarm – ohne große Wirkung auf unseren Energiehaushalt, wohl aber auf unsere Immunabwehr. Denn eine gesunde Darmflora steigert unsere Abwehrkräfte. So reichert die Lebensmittelindustrie zunehmend Gesundheits-Lebensmittel mit Ballaststoffen wie Inulin oder Oligofruktose an. Prebiotika heißen sie dann (nicht zu verwechseln mit Probiotika). Ganz natürlich sind Ballaststoffe in Obst, Gemüse, Vollkorngetreide und Nüssen enthalten – also pflanzlichen Lebensmitteln. In stark bearbeiteten Lebensmitteln wie Zucker, Weißmehl, Stärke, Tofu, aber auch in Milchprodukten, Ei, Fisch, Fleisch sind keine oder nur wenige Ballaststoffe enthalten. Auch Fastfood ist oft arm an Ballaststoffen.

Wo scheiden sich die Geister?

Es gibt Lebensmittel, die extra fürs Abnehmen entwickelt wurden. Doch sie sind in die Kritik geraten. Deshalb möchten wir sie nicht als Dünnmacher empfehlen. Wir haben sie auch nicht in unseren Rezepten verwendet. Entscheiden Sie selbst.

▶ Was ist der „Glyx"?

Glyx ist die Abkürzung für „glykämischer Index". Er ist ein Maß für den Anstieg des Blutzuckers, den der Verzehr eines bestimmten Lebensmittels bewirkt. Je höher der Glyx eines Lebensmittels, desto steiler und weiter lässt es den Blutzucker ansteigen. Reiner Traubenzucker und reine Stärke haben deshalb einen hohen Glyx von 100. Liegen die Kohlenhydrate nicht isoliert vor, sondern in Form von grobkörnigem Vollkorn oder zusammen mit quellfähigen Ballaststoffen (zum Beispiel Pektin in Früchten) oder als spezielle Stärkeverbindung wie in Basmati-Reis oder verarbeitet wie in Nudeln, werden sie langsamer aufgenommen. Auch wenn die Kohlenhydrate mit Fett oder anderen Lebensmittel in einer Mahlzeit kombiniert werden, verläuft der Blutzuckeranstieg gemächlich und erreicht keine Spitzenwerte. Einen relativ niedrigen Glyx haben Gemüse, Hülsenfrüchte, Vollkornprodukte, viele Obstsorten sowie Lebensmittel mit einem hohen Eiweiß- und Fettgehalt.
Kohlenhydratreiche Lebensmittel mit einem niedrigen Glyx haben darüber hinaus häufig eine bessere Nährstoff-

• **Süßstoff** hat null Kalorien. Das machte ihn zum Liebling von Kaffeetanten die – schwups – statt eines Würfels Zucker eine kleine süße Pille in den Kaffee warfen. Tatsächlich spart das jedes Mal etwa 12 Kalorien. Doch manche Kritiker meinen: der Körper reagiert durch Erfahrung schon allein auf den süßen Geschmack automatisch mit einer Insulinausschüttung – Hunger entsteht, Energie wird in die Fettzellen gelotst. Außerdem gewöhnen sich gerade Kinder an einen Süßgeschmack – ganz egal ob auf Süßstoff- oder Zuckerbasis. Das kann im normalen Leben mit normalen Lebensmitteln zum Übergewicht führen.

• **Eiweißkonzentrate** sind fett- und kohlenhydratarm. Aber sie ersetzen weder Geschmack und Genuss einer richtigen Mahlzeit, noch sind sie eine Bereicherung des Familienalltags. In dem ist das gemeinsame Essen ein Highlight. Eiweißkonzentrate sind also nicht geeignet, langfristig ein Teil des Essverhaltens zu werden. Es droht der Jo-Jo-Effekt.

• **Lightprodukte** enthalten weniger Fett oder weniger Zucker (oder weniger Koffein) als das Original. Dass sie auch weniger Kalorien enthalten, ist nicht sicher. Damit die Produkte schmecken, werden häufig Süßstoff, Zuckeraustauschstoffe, Aromastoffe und Stabilisatoren verwendet, die teilweise auch Kalorien liefern. Gesetzlich geregelte „Light"-Richtlinien gibt es nicht. Studieren Sie also beim Kauf das Etikett genau. Vergleichen Sie die Kalorien von Lightprodukten mit ganz normaler Ware. Aber auch wenn die Kalorienzahl stimmt, ist Vorsicht geboten. Kritiker meinen: Das dick machende Essverhalten ändert sich nicht. Wenn die Diät vorbei ist, wird wieder zum gehaltvollen Original gegriffen. Außerdem wird oft mehr gegessen – weil es ja „light" ist. Schließlich sind Lightprodukte oft teuer und meist für Singles portioniert. Denken Sie daher daran: Es gibt genug natürliche „Light-Lebensmittel" wie Obst und Gemüse, die diese künstlichen Produkte überflüssig machen.

dichte. Das bedeutet: Vitamine und Mineralstoffe stehen in einem günstigeren Verhältnis zum Kaloriengehalt. Wer darauf achtet, erhöht automatisch die Qualität der Ernährung. Die Leistungsfähigkeit verbessert sich, es gibt keine Heißhungerattacken, und nach dem Essen bleibt man länger satt. Das hilft beim Abnehmen. Es reicht eben nicht, nur auf den Fettgehalt zu achten und vorzugsweise Low-Fat-Produkte zu essen. Wenn Lebensmittel mit hohem Glyx im Übermaß gegessen werden, kann auch eine fettarme und kohlenhydratreiche Kost zu Übergewicht führen. Denn der dann ständig erhöhte Blutzuckerspiegel führt zu einem hohen Insulinspiegel. Und dieser verhindert, dass der Körper seine Fettdepots mobilisiert und abbaut. Es ist deshalb sinnvoll, Lebensmittel mit einem hohen Zucker-/Fettgehalt und einem hohen Anteil an isolierter Stärke größtenteils durch Gemüse, Obst, Hülsenfrüchte und Vollkornprodukte zu ersetzen, bei denen die Kohlenhydrate an Ballaststoffe und andere Nährstoffe gebunden sind.

▶ Die fünf Abspeck-Wahrheiten

1. Immer die Grundwahrheit berücksichtigen: Ein Zuviel an Kalorien wird als Fettpolster gespeichert. Wunder oder Wundermittel gibt es nicht!
2. Reichlich Kohlenhydrate als Mehrfachzucker, also 5 Portionen Obst und Gemüse am Tag plus Vollkorn füllen den Magen.
3. Mageres Eiweiß in Maßen regt den Stoffwechsel an.
4. Wenig, aber hochwertiges pflanzliches Fett macht satt.
5. Auf individuelle Unterschiede achten: Das letzte Wort hat immer die Waage.

Was Kindern gut – und schlecht bekommt

Dürfen Kinder abnehmen?

Kinder wachsen, das bedeutet, sie bauen noch Zellsubstanz auf und haben einen hohen Bedarf an Nährstoffen. Wenn sie zu wenig Kalzium und Vitamin D bekommen, bleibt ihr Skelett schwach. Fehlen ihnen Zink, Eiweiß und Vitamin B_{12}, wachsen sie nicht so recht. Solche Mangelzustände sind in unseren Breiten allerdings selten. Richtiger Mangel wird höchstens durch Extreme wie makrobiotische oder vegane Ernährung (ohne Fleisch- und Milchprodukte) ausgelöst. Doch Fastfood-Fans oder Kinder, die nur Nudeln oder überhaupt einseitig essen, sind oft nicht optimal versorgt. Mit anderen Worten: Es kommt nicht in erster Linie auf die Menge, sondern auf die Qualität des Essens an. Ihr Kind kann also Kalorien sparen und trotzdem bestens versorgt sein. Darauf haben wir bei unseren Rezepten natürlich geachtet. Außerdem: **Ein übergewichtiges, gesundes Kind muss nicht abnehmen, sondern nur sein Gewicht halten**, um schlanker zu werden. Es wächst ja! Nur schwer übergewichtige Kinder (→ Seite 63) sollten abnehmen – dies aber unter ärztlicher Kontrolle.

Wenige Kalorien, viel Nährwert

Stellen Sie sich den täglichen Kalorienbedarf Ihres Kindes als Inhalt eines Topfes vor: Etwa 1 600 Kalorien sind für ein Grundschulkind drin. Isst dieses Kind eine Tafel Schokolade, ist fast schon ein Drittel des Topfes gefüllt, allerdings nur mit Kalorien, kaum mit Vitaminen, Mineral- oder Ballaststoffen. Das bedeutet: Diese wichtigen Nährstoffe müssen in die letzten zwei Drittel gepresst werden. Und das ist nicht so einfach.

Mit 250 g Obst und 250 g Gemüse ist der Topf dagegen nur zu einem Sechstel kalorienmäßig gefüllt, aber über die Hälfte der nötigen Ballaststoffe und ein Großteil der Vitamine und Mineralstoffe sind schon mit dabei. Denn Obst und Gemüse sind Lebensmittel mit einer hohen Nährstoffdichte. Sie enthalten besonders viele wichtige Nährstoffe pro Kalorie. Sie ahnen es, viele dieser wertvollen Lebensmittel sind nicht immer Kinder-Lieblingsessen: Gemüse, Vollkorn, Hülsenfrüchte, magere Milchprodukte, fettarmes Fleisch und Fisch. Aber geben Sie nicht auf – es reicht, wenn Ihr Kind einen Teil seines Hungers mit Gesundem deckt. Da bleibt immer noch Raum für das Stückchen Schokolade! Übrigens: Obst ist die große Ausnahme. Gesund und ein richtiger Kinderliebling.

Was Kinder brauchen

Von Babys einmal abgesehen, unterscheiden sich die Bedürfnisse von Kindern in puncto Essen gar nicht so sehr von denen der Erwachsenen.

Natürlich dürfen Kinder noch keinen Alkohol trinken und ihr Bedarf an lebenswichtigen Nährstoffen ist – relativ gesehen – höher. Welche Lebensmittel sie in welchen Anteilen zu sich nehmen sollten, das findet sich in der Kinderernährungspyramide des aid (→ unten) wieder. Auf einen Blick wird klar: Wasser als Durstlöscher bildet die Basis. Viele Kinder trinken nämlich zu wenig!
Den Löwenanteil der Nahrung sollten pflanzliche Lebensmittel ausmachen: aus Getreide und Kartoffeln, Obst und Gemüse. Je natürlicher, desto besser. Dann enthalten sie all die Ballaststoffe, Vitamine und Mineralstoffe, die ein Kind braucht.
Bei den Lebensmitteln tierischen Ursprungs sollten Milchprodukte die Hauptrolle spielen – auch möglichst mager und natürlich mit wenig Zucker und Aromastoffen. Fleisch, Fisch und Eier sind eher Beilage als Mittelpunkt.
Klein, aber fein ist der Fettanteil: möglichst Pflanzenöle und als Streichfett Butter oder Margarine. Eigentlich alles ganz einfach – wenn die lieben Kleinen es auch essen!

Was Kinder nicht brauchen

Im Ernährungskreis (→ Seite 16) tauchen viele Sachen erst gar nicht auf, die Kindern Appetit machen, in der Pyramide sind sie die Mini-Portion an der Spitze: Zucker, Limo, Eistee, Pommes, Burger, Gummibärchen, Chips, Pizza, Würstchen, Hähnchennuggets, Pudding, Kekse, Eis – die Liste erhebt keinen Anspruch auf Vollständigkeit. Gerade die so genannten Kinderlebensmittel kommen aus dieser Ecke. Sie sind nicht schädlich, doch sie sind arm an natürlichen wertvollen Nährstoffen, enthalten oft eine Menge Aromastoffe, mit denen die kindlichen Geschmacksnerven geradezu bombardiert werden. Der Haken: Weil's gut schmeckt und ganz leicht zu essen ist, bleibt es nicht bei einem Happen. Werden Snacks und Fastfood zum Grundnahrungsmittel, dann kommen wichtige Nährstoffe zu kurz. Außerdem werden dadurch häufig die Weichen für späteres Übergewicht gestellt.

▶ Kinderlebensmittel – oft zu viel des Guten

Im Gießkannenprinzip werden so genannte Kinderlebensmittel wie spezielle Kinderjoghurts, -riegel, -drinks oder -säfte mit Vitaminen und Mineralstoffen angereichert. Das führt sogar teilweise zu einer Überversorgung mit einzelnen Vitaminen und Nährstoffen. Wahrscheinlich ist das unschädlich, aber sicher überflüssig.

▶ aid-Ernährungspyramide für Kinder

Die Pyramide veranschaulicht, wie viele Portionen von welcher Lebensmittelgruppe Kinder am Tag essen sollten.
Mehr zur Portionsgröße auf Seite 22.
Deutlich wird: Gemüse ist noch wichtiger als Obst und spielt die Hauptrolle noch vor den Sattmachern aus Getreide wie Brot, Nudeln, Müsli, Reis oder Kartoffeln. Mehr als einmal pro Tag naschen ist nicht empfehlenswert.
Quelle: aid

Auf die Portion kommt es an!

Selbst das kalorienärmste Essen macht dick, wenn man zu viel davon isst. Gerade bei Kindern fällt es schwer, das richtige Maß zu kennen, es verändert sich ja mit dem Alter. Auch zwischen Jungen und Mädchen gibt es Unterschiede, die spätestens mit Beginn der Pubertät buchstäblich ins Gewicht fallen. Erst recht zwischen Mann und Frau, Erwachsenen und Kindern. Eine ganze Familie unter einen Hut zu bringen, ist nicht so einfach. Die Menge, die für den einen gerade richtig ist, lässt beim anderen die Fettpolster wachsen.
Bei unseren Rezepten sind wir von vier Personen ausgegangen, die jeweils unterschiedlich große Portionen bekommen.
Ein gutes Maß ist die Hand. Ein großer Mann, der den höchsten Kalorienbedarf hat, besitzt auch die größten Hände, das jüngste Kind die kleinsten. Richtwerte für den täglichen Kalorienbedarf können Sie der Tabelle (→ Seite 206) entnehmen. Wenn Sie es für den Alltag genauer wissen wollen, wiegen Sie Lebensmittel ab und messen dann mit Esslöffel oder Tasse nach. So bekommen Sie ein Maß für die richtigen Mengen. Auf keinen Fall jedes Essen abwiegen – schließlich essen wir nicht jeden Tag gleich viel und es kommt nicht auf jede einzelne Kalorie an. Behalten Sie das große Ganze im Blick.

▶ Wie viel Beilagen?

Bei vielen Rezepten steht eine Beilageempfehlung. Wenn diese „Kartoffeln pur“ ist, reichen etwa 200 g pro Person. Bei Bratkartoffeln, Pommes oder Püree reichen 150 g – sie enthalten ja mehr Fett. Sind Nudeln, Reis und Getreide wie Zartweizen oder Couscous nur Beilage zu Fisch oder Fleisch mit Gemüse und Sauce, reichen 50 g (Rohgewicht) pro Person. Stehen diese Beilagen aber im Mittelpunkt wie bei Spaghetti Bolognese oder Risotto, dann erhöht sich die Menge auf 65 g pro Person, also 250 g für eine vierköpfige Familie. Auch hier sind die Grammangaben als Familiendurchschnitt zu verstehen. Der Vater bekommt mehr, die Kinder weniger.

▶ Handmaß

- *Daumen: 1 Portion Schokolade, Nussnougatcreme, aber auch 1 Portion Butter, Margarine oder Öl*
- *Mittelfinger: 1 Portion Gebäck, Bonbons, Marmelade, Nüsse, Hartwurst, Käse*
- *Handteller: 1 Scheibe Wurst oder Käse*
- *Ganze Handfläche: Flaches Stück Fleisch oder Fisch, Scheibe Brot*
- *Faust: 1 Portion klein geschnittenes Fleisch, Fisch, Meerestiere*
- *Gewölbte Handvoll: Reis, Nudeln, Kartoffeln, Obst, Gemüse, Milch, Joghurt*
- *Zwei Handvoll: Salat*

Und wenn der Kühlschrank lockt?

Essen – aus dem Bauch heraus
Jetzt wissen Sie, was Ihr Kind braucht – alle Probleme gelöst? Wenn Kinder immer das täten, was Eltern sich wünschen, vielleicht. Aber so ist es nicht. Und auch Eltern sind in Sachen Essen und Trinken nicht immer vernünftig. Wissen ist wichtig, wenn man sich gesund ernähren will. Aber davon allein ist noch keiner schlank geworden. Nichts scheint so schwer, wie der Stimme der Vernunft zu folgen, wenn es um duftende Bratwürstchen, zarten Pudding oder cremiges Eis geht. Denn unser Essverhalten wird zum großen Teil von Instinkten und Gewohnheiten beeinflusst. Düfte können in Sekundenschnelle gute Vorsätze ins Wanken bringen. Der Anblick eines appetitlichen Törtchens lässt uns zugreifen, auch wenn wir keinen Hunger haben. Das Stückchen Schokolade lässt das Wasser im Munde zusammenlaufen, wenn wir nur daran denken. Und zur Kaffeestunde wird etwas Süßes genascht, weil das immer schon so war. Wie viel schwerer fällt es da erst Kindern, sich „vernünftig" zu verhalten!

Von hungrig, durstig und satt sein
Wenn uns Flüssigkeit fehlt, werden wir durstig. Wenn uns Energie fehlt, hungrig. Aber stimmt das so? Warum vergessen gerade viele Kinder und alte Menschen häufig zu trinken? Warum essen viele Menschen deutlich mehr als sie brauchen? Zum Gefühl der Sättigung tragen viele Komponenten bei. Bereits das Kauen stillt den ersten Hunger. Der Dehnungsreiz des gefüllten Magens und Darms sendet Sattheitssignale. Außerdem können Nerven im Verdauungstrakt und Zellen im Darm ebenfalls „genug" melden. Sie berücksichtigen dabei sogar die Energievorräte, sprich Fettzellen, des Körpers. Satt werden ist also ein sehr vielschichtiger Vorgang, über den wir noch lange nicht alles wissen. Vielleicht ist er auf Notzeiten gepolt und versagt in Zeiten des Überangebots. Trotzdem ist das Gefühl der Sättigung ein wichtiges Signal: Wer darauf achtet, dem kann es helfen. Schließlich schmeckt Essen am köstlichsten, wenn man hungrig ist. Und: Wer ständig nascht, ist nie hungrig. Denn um Hunger zu verspüren, ist eine „Esspause" nötig. Hungrig sein ist in Zeiten des Überflusses keine Katastrophe, sondern ein Zeichen für ein gesundes Körpergefühl. Geraten Sie nicht in Panik, wenn Ihr Kind hungrig oder durstig ist. Schleppen Sie nicht wie für eine Nordpolexpedition ständig Trinkflaschen, Brotboxen, Kekse und Bonbons mit sich herum, um beim kleinsten Zeichen von Hunger oder Durst Ihr Kind abzufüttern. Es wird weder verhungern noch verdursten, sondern bei der nächsten Mahlzeit mit Appetit essen und trinken. Unser Körper ist darauf eingerichtet, knappe Zeiten zu überbrücken.

Snacken macht dick
Kaum eine Ernährungsbotschaft ist so begierig aufgenommen worden wie die der Zwischenmahlzeit. Sie soll gegen Heißhunger helfen und damit schlank machen. Doch aus dem zweiten Frühstück morgens und dem Obst am Nachmittag ist ein ständiger Kampf gegen die vermeintliche „Unterzuckerung" geworden. Grober Unsinn, denn unser Körper hat in Muskeln, Leber und Fettpolstern die Reserven, den Blutzuckerspiegel stabil zu halten. Der Marktforscher Ingo Barlovic fand in einer Studie heraus, dass Kinder im Schnitt ganz vernünftig essen – bis auf die Snacks nachmittags und abends. Die bestehen nämlich meist aus Riegeln, Süßigkeiten, Knabberzeug, süßen Getränken und vermiesen die Kalorienbilanz. Diese

Zwischenmahlzeiten sollten Sie ersatzlos streichen! Sie sind das reine Mastfutter! Richten Sie Ihrem Kind nachmittags einen Obstteller und es wird begeistert zugreifen. Kindergarten und Schule bieten vormittags den Rahmen, mitgebrachtes Brot und Obst in Ruhe zu essen. Mehr braucht Ihr Kind zwischendurch nicht!

Regeln helfen

Kinder haben einen Vorteil: Sie haben Eltern, die ihnen helfen und sie unterstützen. Klar: das gilt umso mehr, je jünger die Kinder sind. Im Kindergartenalter sind wir Eltern noch unangefochtene Stars, die die Regeln bestimmen. Schon in der Schulzeit beginnt sich das zu ändern. Ab zehn Jahren gewinnen die Freunde an Einfluss – die Clique ist wichtig. Bei übergewichtigen Kindern kommt es öfter vor, dass sie aus diesen Gruppen herausfallen und lieber zu Hause sitzen, wenn sie in der Gruppe nicht akzeptiert werden. Sie sind dann besonders auf die Hilfe der Eltern angewiesen. Erst die Jugendlichen über 14 entwachsen langsam aber sicher der Regie der Eltern. Ist Ihr Kind in diesem rebellischen Alter, können Sie es immer noch coachen – einen Teil der Verantwortung muss es jedoch selbst übernehmen. Einfacher ist es, von Anfang an die Weichen richtig zu stellen und gesunde Gewohnheiten zu schaffen. Sie bestimmen die Spielregeln – Ihr Kind kann die Verantwortung für seine Gesundheit noch nicht selbst tragen. Das kann anstrengend sein, aber letzten Endes geben Sie Ihrem Kind damit die besten Startchancen.

Lob wirkt Wunder

Verbote und Einschränkungen sorgen nicht gerade für gute Stimmung. Doch Sie als Eltern haben eine magische Möglichkeit, das auszugleichen: Lob und Zuwendung. Loben Sie auf keinen Fall eine Gewichtsabnahme – das wäre eine Sackgasse. Denn dann bekommt Ihr Kind ganz schnell das Gefühl, nur geliebt zu werden, wenn es „dünn" wird. Es bestünde die Gefahr, dass es dann immer danach strebt abzunehmen – und das ist auf Dauer nicht gesund. Vielmehr geht es darum, ein günstiges Essverhalten zu verstärken. Loben Sie Ihr Kind also, wenn es auf etwas verzichtet, wenn es zum dritten Mal Spinat probiert, wenn es vor dem Essen nicht nascht, wenn es sich an die vereinbarten Spielregeln hält. Beziehen Sie es ein ins Kochen – hier kann es sich wirklich entfalten und bewähren. Wenn es die Salatsauce rühren möchte – wunderbar! Wenn es mit einem neuen Rezept nach Hause kommt – grandios! Aber loben Sie es nie, wenn es „seinen Teller leer isst"!
Konzentrieren Sie Ihre elterliche Aufmerksamkeit nicht nur aufs Essen: Körperliche Aktivität in jeder Form sollte unterstützt werden. Applaudieren Sie, wenn Ihr Kind 10-mal Seilspringen schafft, wenn es vom 1-Meter-Brett springt, wenn es lernt, ohne Stützräder zu radeln, wenn ihm beim Ballspiel ein besonders schöner Pass gelingt. Unterstützen Sie seine Freundschaften und Unternehmungen mit Gleichaltrigen. Ihr Kind braucht seinen Freundeskreis auch außerhalb seiner vier Wände. Langweile zu Hause endet leider oft vor dem Kühlschrank ...

▶ Bist Du hungrig?

Richtiger Hunger entsteht im Oberbauch, Appetit eher im Kopf. Das Gefühl, satt zu sein, wird vor allem durch die Dehnung des Magens ausgelöst. Ihr Kind muss das lernen – und Sie vielleicht auch? Es geht schließlich auch darum, den uralten Fütterungstrieb, der in Notzeiten lebensrettend war, in Schach zu halten. Hier einige Anregungen, wie Sie und Ihr Kind mit Hunger und Appetit besser umgehen können:

- *Esspausen von mindestens 2 bis 3 Stunden nach einer ausreichenden Mahlzeit geben dem Magen die Chance, in Ruhe zu arbeiten und wieder hungrig zu werden.*
- *Vermitteln Sie Ihrem Kind: Hunger ist etwas Positives, nämlich die Stimme des Bauches und kein Notfall!*
- *Versuchen Sie mit Ihrem Kind herauszufinden, wann Sie beide hungrig sind und wann Sie einfach nur Appetit, also Lust auf etwas haben.*
- *Ist Ihr Kind, sind Sie wirklich hungrig, oder ist ihm oder Ihnen einfach langweilig oder verwechselt Ihr Kind vielleicht Erschöpfung mit Hunger?*
- *Möchte Ihr Kind wirklich Essen von Ihnen – oder Aufmerksamkeit?*

Besser trinken
Nuckelflaschen sind im Vormarsch – nicht nur bei Kleinkindern, und meist sind sie mit süßen Getränken gefüllt. Das ist auch für die Zähne schädlich. Sicher, ausreichend Trinken ist wichtig, und oft bemerken Kinder und Erwachsene Durst erst spät. Da hilft es, ganz automatisch etwas zu Trinken anzubieten, wenn gegessen wird. Ideal als Durstlöscher geeignet ist Wasser. Damit kommt Ihr Kind gut und schlank durchs Leben. Zum Glück gibt es in jedem Kindergarten und jeder Schule einen Wasserhahn – Leitungswasser ist in Deutschland uneingeschränkt zum Trinken empfohlen. Ungünstig sind alle Süßgetränke, auch Säfte pur. Allenfalls nach schweißtreibenden Tobereien oder Sport oder zu besonderen Anlässen ist eine Saftschorle angesagt. Und Low-Calorie-Getränke? Schauen Sie auf die Zutatenliste mit Zuckeraustausch-, Aroma- und Farbstoffen – braucht Ihr Kind das wirklich? Außerdem gewöhnt sich Ihr Kind an den süßen Geschmack. Milch, Joghurtdrinks oder Kakao sind eine wertvolle Zwischenmahlzeit – aber keine Durstlöscher!

- *Verwöhnen Sie Ihr Kind nicht mit Leckerlis – Sie tun ihm damit nichts Gutes! Es gibt kalorienfreie Möglichkeiten, Liebe zu zeigen.*
- *Langsames Essen gibt mehr Zeit zur Sättigung – sorgen Sie für ausreichend Ruhe und Zeit am Esstisch.*
- *Kauen macht satt. Wo nur geschleckt, geschlürft und geschluckt wird, bleibt das Essvergnügen auf der Strecke.*
- *Heißhunger vor dem Essen lässt sich am besten mit Knabbergemüse dämpfen. Gerade wenn Ihr Kind aus der Schule kommt, können Sie so die Zeit bis zum Essen ziemlich gut überbrücken.*
- *Appetit lässt sich oft mit Trinken besänftigen – am besten mit Wasser oder Tee.*
- *Drei feste Mahlzeiten sind notwendig und wichtig. Für Kinder sind zusätzlich zwei Zwischenmahlzeiten sinnvoll. Das bedeutet allerdings nicht, dass es ständig was „für den kleinen Hunger" geben muss!*
- *Übersetzen Sie doch „satt" sein ganz einfach mal mit: „nicht mehr hungrig" sein.*

▶ Essregeln

- *Essen Sie gemeinsam zu einem festen Zeitpunkt, auch wenn Sie nur zu zweit sind.*
- *Versuchen Sie, einen gemütlichen Rahmen zu schaffen.*
- *Beginnen Sie gemeinsam – ein Tischgebet oder ein Spruch, den Ihr Kind sicher aus dem Kindergarten mitbringen wird, machen das leichter.*
- *Die Mahlzeit erst beenden, wenn alle fertig sind – dann kommt keine Hast auf. Wer vorher aufstehen möchte, sollte fragen. Sinnvoll, wenn Erwachsene sich noch unterhalten möchten.*
- *Tischen Sie wirklich nur das auf, was gegessen werden sollte. Nicht noch als Nachtisch die Kuchenreste, eine Packung Eiscreme ...*
- *Ihr Kind sollte lernen, sich selbst das Essen zu nehmen, aber lieber erst einmal eine kleine Portion. Also keine Tellergerichte.*
- *Lassen Sie Ihr Kind in diesem Buch schmökern, beteiligen Sie es am Speisezettel. Drei Lebensmittel oder Gerichte im Monat darf es zum Beispiel abwählen – und jedes Familienmitglied darf sich abwechselnd etwas wünschen.*
- *Lassen Sie Ihr Kind immer alles probieren. Wenn etwas nicht schmeckt, bleiben ja noch die anderen Teile der Mahlzeit. Keine Extrawürste!*
- *Wenn Ihr Kind zwischendurch etwas zu essen haben möchte, sollte es fragen. Nur Obst und rohes Gemüse sind zur Selbstbedienung freigegeben.*
- *Machen Sie es wie die Südländer: Tischgetränk ist Wasser – egal ob aus der Leitung oder der Flasche.*

Tipps für den Alltag

Die Theorie praktisch umzusetzen, ist gar nicht so schwer. Denn wo ein Wille ist, da ist auch ein Weg. Hier finden Sie noch einmal kurz zusammenfasst Tipps und Argumente für die größten Stolpersteine.

Gegessen wird, was auf den Tisch kommt?
Na klar. Eines der größten Probleme in der Kinderernährung ist oft die Einseitigkeit. Deshalb ist es wichtig, Kindern immer wieder etwas Neues anzubieten, damit sie sich nicht in ihren Essgewohnheiten festfahren.

Den Teller leer essen?
Auf keinen Fall! Lieber den kleinen Mann im Bauch fragen, ob da noch Platz ist. Wenn nicht, dann aufhören. Noch besser: sich angewöhnen, erst eine kleine Portion zu nehmen. Wer mag, bekommt Nachschlag.

Immer noch hungrig?
Trotz ausreichender Portion? Warten Sie fünf Minuten und versuchen Sie in der Zeit Ihr Kind auf andere Gedanken zu bringen. Hat es danach noch Hunger, entweder einen kleinen Nachschlag, Obst oder Eis aus Obstsaft als Nachtisch anbieten.

Wer bestimmt, was es zu essen gibt?
Alle – aber wer kocht, ist der Chef! Und wer mithilft in der Küche, darf zuerst mitreden. Beziehen Sie Ihre ganze Familie in die Essensplanung ein nach dem Motto: „Wünscht Euch was!". Gehen Sie nicht auf „Spaghetti, Pommes und sonst nichts" ein. Berücksichtigen Sie die gesunden Vorlieben Ihrer Kinder etwas häufiger im Speiseplan und kochen Sie ansonsten ruhig auch, was Ihnen selbst schmeckt.

Dann eben von meinem Taschengeld!
Von der ersten Klasse an ist es sinnvoll, Kindern ein kleines Taschengeld zu geben. Es sollte nicht so viel sein, dass es zu Süßigkeitsorgien reicht. Zahlen Sie es zuverlässig einmal pro Woche aus und besprechen Sie, für was es ausgegeben wird. Wer spart, bekommt einen Zuschlag. Und wer Süßes kauft, steckt es in seine süße Kiste.

Selbstbedienung ohne Grenzen?
Nein. Kleine Kinder wären überfordert, wenn sie sich bei dem übergroßen Angebot ständig selbst kontrollieren müssten. Kinder sollten fragen – so wissen Sie, was nachgekauft werden muss und können Ess-Exzesse verhindern. Bestimmte Lebensmittel wie Obst oder rohes Gemüse sollten dagegen frei zugänglich sein. Vorsicht bei Bananen und Trauben: sie sind gesund, enthalten aber sehr viel Fruchtzucker und rutschen so leicht, dass man schnell zu viel davon isst.

Gibt's was Süßes?
Kinder mögen Süßes. Es ganz zu verbannen, ist kaum zu schaffen. Stellen Sie Regeln auf. Jeder hat „seine" süße Kiste, aus der er einmal am Tag nach dem Essen naschen darf. Legen Sie keine süßen Vorräte an, kaufen Sie nichts Süßes ein – meist reicht das, was Kinder von Omas, Tanten, Freunden geschenkt bekommen. Lieber mal einen süßen Nachtisch oder ein süßes Hauptgericht kochen. Und vor allen Dingen Süßes nicht als Belohnung einsetzen!

Gerechtigkeit bei Tisch?
Das geht nur insofern, als jeder so viel isst, wie er braucht. Erwachsene und Jugendliche mehr als Kinder, Jungs ab zwölf mehr als Mädchen ab zwölf, Männer mehr als Frauen. In dieser Beziehung ist das Leben ungerecht – und Ihr Kind muss das lernen. Von besonders knappen Leckerbissen sollte allerdings jeder gleich viel bekommen.

Papa macht nicht mit!
Viele Männer fürchten Diäten wegen Frust, schlechter Laune und ständigem Hungergefühl. Zeigen Sie Ihrem Partner die Fotos im Rezeptteil – das wird ihm die Angst vorm Verhungern nehmen. Machen Sie ihn zum Verbündeten – es geht um Ihr Kind! Zeigen Sie ihm das Gewicht Ihres Kindes auf der BMI-Kurve (→ Seite 200) und vielleicht ein paar Fotos, auf denen der Babyspeck offensichtlich wird. Klären Sie ihn über die Langzeitfolgen auf. Wenn Sie glauben, das hat keinen Sinn – beginnen Sie einfach, nach unseren Rezepten zu kochen! Er wird sich freuen über das köstliche Essen und ganz automatisch schlanker werden.

Bei uns ist nur einer dick – und das ist Mama
Als Familienfrau abzunehmen, ist nicht einfach. Die Erschöpfung ist oft groß, und meist haben die Mütter ständig mit Einkauf und Kochen zu tun. Wenn das bei Ihnen so ist, haben Sie aber auch die besten Möglichkeiten, selbst etwas zu ändern. Kaufen Sie kein Naschzeug und keine süßen Getränke ein unter dem Vorwand „... für meine Lieben“. Bitten Sie um Unterstützung in dieser Hinsicht – jeder kann ja seine süße Kiste haben, wenn er unbedingt naschen muss. Nie sagen: „Ich mache Diät“, sondern „Ich stelle meine Ernährung um“.

Nur mein Kind ist zu dick
Gerade bei Einzelkindern ist es wichtig, dass die Erwachsenen die Essumstellung in vollem Umfang mitmachen. Eventuell sind die Portionen für drei Personen etwas zu groß. Sind Sie zu zweit, die Menge einfach halbieren. Auf keinen Fall über den Hunger essen, sondern Reste zum Abendbrot aufwärmen. Oder einfrieren für ein Extra-Essen. Oder einfach die Sattmacher wie Kartoffeln, Nudeln, Reis etc. etwas kürzen.

Bei uns muss nur Papa abnehmen
Wenn er wirklich will – kein Problem. Ein Arztbesuch verstärkt meist die Motivation. Da die Rezepte eine hohe Nährstoffdichte haben, profitiert die ganze Familie.

Ein spannenlanger Hansel, eine nudeldicke Dirn
... oder anders herum. Nicht einfach, wenn Geschwister so unterschiedlich veranlagt sind. Doch Geschwister möchten stolz aufeinander sein – ein Dickerchen in der Familie wird deshalb Unterstützung beim Schlankwerden finden. Dünne Geschwister werden mit gesünderem Essen widerstandsfähiger. Beim Naschen müssen sie allerdings Rücksicht nehmen.

Mittags allein zu Haus?
Entweder Sie kochen geeignete Gerichte (→ Liste, Seite 207) vor, portionieren schon auf einem Teller, sodass Ihr Kind sein Essen in der Mikrowelle heiß machen kann. Oder Sie kochen und essen abends warm und Ihr Kind macht sich etwas Kaltes für den Mittag. Einen Salat (das Dressing extra) oder ein Müsli vorbereiten – das füllt den Magen. Eine Tasse Instant-Bouillon ist ideal für Kinder, die etwas Warmes mögen. Besonders wichtig: Keine fetten Vorräte im Kühlschrank.

Mittags bei der Oma?
Die Oma muss mit ins Boot! Sie lässt sich vielleicht schwer überzeugen. Notfalls zum Kinderarzt mitnehmen, dem glaubt sie. Den Speiseplan mit ihr besprechen, Rezepte von Tag zu Tag aussuchen, eventuell die Lebensmittel für sie besorgen. Die Rezepte werden ihr auch gut tun. Wenn sie das merkt, haben Sie gewonnen. Und Ihr Kind auch.

Mittags in der Schule?
Gibt es ein warmes Essen in der Schule? Informieren Sie sich, wer was liefert. Oft ist die Schulleitung dankbar für Hilfe. Unter ***www.schuleplusessen.de*** gibt es einen Beratungsdienst für Schulverpflegung. Die Chancen, dass die warme Verpflegung o. k. ist, stehen gut. Für Pizza-Service und Burger sollten Sie kein Geld mitgeben – da sind Schulbrot plus Obst und Joghurt besser.

Unser Kind wird nicht satt
Was sagt die Waage? Nimmt Ihr Kind nicht ab oder sogar zu und hat gleichzeitig Hunger, ist sein Sättigungsgefühl völlig durcheinander (→ Seite 24). Vielleicht ist es stummer Protest, Langeweile, Frust, Stress oder Gewohnheit, sich zu überessen. Lassen Sie es vor dem Essen rohes Gemüse knabbern, geben Sie eine Extra-Portion Obst. Lenken Sie es ab mit Unternehmungen – umgehen Sie das Thema Essen. Dann wird sich der Appetit langfristig auf ein gesundes Maß einpendeln.

Was tue ich mit Resten?
Im Kühlschrank lassen sich alle Gerichte ein, zwei Tage problemlos aufbewahren – auch Spinat, Fisch oder Pilze! Wichtig: Essen sollte nicht lange warm gehalten werden, sondern zügig heruntergekühlt und vor dem Essen schnell erhitzt werden. Auf Seite 207 finden Sie eine Liste, welche Gerichte sich gut fürs Einfrieren eignen. Stehen die Reste zu lange, lieber wegwerfen, als um jeden Preis aufessen. So mancher hat sich überflüssige Kilos mit Resten angefuttert!

Wir haben keine Zeit zu kochen
Nehmen Sie sich die Zeit: Die meisten unserer Rezepte brauchen nicht länger als 30 Minuten. Wenn Sie für die Woche planen und einkaufen, auch mal die doppelte Portion kochen und einfrieren, brauchen Sie nur wenig mehr Zeit als mit Fertig- und Fix-Produkten. Außerdem sparen Sie eine Menge Geld – die Industrie lässt sich ihre Arbeit nämlich gut bezahlen und unsere Rezepte enthalten preiswerte Produkte der Saison. Legen Sie das Ersparte beiseite und leisten Sie sich davon kleine Extras: ein Roller fürs Kind, ein Kinobesuch für Sie ...!

Unser Kind isst nichts Gesundes!
Probieren ist wichtig – und nicht von vorneherein ablehnen. Gewohnheit prägt Vorlieben: Wenn Sie nur Vollkorntoast im Haus haben und statt Weißbrot Mischbrot, statt Keksen Erdbeeren und Mandarinen, wird Ihr Kind das auf Dauer mögen. Sie setzen den Standard zu Hause und schaffen Vorlieben. Ihre Essgewohnheiten als Eltern spielen dabei eine Riesenrolle – meist sind die schwerer zu ändern als die der Kinder. Aber es klappt! Außerdem: gesund sind auch Spaghetti, Pizza und Steak, wenn sie richtig zubereitet sind (→ Seite 40).

Kühlschrank-Check

Wissen Sie eigentlich, was so alles in Ihren Einkaufswagen und in Ihren Kühlschrank wandert oder schleichen sich manche Sachen unbewusst immer wieder ein? Gesundes Essen fängt beim Einkaufen an – deshalb sollten Sie den Kühlschrank-Check machen. Lesen Sie den Kommentar und die Tipps zu dem Buchstaben, den Sie am häufigsten angekreuzt haben. Das bringt Sie auf eine erste Spur.

1 Wie kaufen Sie ein: Nach Plan oder nach Bauchgefühl?
- **B** Ohne Einkaufsliste würde ich mich total verzetteln – nie ohne!
- **A** Einkaufszettel sind mir zu mühsam. Das habe ich im Kopf.
- **C** Eigentlich eher nach Plan, aber dann lacht mich etwas an und der Bauch übernimmt das Kommando.

2 Womit ist Ihr Kühlschrank gefüllt?
- **B** Es überwiegen Fleisch, Wurst, Milchprodukte und Käse – immer schön fettarm.
- **C** Etwa zur Hälfte Fleisch, Wurst, Milch und Milchprodukte, zur anderen Hälfte frisches Obst und Gemüse.
- **A** Etwa zur Hälfte Fertigprodukte, der Rest Fleisch, Wurst und Milchprodukte.

3 Und mit welchen Milchprodukten?
- **C** Mit vielen süßen Desserts, Kinderjoghurt und Quarkspeisen, „normalem" Käse und Milch.
- **B** Mit fettarmer Milch, Diätjoghurts, Molkedrinks, Light-Käse.
- **A** Mit Fruchtjoghurts, Brotaufstrichen, Schmelz- und Frischkäse, Milch.

4 Wie viele Fertiggerichte oder -produkte, z. B. fertiges Salatdressing, Fertigsalate oder Bouletten finden Sie in Ihrem Kühlschrank?
- **C** Weniger als 2.
- **B** Zwischen 3 und 5.
- **A** Mehr als 6.

5 Checken Sie den Bon des letzten Großeinkaufs: Wie viele Knabber- und Süßwaren finden Sie?
- **B** Weniger als 5.
- **A** Zwischen 5 und 10.
- **C** Mehr als 10.

6 Müssen Sie oft verdorbene und abgelaufene Sachen wegwerfen?
- **C** Ja, beim Einkaufen sind meine Augen grundsätzlich zu groß – besser zu viel als zu wenig.
- **B** So gut wie nie, ich hab die Mengen ganz gut im Griff.
- **A** Kommt ab und zu mal vor, besonders in Stresszeiten.

7 Kaufen Sie regelmäßig spezielle Kinderlebensmittel?
- **B** Nein, die sind mir viel zu teuer und außerdem überflüssig.
- **C** Wenn mich die Kinder beim Einkaufen lange genug nerven schon...
- **A** Na klar, schließlich ist da extra-viel Gutes für die Kleinen drin!

8 Wie viele Light-, Diät- oder fettreduzierte Produkte finden Sie in Ihrem Kühlschrank?
- **A** Weniger als 2.
- **C** Zwischen 2 und 5.
- **B** Mehr als 5.

9 Was liegt in Ihrem Brotkasten?
- **A** Weißbrot, Toastbrot und Sandwichwaffeln.
- **C** Knäckebrot, Mischbrot, am Wochenende mal Croissants.
- **B** Vollkornbrot, Mischbrot.

10 Wie oft kommen bei Ihnen Gemüse oder Salat auf den Tisch?
- **B** Einmal am Tag.
- **C** Mindestens dreimal am Tag.
- **A** 2 bis 3-mal in der Woche.

11 Was trinkt Ihre Familie?
- **B** Vor allem Wasser, Saft und ungesüßten Tee.
- **A** Die Kinder stehen vor allem auf Eistee, Limo und Cola.
- **C** Wasser kommt nicht so gut an und Limo ist mir zu ungesund, deshalb vor allem Fruchtsaft.

12 Was geben Sie Ihrem Kind als Pausenbrot eher mit?
- **A** Geld – dann kann es sich kaufen, was ihm schmeckt.
- **B** Ein belegtes Brot und einen Apfel.
- **C** Ein Schokocroissant und eine Flasche Limo.

13 Gehen Sie auf Süßigkeitenjagd in der Wohnung. Was finden Sie?
- **B** 1 Tafel Schokolade, 1 Packung Kekse und 1 Tüte Gummibärchen mit Vitaminplus – alles gut gehortet in der Naschschublade.
- **C** Jede Menge – Schokolade im Küchenschrank, Riegel im Vorrat, Bonbons im Kinderzimmer.
- **A** Den alten Weihnachtsmann vom letzten Jahr und eine Tüte Hustenbonbons – meine Familie steht nicht auf Süßes.

14 Schätzen Sie mal: Wo steckt besonders viel Fett drin?
- **B** Croissants, Nüsse, Salami-Pizza.
- **C** Erdbeerkonfitüre, Weißbrot, Fruchteis.
- **A** Schinken, körniger Frischkäse, Lachs.

Auswertung

Vorwiegend A:
Familie Fix und Fertig
Bei Ihnen tummelt sich eine ganz ansehnliche Batterie an praktischen Fertigprodukten im Kühlschrank. Schließlich sind Sie ständig in Eile und haben keine Zeit für aufwendige Kocharien. Mittags mit den Kindern muss es meist schnell gehen – gekocht wird manchmal abends oder am Wochenende. Und gerade Pizza, Burger oder Würstchen kommen ja immer gut an. Aber Vorsicht: In einem Großteil der Fertigprodukte versteckt sich viel Fett und/oder Zucker. Wer selbst kocht, hat viel mehr Einfluss darauf, was er wirklich isst und kann leichter Kalorien einsparen.

▶ Das hilft Ihnen: Studieren Sie beim Einkaufen die Etiketten der Fertigprodukte und vergleichen Sie die Nährwerte – die Unterschiede sind oft enorm. Empfehlenswert für alle, die in Eile sind, ist TK-Gemüse. Es enthält noch alle wertvollen Inhaltsstoffe, ist kalorienarm und eine echte Zeitersparnis, da Sie sich das Putzen und Kleinschneiden sparen. Machen Sie sich Ihre eigenen Fertiggerichte: Kochen Sie die doppelte Menge und frieren Sie eine Hälfte auf Vorrat ein. Eine Liste der Rezepte, die sich dafür eignen, finden Sie auf Seite 207. Bei Salatsaucen können Sie gleich eine Flasche mixen: Sie halten sich im Kühlschrank ca. 5 Tage. Auch ein Speiseplan für die ganze Woche hilft gegen den Stress und die Zeitnot in der Küche. Außerdem haben wir bei all unseren Rezepten darauf geachtet, dass sie sich schnell und leicht zubereiten lassen. Sie müssen also keine Stunden in der Küche zubringen, um sich gesund und ausgewogen zu ernähren.

Vorwiegend B:
Familie Fettnäpfchen
Bei Ihnen stehen ganz viele fettarme, Diät-, oder Lightprodukte im Kühlschrank – schließlich wollen Sie auf die Linie Ihrer Familie achten. Aber Vorsicht: Dazwischen lauern, gut getarnt, lauter kleine Fettnäpfchen. Das fertige Salatdressing z. B. sieht ganz harmlos aus, enthält aber jede Menge Kalorien. Oder der fettarme Fruchtjoghurt: Da ist zwar kaum Fett drin, dafür aber eine gute Portion Zucker und damit Kalorien. Oft nehmen Sie es auch mit den Mengen nicht so genau: „Ist ja Diät". So nehmen Sie ganz versteckt doch einiges an Kalorien auf.

▶ Das hilft Ihnen: Studieren Sie beim Einkaufen die Etiketten und vergleichen Sie die Nährwerte der Lebensmittel – besonders wenn es ein angeblich leichtes Produkt ist. Oft werden Sie dabei eine Überraschung erleben und so manches Leichtgewicht im Regal stehen lassen. Die besten „Lightprodukte" sind natürliche Lebensmittel wie Obst, Gemüse, magere Milchprodukte und Kartoffeln. Machen Sie sich schlau und geben Sie die Verantwortung für Ihre Ernährung nicht einfach an die Lebensmittel-Industrie ab. Vor allem: Stellen Sie fest, was Ihnen und der Familie wirklich schmeckt – essen Sie nichts, nur weil es „light" ist.

Vorwiegend C:
Familie Leckermäulchen
Die Mischung in Ihrem Einkaufskorb ist eigentlich ganz ausgewogen und vernünftig. Einzige Ausnahme: Ihre Familie wird bei Süßem einfach schwach – und nimmt so jede Menge Extra-Kalorien auf. Besonders beliebt: sahnige Puddings, cremige Milchdesserts, Törtchen, süße Fruchtsäfte oder zuckrige Limonaden. Das alles rutscht so gut, dass Sie im Nu jede Menge Kalorien runtergeschluckt haben – ohne richtig satt zu werden.

▶ Das hilft Ihnen: Servieren Sie Ihrer „süßen Familie" doch öfter mal ein süßes Hauptgericht, an dem sie sich richtig satt essen kann. Das stillt den süßen Hunger auf gesunde Weise. Für zwischendurch sollten Sie von kalorienreichen Naschereien auf natürlich süßes Obst umsteigen. Probieren Sie auch, nach und nach die Süßschwelle Ihrer Familie herunterzusetzen, denn wie süß süß genug ist, ist Gewohnheitssache. Einfach nach und nach die Zuckermengen reduzieren, Desserts selbst machen und nicht zwischendurch, sondern als Nachtisch zu einem Salat oder einer Suppe reichen. Auch bei den Getränken sollten Sie sich möglichst umstellen. Fruchtsaft ist zwar gesund, liefert aber reichlich Kalorien. Versuchen Sie Wasser als Familiengetränk zum Essen einzuführen. Nur ausnahmsweise, zum Beispiel nach dem Sport oder bei einer Geburtstagseinladung, kann es auch mal eine Saftschorle sein.

P.S. Hier die Lösung von Frage 14:
Schätzen Sie mal: Wo steckt besonders viel Fett drin?
Antwort B ist richtig: 1 Croissant enthält satte 12 g Fett, 1 Handvoll Nüsse ca. 17 g und 1 Salami-Pizza ganze 47 g. Die Lebensmittel aus Antwort A enthalten etwas Fett, sind aber keine Fettbomben. Kochschinken gehört mit ca. 3 g Fett zu den mageren Aufschnittsorten, körniger Frischkäse (20 % Fett i. Tr.) ist mit ca. 0,5 g Fett pro EL ein magerer Brotbelag und 1 Scheibe Räucherlachs enthält 1,5 g Fett – und zwar besonders hochwertiges. Die Lebensmittel aus Antwort C sind alle so gut wie fettfrei.

Gesunde Lebensmittel – worauf kommt es an?

Dass Obst und Gemüse die meisten gesunden Inhaltsstoffe pro Kalorie haben, ist klar. Aber wie steht es beispielsweise mit Räucherlachs? Der enthält jede Menge lebenswichtige Omega-3-Fettsäuren – aber auch Räucherstoffe und viele Kalorien. Oder Schokolade – schließlich enthält die Kakaomasse auch wertvolle Bioaktivstoffe! Die gesättigten Fette der Kakaobutter und der Zucker darin sind dagegen nicht so empfehlenswert.
Die Bewertung eines Lebensmittels setzt sich immer aus seinen Plus- und den Minuspunkten zusammen. Möglichst viele wertvolle Nährstoffe wie Vitamine, Mineralstoffe, Omega-3-Fettsäuren und Bioaktivstoffe wie Ballaststoffe, Anthocyane, Karotinoide pro Kalorie – und möglichst wenig negative Inhaltsstoffe wie gesättigte Fette, Oxalsäure, Acrylamid, Nitrit und andere sind das Ideal. Ein wichtiger Gesichtspunkt ist die Menge:
Schokolade in kleinen Mengen ist nicht ungesund – eine ganze Tafel pro Tag schon! Schließlich hängt die Bewertung eines Lebensmittels auch von der Situation des Einzelnen ab. Für einen unterernährten Menschen aus der Dritten Welt sieht sie anders aus als für einen etwas übergewichtigen Wohlstandsbürger.
Hier geht es ganz klar um die gut genährten Wohlstandsbürger – groß und klein. Die Deutsche Gesellschaft für Ernährung (DGE) hat ihren Ernährungskreis (→ Seite 16) im wahrsten Sinne des Wortes zur Basis einer Pyramide gemacht. Auf den Pyramidenseiten bewertet sie die gesundheitliche Qualität der Lebensmittel nach aktuellem Stand des Wissens. Von der roten Spitze zur grünen Basis nimmt dabei der Ernährungswert zu.

Die Ernährungspyramide

Pflanzliche Lebensmittel
Naturbelassenes Obst und Gemüse, Salat und Säfte – frisch gepresst – bilden die wertvolle Basis der Pyramide. Danach kommen Vollkornprodukte in jeder Form und Kartoffeln. Je weiter die Lebensmittel bearbeitet werden, je mehr Zucker, Fette, Zusatzstoffe ihnen zugesetzt werden, desto geringer ist ihr Wert. Weiße Brötchen und Pommes sind deshalb schlechter bewertet. Sehr mit Vorsicht zu genießen ist Süßes in jeder Form. Deshalb nehmen Zucker, Kuchen, Süßigkeiten, Chips die schlechte Spitze ein.

Tierische Lebensmittel
Eiweiß in Fisch und Fleisch ist häufig mit Fett kombiniert. Bei Fisch hat das Fett allerdings auch einen Gesund-

▶ Ist „gesund" sichtbar?

Leider nur zum Teil: Die Handelsklasse sagt ausschließlich etwas über äußere Merkmale wie Größe aus, aber nichts über die „inneren" Werte. Das Bio-Zeichen informiert über die Produktionsmethoden – das bedeutet zumindest eine naturbelassenere Herstellung der Lebensmittel. Doch die wichtigsten Merkmale für den Gesundheitswert von Obst und Gemüse sind Frische, Reife und Aroma. Und die lassen sich sehen, riechen, tasten und schmecken ...

© DGE

heitswert durch viele mehrfach ungesättigte Fettsäuren. In der Regel aber gilt: Je magerer, desto besser. Seefisch ist sehr gesund, denn er enthält neben Eiweiß auch noch Jod. Milch und Milchprodukte sind wegen des Kalziums unentbehrlich. Bei Milch und Joghurt sind 1,5 % Fett ideal, bei Käse möglichst nicht über 40 % Fett i. Tr. (= in der Trockenmasse → Seite 37).
Mageres Fleisch und magere Wurst sind wegen ihres Eisengehalts wertvoll. Je mehr Fett Milchprodukte und Fleisch enthalten, desto weniger erfüllen sich die Qualitätsansprüche.
Das Ei schneidet wegen seines hohen Cholesteringehaltes nicht so gut ab.

Öle und Fette
Hier geht es um das Verhältnis der Fettsäuren in den unterschiedlichen Fetten, die einen positiven Einfluss auf den Fettspiegel im Blut haben, also vor Arteriosklerose schützen. Das ist besonders bei Übergewicht bedeutend: Bereits Kinder können durch falsches Essen und zu viel Gewicht verengte Adern haben! Das erhöht schon in jüngeren Jahren die Gefahr von Schlaganfall und Herzinfarkt (→ auch Seite 9). Neben den günstigen Fettsäuren spielt der Gehalt an Vitamin E eine Rolle und das Fehlen von Cholesterin. Alles in allem eignen sich Raps- sowie Walnussöl am besten. Dann folgen andere Öle wie Oliven-, Soja- und Weizenkeimöl. Ungehärtete Margarine läuft der Butter den Rang ab. Gesättigte Fette in Schmalz und Plattenfett (z. B. Frittierfett, Kokosfett) bilden das negative Schlusslicht.

Getränke
Wasser ist die Basis unserer Flüssigkeitszufuhr – ob aus Flasche oder Leitung ist egal. Fast gleichwertig sind Kräuter- und Früchtetees, dann folgen Kaffee, Schwarzer und Grüner Tee – ohne Zucker. Kalorienarme oder -freie Erfrischungsgetränke stehen wegen ihrer niedrigen Kalorienzahl neben Fruchtsaftschorle. Nektar, Fruchtsaftgetränke, Limonaden, Colagetränke sind überflüssig. Für Kinder sind Kaffee und Schwarzer oder Grüner Tee wegen des Koffeins gar nicht geeignet.

Die schlanke Wahl

Nicht alles, was gesund ist, trägt zu einem gesunden Körpergewicht bei. Deshalb ist es wichtig, im Angebotsdschungel einen schlanken Wegweiser zu haben, der Kaloriengehalt, glykämischen Index, Nährstoffverhältnis, Fatburning-Effekte und den Ballaststoffanteil berücksichtigt. Das alles fließt in unsere Tabelle ein.

Zuckerfrei – nicht immer kalorienarm

Süßstoff hat keine Kalorien, aber kann an süßen Geschmack gewöhnen. Wenn dann mal die kleinen Süßen nicht griffbereit sind, wird Zucker genommen ... Zuckeraustauschstoffe (außer Fruktose → Seite 36) haben weniger Kalorien als Zucker, aber sie süßen schwächer. Wenn dann mehr genommen wird, ist der Vorteil dahin. Mehr als 20–50 g pro Person können Blähungen und Durchfall auslösen: harmlos, aber lästig. Übrigens: Zuckeraustauschstoffe außer Fruktose greifen kaum die Zähne an, Xylit gar nicht. Also geeignet für Kaugummis und Bonbons. Doch gerade bei süßen Kinderprodukten wird oft statt Zucker Fruktosesirup verwendet – und der wird verdächtigt, ein richtiger Dickmacher zu sein. Die unterschiedlichen natürlichen Süßen von malzigem Ahornsirup über den zartmilden Agavendicksaft bis zum säuerlichen Apfeldicksaft und dem karamelligen Rübensirup sind ebenso kalorienreich wie Zuckersirup. Die enthaltenen Mineralstoffe fallen im Verhältnis zum Kaloriengehalt nicht wirklich ins Gewicht – deshalb nur sparsam benutzen. Und Honig? Er hat kaum weniger Kalorien. Und wenn er nicht erhitzt wird, enthält er eine Vielzahl von natürlichen Substanzen, die möglicherweise eine günstige Wirkung ▸

LEBENSMITTEL	FLOPS
GETRÄNKE	Zuckerreiches wie Nektar, Limonaden, Colagetränke, Eistee und andere Softdrinks
BROT	Weißbrot, weiße Brötchen mit und ohne Kerne oder Samen, Laugengebäck, Croissants, Frühstückswaffeln
CORNFLAKES & CO.	Zucker- und fettreiche Müsli- oder Cerealien-Mischungen, Crunch-/Knusper-Müslis, Schokomüsli, Müsliriegel
NUDELN & CO.	Schupfnudeln und Spätzle angebraten und mit fetten Saucen! In Ordnung mit viel Gemüse (→ Rezepte auf den Seiten 150, 154).
REIS	Minutenreis, fertiger Milchreis, Milchreis aus der Tüte zum Anrühren
GETREIDE	Fertige Getreideburger, z. B. aus Dinkel oder Grünkern
GEMÜSE	Frittiertes und gebratenes Gemüse, Gemüse in Sahnesauce, Gemüse in Öl
OBST	Fertige Fruchtzubereitungen aus püriertem Obst und viel Zucker, kandierte Früchte
MILCH UND MILCHPRODUKTE	Milch > 3,5 %, Milchdesserts mit viel Zucker und/oder Fett, Sahnequark, Sahnejoghurt
KÄSE	Doppelrahmfrischkäse, Schmelzkäse, Mascarpone, cremige Weichkäse über 50 % Fett i. Tr.

NA JA	TOPS	TIPPS
Fruchtsaft oder Gemüsesaft pur (am besten Direktsaft), Diätgetränke unter 20 kcal/100 ml, leicht gesüßter Tee	Wasser, ungesüßter Tee, Fruchtsaftschorle (gut verdünnt in kleinen Mengen, bei körperlicher Anstrengung wie Sport), für Erwachsene ungesüßter Kaffee	Milch macht satt, Latte Macchiato ist ebenfalls eine Zwischenmahlzeit mit ca. 170 kcal pro Glas! Tee mit einem Schuss Apfelsaft statt Zucker süßen.
Mischbrot und -brötchen, Roggenbrot und -brötchen, Reistaler, Vollkornbrot oder -brötchen mit vielen Nüssen, Samen oder Oliven im Teig	Vollkornbrot, Vollkorntoast, Vollkorn- und Schrotbrötchen, Vollkorn-Knäckebrot	Dunkel und körnig ist nicht unbedingt Vollkorn: Fragen Sie nach. Samen (Sesam, Mohn), Kerne (Sonnenblumen, Kürbis) und Nüsse sind sehr kalorienreich – Belag streichen!
Ungesüßte oder leicht gesüßte Flakes, Müsliriegel ohne Zuckerzusatz, Müslis mit Trockenfrüchten	Müsli aus Vollkornflocken, Getreideflocken pur (Hafer, Hirse)	Kakaopulver und gerösteter Buchweizen sind leichte Alternativen zu Schokolade und Nüssen.
Instantnudeln (z. B. chinesische Mie-Nudeln), Eiernudeln, Sojanudeln, Glasnudeln	Vollkornnudeln, Hartweizenpasta ohne Ei	Die klassisch-italienische Pasta ist ohne Ei. Vollkornnudeln sind nicht jedermanns Geschmack – am besten passen sie zu kräftigen Saucen.
Polierter weißer Reis	Vollkornreis, parboiled Reis	Parboiled Reis ist nährstoffreicher als weißer Reis und ein Kompromiss zwischen Vollkorn- und Weißreis.
Vorgedämpftes wie Couscous oder Zartweizen, Grieß	Vollkorn-Bulgur, Vollkorngrieß, Grünkern	Je naturbelassener, desto besser.
Trockenprodukte mit Gemüse (Instantsuppen), zubereitete Gemüsekonserven	Frisches Gemüse, TK-Gemüse naturell ohne Fett- und Gewürzzugabe, Sauerkonserven	Tomaten, Sauer- und Rotkraut, Hülsenfrüchte und saure Gurken oder Ähnliches sind auch als Konserve empfehlenswert.
Kompott oder Obstmus mit Zucker, Trockenobst, eingelegtes Obst aus der Dose oder aus dem Glas	Frisches, rohes Obst, TK-Obst, Kompott oder Obstmus ohne Zucker	Trockenobst ist mineral- und ballaststoffreich, aber auch kalorienreich.
Vollmilch Fruchtjoghurt 1,5 %, Kakao 1,5 %, Fruchtmolke und -buttermilch, Quark 20 %	Milch 1,5 % Fett Joghurt natur 1,5 %, Magerquark natur, Naturmolke und Buttermilch natur	Fruchtjoghurt selbst aus Naturjoghurt und frischen Früchten machen. Sind die Früchte vollreif, kommen Sie ohne Zucker aus.
Ziegenfrischkäse, Hartkäse	Körniger Frischkäse, Handkäse, fettreduzierter Käse (max. 30 % Fett i. Tr.), Mozzarella, Kochkäse, fettreduzierter Frischkäse	Vorsicht: Bei Käse zwischen der Angabe Fett i. Tr. (Fett in der Trockenmasse) und absolutem Fettgehalt in Gramm unterscheiden (→ Seite 37).

haben. Durch viel Glukose geht Honig schnell ins Blut, je dickflüssiger er ist, desto rascher. Eine schlanke Alternative sind alle diese Natursüßen nicht. Und brauner Rohzucker aus Zuckerrohr oder Zuckerrüben? Er hat genauso viele Kalorien wie weißer Zucker, aber ein paar Mineralstoffe.

Kalorienreduziert – oft überflüssig
Wenn auf diätetischen Lebensmitteln steht: „kalorienreduziert" oder „im Brennwert vermindert", enthalten sie 30 % weniger als das Original. Aber Sie können bei Wurst und Käse auch ganz normal fettarme Sorten wählen (→ Tabelle rechts) – das ist meist viel preiswerter. Auch bei Fertiggerichten gibt es solche mit niedrigem Kaloriengehalt – Sie müssen sich nur die Mühe machen, gründlicher aufs Etikett zu schauen. Wer selbst kocht, kann den Kaloriengehalt durch die richtigen Zutaten niedrig halten – so wie in unseren Rezepten.

Bio ist nicht unbedingt kalorienarm
Mit Abnehmen hat Bio nichts zu tun – nur mit der Art der Produktion. Und oft mit besserem Geschmack und Sättigung. Lesen Sie auch bei Bioprodukten die Zutatenliste auf der Packung, häufig verrät das Etikett auch den Kaloriengehalt.

▶ Wenig bearbeitete, also natürliche Lebensmittel …

… haben meist einen hohen Wassergehalt, also weniger Kalorien,
… enthalten mehr Ballaststoffe, machen also länger satt,
… brauchen mehr Kauarbeit, werden also nicht so geschlungen.

LEBENSMITTEL	FLOPS
FLEISCH	Speck, Schweinebauch, Schweinehackfleisch, Schnitzel paniert
WURST	Salami, Streichwurst wie z. B. Leberwurst, Bratwürstchen, Wiener Würstchen, Fleisch- oder Leberkäse, Fleischwurst, Hausmacher Wurst, Gelbwurst, Landjäger, Mortadella, Lyoner
FISCH UND MEERESFRÜCHTE	Fisch in Öl oder Sahnesauce eingelegt, Garnelen- oder Krabbensalat mit fetter Sauce, Fische überbacken mit fetter Kruste, frittierte Fische und Meeresfrüchte (Calamares)
EIER	Gebratene Eier mit Speck
FETTE UND ÖLE	Gehärtetes Fett, z. B. in Margarine, Schokoladenglasur, manchem Gebäck, Plattenfette
SÜSSES	Vollmilchschokolade, Nougat, Marzipan
SNACKS	Chips, Flips, geröstete Erdnüsse oder andere Nüsse
FERTIGGERICHTE	Fertige Salate mit cremiger Sauce, z. B. Fleischsalat, fertige Kartoffelprodukte, Käsefondue, Frühlingsrollen, Nudeln mit Sahnesaucen, fertige Salatsaucen, Pizza, Aufläufe, Fleisch mit Sauce
GEBÄCK	Blätterteig, Mürbeteig, Muffins, Rührteig, Sahne- oder Buttercremetorten, Butterkekse

NA JA	TOPS	TIPPS
Rinderhackfleisch, mageres gemischtes Hackfleisch, Geflügel mit Haut: z. B. Hühnerbeine, Schnitzel naturel, Steaks	Kasseler, Filet von Schwein oder Rind, Lammlachs, Rippchen, Rindertartar, Kalbfleisch, Wild, Geflügel ohne Haut: z. B. Brustfilet, Rouladenfleisch	Fettränder am Fleisch bei der Zubereitung dran lassen – schützt das Fleisch vor dem Austrocknen und bringt Aroma – und erst vor dem Essen entfernen. Gepökeltes wie Kasseler, Wiener Würstchen oder Ähnliches nicht grillen oder stark braten, dabei entstehen schädliche Stoffe.
Geräucherter Schinken, Lachsschinken, Jagdwurst, fettreduzierter Aufschnitt unter 15 % Fett	Gekochter Schinken, Bierschinken, Corned Beef, magere Geflügelwurst, Sülze, Kasseler Aufschnitt	Magerer Aufschnitt sollte unter 15 % Fett haben. Wurst dünn aufschneiden lassen – so sieht weniger nach mehr aus.
Fischfilet paniert, „fette" Fische wie Lachs, Hering, Makrele, Fischstäbchen (im Ofen gebacken)	Fischfilet naturel, Thunfisch im eigenen Saft, „magere" Fische wie Kabeljau, Seelachs, Zander, Barsch oder Forelle, Krabben, Garnelen, Shrimps, Tintenfisch, Muscheln	„Fette" Fische enthalten sehr hochwertiges Fett und sollten deshalb etwa alle 2 Wochen auf dem Speiseplan stehen.
Rühreier, Omelett	Gekochte Eier, pochierte Eier	Eier mit ganz wenig Fett in der beschichteten Pfanne braten.
Butter, Butterschmalz	Pflanzenöle wie Rapsöl, Olivenöl, Nussöle	Hochwertige kalt gepresste Öle hauptsächlich für die kalte Küche benutzen – Kochen zerstört viele wertvolle Inhaltstoffe. Relativ hitzefest: Olivenöl extra vergine.
Gummibärchen, dunkle Schokolade, Kekse	Trockenfrüchte	Süßigkeiten sind Luxus: Lieber kleine, aber feine Leckerbissen kaufen, als große Mengen billiger Produkte.
Salzstangen, Cracker, Low-Fat-Chips, Brotchips	Grissini	
Gemüsepfannen, Reispfannen	Suppen und Eintöpfe, Nudelsaucen	Zutatenliste und Nährwertangaben vergleichen: Die Unterschiede zwischen den einzelnen Produkten sind oft enorm.
Hefekuchen mit Streuseln, Brandteig, Käsekuchen, Makronen	Hefeteig mit viel Obst, Biskuitteig mit viel Obst, Waffeln	Je mehr Frucht, desto besser. Auf Sahne besser verzichten oder mit Joghurt beim Schlagen strecken (→ Seite 122).

Einkaufen mit kühlem Kopf

Einkaufen ist für jeden, der abnehmen möchte, ein ständiger Kampf gegen die Versuchung. Denn der Handel muss verkaufen – und arbeitet mit allen Tricks von Duft über Beleuchtung und schönen Bildern bis hin zu Probierstationen. Kinder sind diesen Verlockungen hilfloser ausgeliefert als ein aufgeklärter Erwachsener. Natürlich müssen auch Kinder lernen, mit einem Überangebot zurechtzukommen. Doch das hat frühestens im Grundschulalter Sinn. Machen Sie sich als Coach erst einmal alleine fit für den gesunden, schlanken Einkauf. Es braucht Zeit, Etiketten zu studieren und nachzufragen. Die Öffnungszeiten bis spät erleichtern es, auch ohne Kind(er) einkaufen zu gehen. Sind Sie selbst sicher in Auswahl und Angebot, können Sie Ihr Wissen an den Nachwuchs weitergeben, z. B. mit Etiketten-Raten.

Wichtigste Information: Das Etikett

Folgende Angaben müssen laut Gesetz auf einem Etikett stehen:
Verkehrsbezeichnung, d. h. der Name des Produktes.
Mengenangabe in Gewicht, Anzahl oder Volumen, in Netto-Brutto-Angaben oder als Abtropfgewicht (= Gewicht ohne Flüssigkeit) und Füllmenge (= Gewicht mit Flüssigkeit).
Mindesthaltbarkeitsdatum (MHD): bis zu diesem Datum garantiert der Hersteller die Qualität des Produktes. Es ist nach diesem Zeitpunkt nicht unbedingt verdorben. Vor allem Sauermilchprodukte wie Joghurt sind länger gut. Vor der Verwendung Aussehen, Geruch und Geschmack überprüfen. Anders bei leicht verderblichen Waren, wie z. B. Fleisch. Das trägt statt des MHD die Angabe „verbrauchen bis …“, oft mit einer Lagerbedingung verknüpft, z. B. „bei x Grad“ oder „kühl und trocken“. Nach dem angegebenen Datum die Ware nicht mehr verzehren.
Zutaten: Hier wird alles, was im Lebensmittel ist, nach dem Gewichtsanteil aufgelistet – mit der Hauptzutat beginnend und der geringsten Menge endend. Zu den Zutaten gehören auch die Zusatzstoffe, die mit ihrer E(uropa)-Nummer genannt sein können.
Herstellerangabe (Name und Anschrift des Herstellers oder Verkäufers) und die
Los- oder Chargennummer, die die Rückverfolgung eines Lebensmittels erlaubt.
Preis: Er steht entweder auf dem Etikett oder auf einem Schild nahe der Ware. Der Grundpreis ist der Preis pro Kilo oder Liter für einen schnellen Preisvergleich.
Bei Käse gibt es zusätzlich die Angabe: **Fett in Trockensubstanz** (Fett i. Tr. → Seite 37).
Andere Angaben zu Bio, Herkunft etc. sind freiwillig. Manche Hersteller geben zusätzlich Kalorien-, Eiweiß-, Kohlenhydrat- und Fettgehalt an. Eine wichtige Information für jeden, der auf sein Gewicht achtet – vor allem bei Fertigprodukten

Kleine Zuckerkunde

Zucker hat viele Verwandte, die sich hinter anderen Namen verbergen, aber einen ähnlichen Kaloriengehalt haben. Häufig findet man auf der Zutatenliste mehrere dieser Zuckerarten – und diese dann eher am Ende, weil es jeweils kleine Mengen sind. Doch wenn Sie alle Zuckerarten zusammenzählen, müsste in vielen Fällen der Zucker als Hauptbestandteil an erster Stelle stehen. Saccharose (Zucker) setzt sich zusammen aus Glukose oder Dextrose (Traubenzucker) und Fruktose (Fruchtzucker), so sind auch Glukose- und Fruktosesirup im Grunde Zucker. Zur Familie gehören außerdem Laktose (Milchzucker) und Maltose (Malzzucker). Invertzucker ist ein Mix aus Glukose und Fruktose, Maltodextrin ist Stärkezucker.

Das Fettgeheimnis
Versteckte Fette sind nicht so einfach zu erkennen. In Gebäck und Fertigprodukten hilft ein Blick auf die Nährwertangaben – dort ist auch Fett aufgeführt. Bei schierem Fleisch sieht man das Fett – es lässt sich nach dem Garen entfernen. Bei Hackfleisch verrät die helle Färbung einen höheren Fettanteil. Bei Wurst wird der Fettgehalt oft angegeben. Bei frischen Milchprodukten immer. Aber Käse ist kompliziert. Im gereiften Käse wird das Fett in der Trockensubstanz, Fett i. Tr., angegeben.

▶ **So errechnet sich der Fettgehalt von Käse**

Käsesorte	*Umrechnungsfaktor Fett i. Tr. mal **x** = Fett absolut*
Frischkäse	*0,3*
Weichkäse (z. B. Brie, Camembert, Romadur)	*0,5*
Halbfester Schnittkäse (z. B. Butterkäse, Edelpilzkäse)	*0,6*
Schnittkäse (z. B. Gouda, Edamer, Tilsiter)	*0,6*
Hartkäse (z. B. Emmentaler, Parmesan)	*0,7*

Da der Wassergehalt im Käse im Verlauf der Reifezeit sinkt, wird der Fettgehalt unabhängig von diesem veränderlichen Teil prozentual auf die Trockenmasse bezogen. Der tatsächliche Fettgehalt eines Käses ist also niedriger als der angegebene Wert in der Trockenmasse. Ein Camembert mit 60 % Fett i. Tr. enthält absolut nur halb so viel Fett, d. h. etwa 30 g Fett pro 100 g. Die Tabelle oben hilft Ihnen beim Umrechnen.

▶ *In unseren Rezepten haben wir den Fettgehalt in der Trockensubstanz (Fett i. Tr.) angegeben wie im Handel üblich.*

So umgehen Sie die dicksten Stolpersteine beim Einkaufen

- Nie hungrig einkaufen! Mit leerem Magen lacht Sie einfach alles an und Sie kommen garantiert mit lauter köstlichen Kalorienbomben nach Hause. Tipp: Vorher satt essen oder eine Banane mitnehmen.
- Schreiben Sie sich auf jeden Fall einen Einkaufszettel, bevor Sie losgehen.
- Darf's ein bisschen mehr sein? Nein! Überlegen Sie sich vorher, was Sie brauchen. Lassen Sie sich nicht auf die Schnäppchen „Kauf 2, zahl 1!" ein und auch nicht auf die drei Scheiben Wurst zusätzlich. Weniger ist mehr – und verhungern wird keiner bei Ihnen zu Hause.
- Fertigprodukte können richtige Fett- und Kalorienbomben sein, es lohnt sich deshalb, das Etikett (→ Seite 36) zu studieren und Nährwerte zu vergleichen.
- Legen Sie keine dicken Vorräte an Süßigkeiten, Knabberzeug und Co. an. Was nicht im Haus ist, verführt auch nicht zum Essen. Und selbst bei Heißhunger ist es eine Hürde, vor der Schoko-Orgie erst das Haus verlassen und einkaufen zu müssen.
- Gesunde Vorräte: Sorgen Sie immer für einen gut gefüllten Obst- und Gemüsekorb, an dem sich jeder nach Herzenslust bedienen kann. Das macht auf leichte Art satt und topfit! Keine Zeit zum Einkaufen? Viele Biobauern bringen „grüne Kisten" mit Saisongemüse und -obst ins Haus.
- Speiseplan für die ganze Woche: Stellen Sie mit der ganzen Familie einen Plan für die nächste Woche zusammen. Das macht das Einkaufen einfacher, spart Zeit und reduziert das Risiko, wenn's mal wieder brennt, doch die fettige Fertigpizza in den Ofen zu schieben. Außerdem hat so jedes Familienmitglied die Möglichkeit zur Mitsprache – das hilft gegen Nörgler am Tisch. (Beispiele für Speisepläne → Seiten 126 und 190.)

Abenteuer Supermarkt
Supermärkte sind nach psychologischen Erkenntnissen aufgebaut: Empfangen werden Sie oft mit dem Backshop, der Sie mit betörenden Düften verlockt. Da stark zu bleiben fällt schwer! Milch ist im Kühlregal, schlau gemischt mit süßen Milchprodukten – die kleinen, bunten auf Blickhöhe Ihres Kindes. Außerdem gibt's neben Käse und Quark jede Menge verlockende frische Pasta und Fertigsaucen. Auf halber Strecke folgt dann die Fleischtheke, manchmal mit Käse kombiniert. Hier gibt es oft die nett gemeinte Extrascheibe Wurst in die Hand für die lieben Kleinen. Zur Kasse hin kommt der Höhepunkt:

Süßes und Überflüssiges, für Ihr Kind gut sichtbar. Mit einem Einkaufszettel, der diese Reihenfolge berücksichtigt, haben Sie die Rennstrecke schnell hinter sich. Aber nur, wenn Sie Ihr Kind zu Hause lassen können. Beginnen Sie Ihre Liste mit Obst und Gemüse (wenn Sie das vergessen, müssen Sie den ganzen Weg zurück), dann folgen Milchprodukte, dann Trockenprodukte: Mehl/Nudeln, dann Essig/Öl/Gewürze/Konserven. Gegen Ende die Fleischtheke und dann Cerealien, Getränke, Süßigkeiten. Die ganz einfachen, schlichten Grundlebensmittel finden Sie oft in den unteren Regalen: Bücken lohnt sich!

Einkauf als Familienausflug?
Haben Sie einmal Familien am Samstag im Mega-Supermarkt beobachtet? Die Kinder weinen, die Eltern zetern. Kein Wunder, die Interessen sind zu unterschiedlich: Die Eltern möchten den Wocheneinkauf erledigen und sich in Ruhe umschauen, die Kinder spielen, sich bewegen – und ganz andere Sachen kaufen als die Eltern. Vergessen Sie das Shoppen von Lebensmitteln mit Familie: Es funktioniert in der Regel nicht! Mit zwei Ausnahmen: Der Wochenmarkt und der Hofladen. Wichtig: Sie dürfen keinen ellenlangen Einkaufszettel haben und nicht unter Zeitdruck stehen. Dann kann der Gang über den Markt zur Entdeckungsreise in Sachen Obst und Gemüse werden. Die Händler sind kompetente Ansprechpartner, erzählen Geschichten über ihre Produkte, lassen kosten, schenken Kindern eine Möhre oder einen Apfel zum Probieren. Viele Kinder kennen die meisten Obst- und Gemüsesorten überhaupt nicht. Und wer ein Nahrungsmittel nicht benennen kann, der kann es auch nicht kaufen oder bestellen. Weil aber gerade Obst und Gemüse eine Schlüsselrolle bei der Gewichtskontrolle spielen, lohnt sich die Mühe. Und – Hand aufs Herz – kennen Sie Pastinaken oder Rote-Bete-Grün, die unterschiedlichen Apfel- und Kartoffelsorten?
Außerdem entwickelt sich durchs Probieren und Kennenlernen langsam Kennerschaft und damit die Fähigkeit zum Genuss.

▶ Was tun gegen das Quengeln an der Kasse?

Hier helfen nur feste Absprachen und Regeln im Vorfeld – an der Kasse ist es für große Grundsatzdiskussionen zu spät. Bleiben Sie konsequent, geben Sie Ihrem Kind vielleicht während des Einkaufens einen Apfel oder eine Möhre zum Knabbern. Belohnung in Aussicht stellen: Kein Quengeln, dann Basteln, Spielplatz, Vorlesen. Doch besser ist es, Sie nehmen Ihr Kind gar nicht erst mit.

Abnehmen beginnt in der Küche

Selbst gesunde, leichte Lebensmittel können beim Kochen zu Kalorienbomben werden und viel von ihrem Wert verlieren. Mit einfachen Methoden lässt sich das vermeiden.

Tipps und Tricks für leichtes Kochen

- Braten Sie Fleisch und Fisch naturel statt paniert. Das spart jede Menge Fett, da die Panade Fett wie ein Schwamm aufsaugt. Ab und zu muss es knuspern? Dann das panierte Bratgut nach dem Braten gut mit Küchenpapier abtupfen.
- Schäumen Sie Saucen mit dem Pürierstab oder im Mixer vor dem Servieren kräftig auf – sieht nach mehr aus.
- Backofen oder Grill statt Pfanne: Viele Gerichte lassen sich fettfrei im Backofen braten oder grillen, z. B. Fischstäbchen oder Würstchen. Während der Garzeit einmal wenden.
- Fleisch kriegt sein Fett nach dem Braten weg: Fettränder erst auf dem Teller wegschneiden, denn sie halten das Fleisch beim Braten saftig und liefern Aroma.
- Die Top-Garmethode für Fettsparer: Dünsten. Das bedeutet Garen von Gemüse oder Fisch im eigenen Saft, völlig ohne oder mit wenig Fett, aber trotzdem voller Aroma.
- Fisch lässt sich fettarm und praktisch in Folie garen.
- Süßspeisen wie Pfannekuchen oder Waffeln mit wenig Zucker im Teig

zubereiten und erst nachträglich mit Puderzucker süßen.

- Beim Backen und bei Mehlspeisen Vollkornmehl und -grieß benutzen – oder 1:1 mit hellen Produkten mischen.
- Reifes Obst und Trockenfrüchte ersetzen Zucker in Milchmixen, Milchprodukten und Obstgerichten und liefern gleichzeitig viele Ballast- und Mineralstoffe.
- Je weniger Säure in Süßspeisen, desto weniger Zucker braucht man.
- Milchschaum statt Sahnehäubchen als Krönung für Desserts und Getränke – allerdings lässt sich nur heiße Milch gut aufschäumen.

Schlanke Küchengeräte

- Investieren Sie in eine gute, **beschichtete Pfanne**. Damit können Sie das Bratfett problemlos auf ein Minimum reduzieren, meist langt ein Teelöffel. Bei fettreichem Bratgut wie z. B. Hackfleisch brät so viel Fett aus, dass Sie ganz auf Extrabratfett verzichten können. Allerdings hält die Pfanne nicht ewig: Tauschen Sie sie aus, wenn die Beschichtung nachlässt.
- Wenn Sie oft Steaks braten, lohnt sich eine **Grillpfanne** – da bleibt das Fett in den Rillen. Sie hält auch große Hitze aus, wie sie für kurz Gebratenes nötig ist.
- Ein **beschichteter Wok** bietet unendliche Möglichkeiten, voluminöses Gemüse, Nudeln oder Reis in saftig-asiatischer Manier auf den Tisch zu bringen.
- Zum Entfetten, besonders von Bratensaucen oder Brühen, eignet sich ein **Fettabschöpfer**. Den gibt's für wenig Geld im Haushaltsgeschäft.
- Ein **elektrischer Dämpfer** gart Gemüse nebenher im eigenen Dampf auf zwei Etagen ganz ohne Fett. Die Zeitschaltuhr sorgt dafür, dass das Gemüse auf den Punkt gart. Toll für Spargel, Broccoli, Blumen- und Rosenkohl, Erbsen, grüne Bohnen, Möhren und Kartoffeln. Danach mit Sauce oder Schmand heiß servieren oder als Salat mit Dressing anrichten.
- Holen Sie Ihren **Römertopf** aus dem Keller: Er ist perfekt zum fettarmen Garen von Fleisch, Fisch und Gemüse, weil der feuchte Ton alles saftig hält und nicht gefettet wird.
- Weiche **Silikonformen** müssen nicht eingefettet werden und eignen sich nicht nur für Kuchen, sondern auch für Aufläufe. Auch super: Die Muffins-Manschetten.
- Ein **Elektrogrill** im Ofen oder als Tischgerät gart fettarm Fleisch, Gemüse und Fisch. Gerade für größere Mengen praktisch.
- Um Öl fein zu verteilen, z. B. in der Pfanne, in Backformen, auf Aufläufen, auf Teig, ist eine **Sprühflasche** mit einer feinen Zerstäuberdüse praktisch. So lässt sich das Öl sehr viel einfacher und sparsamer dosieren als durch Einpinseln oder Beträufeln.

Wie kriege ich das Gemüse klein?

Gemüse zubereiten kostet Zeit. Deshalb ist tiefgefrorenes Gemüse eine wunderbare Alternative. Aber reden Sie sich nichts schön: Erstens mögen Kinder Gemüse oft lieber roh zum Knabbern. Und außerdem schmeckt Gemüse frisch zubereitet immer einen Tick köstlicher: Frisch gedünstete Möhrchen oder Maiskörner, geschmortes Weißkraut oder gegrillte Zucchini lohnen einfach die Mühe. Damit das fix geht, sind gute Geräte eine große Hilfe. Mit Schälen sollten Sie zurückhaltend sein: Die Schale enthält Ballaststoffe. Außerdem konzentriert die Pflanze gerade da ihre Abwehrkräfte – Bioaktivstoffe und Vitamine, die auch uns gut tun. Doch kaum ein Kind mag sich durch derbe Schalen von Winterkartoffeln oder Riesenzucchini quälen. Hier hilft ein **Kippschäler**, den Verlust in Grenzen zu halten. Ein gutes, breites, asiatisches **Gemüsemesser** bewältigt auch größere Mengen Kohl oder Möhren. Zum Zerkleinern kleiner Mengen – egal ob Kräuter, Nüsse oder Wurzelgemüse – ist ein **Blitzhacker** z. B. als Zusatzteil für einen Pürierstab ideal. Gute Pürierstäbe mit Blitzhacker gibt es schon für rund 40 Euro. Eine **Handreibe** mit verschiedenen Einsätzen ist der Standreibe mit 4 Seiten vorzuziehen. Sie können damit nicht nur grob und fein raspeln, sondern auch in feine Scheiben oder schöne Streifen hobeln. Bei einer großen Familie lohnt es sich aber, eine **Küchenmaschine** anzuschaffen. Die knetet nicht nur den Hefeteig, sondern reibt, raspelt und hobelt, was das Zeug hält. Schließlich sind eine Zitruspresse und ein Entsafter nützlich, wenn Ihr Kind Gemüse und Obst in flüssiger Form bevorzugt.

Specken Sie Ihre Lieblingsrezepte ab

Ihre Lieblingsrezepte sind nicht diättauglich? Kein Problem – mit diesen Tipps bekommen Sie ganz locker das Fett weg.

Saucen und Suppen
- Bei sahnigen Suppen oder Saucen einen Großteil der Sahne durch Milch oder Kaffeesahne (10 % Fett) ersetzen. Ist viel Säure im Spiel, z. B. durch Tomate oder Zitrone, kann Milch gerinnen – Kaffeesahne nicht.
- Statt Crème fraîche (30–40 %) Crème légère (15 %), Sauerrahm (20 %) oder Schmand (24–26 % Fett) nehmen. Saure Sahne (10 %) ist ideal für kalte Saucen oder als Klecks auf einer cremigen Suppe, gerinnt aber schnell beim Erhitzen – daher löffelweise mit der heißen Sauce anrühren, dann zugeben und erwärmen, nicht mehr aufkochen.
- Für Hackfleischsaucen mageres Rinderhackfleisch (Tartar) verwenden und die Fleischmenge um ein Viertel reduzieren. Dafür 2 große geraspelte Möhren zugeben.
- Saucen lassen sich fettfrei mit fein gemahlener Hirse binden. Hirse im Blitzhacker zerkleinern und in einem Schraubglas aufbewahren. Frisch verwenden – alte Hirse schmeckt bitter. Zusatzplus: Hirse ist eisenreich.

Pizza
- Wurst und Käseanteil um mindestens ein Drittel reduzieren, dafür den Gemüseanteil, z. B. frische Paprika oder Champignons, kräftig erhöhen.
- Koch- oder Putenschinken statt fettreicher Salami oder Peperoniwurst verwenden.
- Vorsicht: Oliven enthalten zwar gesundes Fett, sind aber Kalorienbömbchen. Besser grüne Oliven als schwarze nehmen, die haben nicht mal halb so viele Kalorien.
- Käse mit max. 30 % i. Tr. verwenden. Tipp: Er schmilzt besser, wenn er (z. B. im Blitzhacker) fein zerkleinert wird.

Pasta
- Einfache Hartweizennudeln ohne Ei, ohne Soja und andere Zusätze sind am kalorienärmsten.
- Kochen Sie von fetthaltigen Saucen ein Viertel weniger und mischen Sie die Nudeln – wie eine italienische Mama – direkt mit der Sauce. So fällt es gar nicht auf, dass weniger Sauce da ist. Sofort auftischen, sonst zieht die Sauce ein und die Nudeln werden trocken. Ein Schuss kochendes Wasser macht sie wieder flutschig.
- Den Parmesan zum Drüberstreuen sehr fein reiben – so macht weniger mehr her.

Lasagne
- Reduzieren Sie den Käse und verwenden Sie Käse mit max. 30 % i. Tr.
- Streichen Sie die Béchamelsauce und verwenden Sie dafür TK-Rahmspinat-Minis oder halbieren Sie die Saucenmenge.
- Hackfleisch in der Tomatensauce um ein Viertel kürzen, dafür mehr Gemüse, z. B. geraspelte Möhren oder Zucchini verwenden.

Nudelauflauf
- Käsemenge um ein Drittel oder die Hälfte reduzieren und Käse mit max. 30 % i. Tr. verwenden.
- Gemüseanteil im Auflauf um ein Viertel bis ein Drittel erhöhen.

Pommes frites
- Verwenden Sie Backofen-Pommes und vergleichen Sie die Nährwerte auf der Packung: Die Unterschiede beim Fettgehalt sind enorm. Noch besser: Ofenkartoffeln (→ Seite 104).
- Besser Ketchup oder einen Dip (→ Seite 89) als Mayonnaise dazu

▶ Kalte Mahlzeiten: Vorschläge für die Portionierung
Wählen Sie aus jeder Spalte 1 Lebensmittel

• 2 Schnitten Brot (je 45 g) • 1 Brötchen (60 g)	• 1 TL Butter • 1 TL Tomatenmark • 1 TL Margarine • 1 TL Senf • 1 TL Ajvar (→ Seite 212) jeweils pro Schnitte oder Brötchenhälfte	• 1 Scheibe Käse (pro Schnitte) • 1 Scheibe Kochschinken oder roher Schinken ohne Fettrand (pro Schnitte) • 2 TL Frischkäse (pro Schnitte) • 2 TL körniger Frischkäse (pro Schnitte) • 2 TL Quark (pro Schnitte) • 2 TL Brotaufstrich (pro Schnitte) (→ Seite 72, 73, 142, 143)	• 1 großer Salat • 1 Handvoll Knabbergemüse
oder	• 3–4 EL Müsli (ungesüßt)	• 150 g Joghurt (1,5 %) • 150 ml Milch (1,5 %) • 70 g Magerquark mit 30 ml Milch (1,5 %)	• 1 Handvoll Obst

servieren. Wer ohne Mayo gar nicht kann, sollte ein fettreduziertes Produkt wählen.

Bouletten

- Fettarm im Ofen oder auf dem Grill statt in der Pfanne backen. Je kleiner die Bouletten, desto besser klappt's.
- Mageres Rinderhackfleisch oder gemischtes statt Schweinehackfleisch verwenden.
- Den Hackteig mit geraspeltem Gemüse, Kartoffeln oder Quark strecken (→ Seite 102).

Schnitzel

- Backen Sie Mini-Schnitzel. Sie sehen nach mehr aus. Und Ihre Kinder werden das Mini-Format lieben.
- Panierte Schnitzel nach dem Braten auf Küchenpapier entfetten.

Hamburger

- Nehmen Sie Vollkornbrötchen statt Hamburgerbrötchen, das sättigt durch einen hohen Ballaststoffanteil wesentlich länger.
- Käse weglassen, dafür mehr Tomaten- und Gurkenscheiben.

Pudding

- Mit fettarmer Milch kochen, Zucker um ein Viertel reduzieren und einen großen Obstsalat dazu servieren.

Schlanke Sandwiches

BELAG	FETTREICH	FETTARM	TIPP
WURST	Streichwurst wie z. B. Leberwurst, Salami, Fleischwurst, geräucherter Schinken, Mortadella, Gelbwurst	Kochschinken. Geflügelwurst, Bierschinken, Corned Beef, Kasseler Aufschnitt	Unter Streichwurst Butter oder Margarine auf jeden Fall weglassen. Lassen Sie Wurst dünn aufschneiden.
KÄSE	Doppelrahmfrischkäse, Schmelzkäse, Mascarpone	Ziegenfrischkäse, Halbfettfrischkäse, körniger Frischkäse, fettreduzierter Käse, Mozzarella	Egal welcher Käse: Verzichten Sie auf die Butter darunter.
STREICHFETT	Butter, Margarine	Halbfettmargarine oder -butter, Joghurt-Mayonnaise	Statt Butter mal Tomatenmark, Senf oder Ajvar (Paprikapaste) aufs Brot streichen, besonders unter Fettreiches wie Wurst und Käse. Unter Marmelade passt gut körniger Frischkäse oder Quark.
SÜSSES	Nuss-Nougat-Creme	Konfitüre, Fruchtaufstrich, Honig	Nuss-Nougat-Creme sollte selten aufs Brot kommen, denn sie ist eine wahre Fett- und Zuckerbombe. Butter drunter weglassen!
FISCH	Räucherlachs, Ölsardinen, Thunfisch in Öl	Thunfisch (naturel), Forelle	Aus Fisch lassen sich mit Quark oder fettarmem Frischkäse köstliche Brotaufstriche kreieren.
SONSTIGES	Oliven, Sahnemeerrettich	Gemüse in allen Variationen, z. B. Tomate, Gurke, Radieschen, Salatblätter, Kresse oder Kräuter	Salatblätter machen das Brot schön saftig und halten es lange frisch.

BEWEGUNG UND FREIZEIT, ENTSPANNEN UND WOHLFÜHLEN

Activity-Check

Wie aktiv ist Ihre Familie? Sind Sie richtige Action-Helden oder doch eher Couch-Potatoes? Gehen Sie jeder körperlichen Aktivität aus dem Weg und versuchen Sie auch Ihrem Kind jede Anstrengung zu ersparen? Finden Sie es heraus und testen Sie, wie fit Sie wirklich sind. Ganz wichtig: Jedes Familienmitglied sollte die Bewegungsübungen machen – und so seinem Fitness-Stand auf die Spur kommen.

1 Wie kommen Ihre Kinder zur Schule?

C Mit dem Auto.
A Mit dem Bus oder anderen öffentlichen Verkehrsmitteln.
B Mit dem Fahrrad oder zu Fuß.

2 Wie verbringen Sie mit Ihrer Familie meist das Wochenende?

B Schwimmbad, Kino, Einladungen – wir unternehmen meistens was.
A Jeder geht seinen Hobbys und Interessen nach.
C Am liebsten richtig faul zu Hause.

3 Wie verbringt Ihr Kind/Ihre Kinder meist die Nachmittage?

C Sie schauen fern oder spielen drinnen, öfter auch am PC.
B Sie treffen sich, toben und spielen viel draußen.
A Klavierstunde, Fußball, Malkurs – irgendwas ist immer los.

4 Wie viele Stunden am Tag läuft Ihr Fernseher?

C Eigentlich den ganzen Tag – so nebenher.
A Die Kinder schauen nachmittags 2–3 Stunden, wir Eltern abends.
B 1–2 Stunden am Tag. Wenn etwas Schönes kommt, auch mal länger, manchmal auch gar nicht.

5 Sie müssen rennen, um den Bus noch zu bekommen. Was passiert?

B Ich bekomme den Bus – aber völlig außer Atem und mit rotem Kopf.
A Kein Problem, so einen kleinen Spurt schaffe ich locker.
C Ach, das schaff ich eh nicht mehr – ich warte auf den nächsten Bus.

6 Treppe oder Rolltreppe bzw. Aufzug? Ganz ehrlich:

A Eigentlich habe ich mir vorgenommen die Treppe zu nehmen, aber manchmal bin ich zu faul.
B Immer die Treppe – für meine Figur.
C Ich nehme Rolltreppe oder Aufzug, ist halt so schön bequem.

7 Fährt Ihr Auto auch Kurzstrecke?

B Nein, alles was unter 3 km ist, muss zu Fuß oder per Rad zurückgelegt werden.
C Wir machen eigentlich alles mit dem Auto – das ist ganz einfach praktischer.
A Die Kinder fahre ich schon überall hin – es wäre viel zu gefährlich sie allein loszuschicken.

8 Sind Sie Mitglied in einem Sportverein oder Fitnessstudio?

B Ja, aber eher als Karteileiche...
C Nein – Sport ist nicht mein Ding.
A Ja, und zwar richtig aktiv!

9 Können Ihre Kinder Radfahren und schwimmen?

A Na klar, beides.
C Nein, keins von beidem richtig gut.
B Ja, eins davon richtig gut, das andere soso lala.

10 Wie bewegen Sie sich am liebsten?

A Volle Power z. B. Joggen, Skaten, per Mountainbike, im Fitnessstudio auf dem Laufband.
B Spazieren gehen, wandern, Fahrrad fahren – so ganz normal.
C Mit dem Auto.

11 Ausdauer: Wie lange können Sie am Stück Seil springen, bevor Sie aus der Puste kommen?

C Noch nicht mal eine Minute.
B 5 bis 10 Minuten.
A Mehr als 10 Minuten.

12 Kraft: Nehmen Sie in jede Hand eine 1-Liter-Wasserflasche (Kinder nehmen je nach Alter kleinere Flaschen) und heben Sie die Arme vor dem Körper hoch. Wie viele Armbeugen schaffen Sie?

A Mehr als 10.
C 5, aber gerade so.
B 5 bis 10.

13 Können Sie länger als 10 Sekunden frei auf einem Bein stehen?

A Ja, aber wackelig.
B Kein Problem – wie ein Flamingo.
C Nein.

14 Sie stehen mit den Zehen ganz gerade vor einer Stufe oder Kiste – kommen Sie mit den Fingern bis an die Zehen? Knie gerade lassen!

C Nein, keine Chance.
A Ja, gar kein Problem.
B Fast, ein kleines Stückchen fehlt noch.

15 Prellen Sie 30 Sekunden lang ohne Pause einen Ball auf den Boden – wie oft schaffen Sie das?

C Weniger als 12-mal oder mehr als 12-mal, aber nicht am Stück.
B Mehr als 12-mal.
A 20- bis 25-mal.

Auswertung

Vorwiegend A: Familie Sportskanone
Sie sind sportlich ganz schön auf Zack – kein Wunder, dass Sie alle Übungen mit Bravour bestanden haben. Und Sie powern sich am liebsten so richtig aus, bis es weh tut. Im Alltag allerdings bewegen Sie sich kaum. Denn Sport ist Sport und Alltag ist Alltag. Was dabei zu kurz kommt ist der Spaß an der Bewegung und die Selbstverständlichkeit sich zu bewegen. Aber genau das sollten Sie Ihren Kindern vermitteln, um sie langfristig in Bewegung zu bringen. Gerade wenn Ihr Kind übergewichtig ist, fällt es ihm vielleicht nicht immer leicht, Ihre hohen Erwartungen in Sachen Sport zu erfüllen. Die Folge: Frust. Und der ist absolut kontraproduktiv.

▶ Das hilft Ihnen: Erwarten Sie keine Hochleistungen von Ihren Kindern. Sport und Bewegung müssen in erster Linie Spaß machen, nur dann wird es dauerhaft ein Bestandteil des Alltags werden. Versuchen Sie Bewegung und Spaß in Ihrer Freizeit zu kombinieren. Wie wär's mal mit einem Familienausflug auf die Schlittschuhbahn, mit Schlittenfahren, einer entspannten Fahrrad- oder Paddeltour? Das motiviert, schafft ein gutes Körpergefühl und macht Lust auf mehr. Außerdem sollten Sie versuchen, Bewegung auch in den Alltag einzubauen. Auch beim Treppensteigen, Einkaufstaschen-Tragen und Zur-Schule-Radeln verbraucht man schließlich Energie.

Vorwiegend B: Familie Bewegter Alltag
Ihr Alltag ist schon in Bewegung: Sie lassen das Auto öfter mal stehen, erledigen kleine Wege zu Fuß oder mit dem Rad und achten darauf, dass ihre Kinder nicht den ganzen Tag vor dem Fernseher oder dem Computer hängen. Aber richtig Sport treiben? Da kämpfen Sie noch mit Ihrem inneren Schweinehund – und verlieren regelmäßig. Außerdem kommt ja auch ständig was dazwischen ... Die Kinder starten schon mal einen Versuch – aber nach einiger Zeit erlahmt das Interesse am Tennis, Fechten, Hip-Hop. Sie halten einfach nichts durch.

▶ Das hilft Ihnen: Überlegen Sie gemeinsam, welche Sportarten Ihnen wirklich Freude machen. Sind Sie eher Mannschaftssporttypen oder „einsame Läufer"? Eher etwas Rhythmisches mit Musik oder eine Kampfsportart? Es bringt nichts, sich zum gehassten Joggen zu zwingen – nur was Spaß macht, werden Sie oder Ihre Kinder auch auf Dauer durchhalten. Wenn Ihnen „richtiger" Sport nicht so zusagt, sollten Sie sich spielerische Bewegungsmöglichkeiten aussuchen wie z. B. Tanzen, Inlineskating oder Schlittschuhlaufen. Ganz wichtig: Planen Sie Sport fest in den Wochenplan ein und verabreden Sie sich mit anderen – dann ist er Druck größer, wirklich hinzugehen. Unterstützen Sie Ihr Kind bei seinen Aktivitäten. Hat es sich für einen Sport entschieden, sollte es regelmäßig zum Training gehen. Fehlen ist nur bei wichtigem (!) Grund erlaubt. Auch Rituale helfen, bei der Stange zu bleiben. Warum nicht das Familienschwimmen am Samstag oder den Spaziergang nach dem Abendessen zur Familientradition werden lassen? Da meldet sich der innere Schweinhund? Stellen Sie sich vor, wie gut Sie sich nach der Bewegung fühlen werden, wenn Sie über Ihren Schweinehund triumphieren können – das motiviert!

Vorwiegend C: Familie Couch-Potato
Ihnen ist Bewegung eher lästig und zu anstrengend. Es gibt in Ihren Augen keine Chance im Alltag zu sporteln. Ein Fehler: Denn wer sich viel bewegt, kann auch mehr essen ohne dick zu werden. Sie sollten diese „zweite Säule" beim Abnehmen oder Gewichthalten auf jeden Fall nutzen. Besonders Kindern fällt es oft leichter, mehr Kalorien durch Bewegung zu verbrauchen, als weniger Kalorien zu konsumieren. Denken Sie nicht, es reicht, ein Trimmrad ins Zimmer zu stellen. Sie müssen sich schon selber einbringen!

▶ Das hilft Ihnen: Wer lange Zeit nichts getan hat, wird nicht von heute auf morgen zur Sportskanone. Beginnen Sie damit, Ihren Alltag in Bewegung zu bringen: Ab heute keine Rolltreppen und Aufzüge mehr, bei kurzen Strecken das Auto stehen lassen und auf Fahrrad oder zu Fuß gehen umsteigen. Beschränken Sie Fernseh- und PC-Konsum auf höchstens 1 Stunde am Tag und schicken Sie Ihre Kinder nach draußen zum Toben und Spielen. Nehmen Sie sich vor, jeden Tag 30 Minuten zu Fuß zu gehen – zum Einkaufen, zur Arbeit, zum Kindergarten oder in die Schule. Planen Sie jedes Wochenende ein Bewegungsevent mit der ganzen Familie, z. B. einen Schwimmbadbesuch, Wandern, im Winter Schlittenfahren oder Schlittschuhlaufen. Langfristig sollten Sie sich und vor allem Ihre Kinder in einem Sportverein in Ihrer Nähe anmelden. Suchen Sie Gleichgesinnte – gemeinsam macht es mehr Spaß. Übrigens: Auch Putzen, Staubsaugen, Rasenmähen oder Einkaufstüten-Schleppen verbraucht Energie – spannen Sie Ihre Kinder im Haushalt ein, das entlastet Sie und tut den Kleinen gut.

Bringen Sie Bewegung ins Familienleben!

Was früher selbstverständlich und unvermeidbar war, ist heute eine bewusste Entscheidung: Aufstehen, gehen, rennen, laufen. Wir müssen lernen, aktiv zu leben.

Kindheit auf der Couch?
Bewegung passiert heute für Kinder fast nur noch auf Inseln, die sie mithilfe Erwachsener erreichen. Folge: Sie bewegen sich viel weniger und verbringen noch mehr Zeit passiv vor Fernseher und Computer. Gerade besorgten Eltern ist das manchmal lieber: Da kann nichts passieren – zu Hause ist das Kind geschützt vor allen Gefahren, die scheinbar oder tatsächlich draußen lauern. Das hat nicht nur fürs Gewicht Konsequenzen: Etwa die Hälfte aller Kinder hat Haltungsschäden, jedes dritte Kind hat Probleme mit Koordination und körperlicher Geschicklichkeit, 20–30 % geraten schon bei kleinen Anstrengungen außer Atem, haben also ein nicht belastbares Herz-Kreislauf-System und ein geringes Atemvolumen.

Ein Teufelskreis
Untersuchungen kommen zu dem Schluss, dass Kinder heute gar nicht mehr essen als in früheren, dünneren Zeiten – sie bewegen sich nur weniger. Das führt dazu, dass sie langsam, aber sicher zunehmen. Wer erst einmal ein paar Kilos zu viel auf den Rippen hat, der geht nicht mehr so gerne ins Schwimmbad oder zum Turnen, aus Sorge, gehänselt zu werden. Die sportliche Leistung leidet, die Misserfolge beim 50-Meter-Lauf demotivieren und wenn ein Kind bei der Aufstellung der Mannschaft immer als letztes gewählt wird, dann kann ihm das den Sport ganz schön verleiden. Es wird ihm aus dem Weg gehen und körperlich noch weniger tun. Tatsächlich fällt dicken Kindern alles schwerer – sie müssen ihr Gewicht immer noch zusätzlich mit herumschleppen. Da die Knochen noch im Wachstum sind, können sie sich durch einseitige Belastungen verformen. Die Gelenke haben eine Extra-Last zu tragen – viele übergewichtige Kinder haben deshalb Senkfüße. Klar, dass Gehen, Laufen und Springen da nicht mehr so viel Spaß machen. Das gilt auch für die Bewegung im Alltag: Ein pummeliges Kind vermeidet eher Treppen zu steigen, zu Fuß zu gehen und einfach schnell mal ins Nebenzimmer zu laufen, um etwas zu holen. Da ist es nicht anders als die Erwachsenen.

Wie viel Bewegung macht schlank?
Unsere schnellen Energiereserven sind in Leber und Muskeln als Glykogen gespeichert. Sie sind in unserem Körper für den plötzlichen Sprint, die kurze, intensive Anstrengung angelegt. Wer sich also körperlich verausgabt, leert seine Energiespeicher in Leber und Muskeln – die Fettzellen werden nicht angetastet, denn das kostet den Körper mehr Zeit. Außerdem braucht er dazu Sauerstoff –

▶ Was Bewegung alles kann

- *Sie erhöht den Kalorienverbrauch. Achten Sie einmal darauf: Unruhige, quecksilbrige Kinder sind meist schlank, die übergewichtigen haben dagegen Sitzfleisch und bewegen sich viel langsamer.*
- *Sie fördert Koordination und Beweglichkeit. Je freier sich ein Kind bewegt, desto sicherer und geschickter wird es das tun und desto mehr Erfolgserlebnisse wird es haben.*
- *Sie unterstützt die Muskelbildung. Das hilft beim Abnehmen: Muskelmasse braucht mehr Energie als Fettgewebe (→ Seite 15). Deshalb haben Männer mit ihrer höheren Muskelmasse auch einen höheren Energiebedarf als Frauen.*
- *Sie regt Herz und Kreislauf an und sorgt für einen gesunden Blutdruck.*
- *Sie beugt Haltungsschäden und Rückenschmerzen vor. Denn von Natur aus sind wir nun mal keine Dauersitzer.*
- *Sie macht die Knochen, die Bänder, die Sehnen, also den ganzen Bewegungsapparat stark.*
- *Sie fördert die körperliche und geistige Leistungsfähigkeit: Mens sana in corpore sano (ein gesunder Geist wohnt in einem gesunden Körper) ist keine hohle Phrase.*
- *Sie baut die Widerstandskräfte auf. Studien weisen nach, dass sportlich aktive Menschen nicht nur seltener krank werden, sondern auch seltener Krebs bekommen.*
- *Sie verbessert die Atmung: Bei Bewegung müssen wir viel tiefer atmen, um unseren Körper mit Sauerstoff zu versorgen. Das vergrößert auf Dauer das Lungenvolumen, der Körper bekommt mehr Sauerstoff.*
- *Sie vermittelt ein positives Körpergefühl und Selbstbewusstsein.*

und der kann bei plötzlicher, intensiver Anstrengung knapp werden – wir beginnen zu keuchen, die Luft geht uns buchstäblich aus. Anders ist es bei mäßiger, aber regelmäßiger Bewegung: Treppensteigen, Zufußgehen, Radfahren, Schwimmen. Auch dabei wird Energie gebraucht – aber bei normalem Tempo nur in Maßen und über eine längere Zeitspanne. In dieser Situation greift der Körper auf seine Langzeitreserven zurück und baut Fettzellen zur Energiegewinnung ab. Weil er dabei Sauerstoff verbraucht, heißt das im Fachjargon auch: aerobe Energiegewinnung. Ausdauersport und Bewegung im Alltag sind deshalb die Zauberworte für alle, die ran an den Speck wollen. Gerade in Bezug auf Kinder ist das sinnvoll: es überfordert weder Gelenke noch Kreislauf. Und es lässt sich auch ohne große Aktionen ins tägliche Leben einbauen.

Ausdauer, Balance, Beweglichkeit
Um gesund durch das moderne Leben zu kommen, brauche ich nicht unbedingt Bärenkräfte: Exzessives Krafttraining ist vor allem für übergewichtige Heranwachsende ungünstig. Das gilt für hartes Training mit Gewichten. Sehr wichtig ist dagegen ein gesundes Herz-Kreislauf-System. Und dazu trägt Ausdauertraining bei. Bei regelmäßiger Bewegung vergrößern sich Atemvolumen, Durchblutung, Sauerstoffversorgung, auch des Gehirns, Stress wird abreagiert. Die Laune steigt und ein positives Lebensgefühl macht sich breit – genau das, was eine Familie braucht.
Die Koordinationsfähigkeit oder Balance ist das Zusammenwirken von Muskeln und Nerven. Diese Balance entwickelt sich bei Kindern mit zunehmendem Alter. Besonders gut lässt sich das bei Kleinkindern, die gehen lernen, beobachten. Die Fortschritte lassen sich von Tag zu Tag verfolgen und werden hart erarbeitet durch ständige Wiederholung und Versuche. Kinder, die laufen lernen, starten unendlich viele Anläufe, fallen immer wieder, bevor ihnen die ersten Schritte gelingen. Diese Lernfähigkeit behalten Kinder und können sie nutzen, wenn sie gefordert wird. Ärzte warnen bereits, weil

▸ Jeder Schritt zählt!

Finden Sie mit einem Schrittzähler, auch Pedometer genannt, heraus, wie viele Schritte Sie am Tag zurücklegen. Das kleine Gerät wird ganz einfach an die Kleidung geklickt und zählt automatisch jeden Ihrer Schritte. Besonders Kinder spornt das an, ihren persönlichen „Rekord" jeden Tag aufs Neue zu brechen.
6 000 Schritte am Tag sollten es mindestens sein, damit die Pfunde purzeln, sollten Sie 10 000 Schritte täglich anpeilen. Pedometer sind für wenig Geld im Sportgeschäft zu haben.

Gerade Kinder erobern die Welt durch Begreifen und Spüren. Mit dem eigenen Körper etwas zu bewirken macht sie selbstbewusst.
- *Sie hilft beim Abbau von Stress und Aggressionen.*
- *Mannschaftssport kann das Miteinander in Gruppen und faires Verhalten trainieren.*
- *Sie macht Spaß – vor allem, wenn kleine Erfolge auftreten. Wer nicht zu schnell aufgibt, der wird sich auch langfristig gerne bewegen. Das ist Voraussetzung für eine gesunde Entwicklung.*

Kinder häufig nicht mehr ausreichend Gelegenheit haben, ihre Koordinationsfähigkeit zu trainieren. Die Folge: Sie klettern, springen und werfen nicht mehr so geschickt wie die Generation ihrer Eltern. Wenn sie dann einmal auf den Skiern stehen oder den Tennisschläger in die Hand nehmen, kommt es viel häufiger zu Verletzungen. Noch gravierender: Im Großstadtdschungel zwischen Rolltreppe, U-Bahn und Autoverkehr ist eine gute Koordinationsfähigkeit lebenswichtig. Sie ist auch eine wesentliche Voraussetzung für Spaß und Erfolg bei Spiel und Sport: Wenn die Bewegungsabläufe stimmig sind, dann verbessern sich die Leistungen automatisch. Ein Mensch mit harmonischen Bewegungen wirkt einfach attraktiver und fühlt sich wohler in seiner Haut. Fördern Sie deshalb die Beweglichkeit im Alltag: Erlauben Sie Ihrem Kind auf einer Steinmauer zu balancieren, spielen Sie mit ihm Ball, hüpfen Sie, statt nur spazieren zu gehen, tanzen Sie mit ihm, wenn gerade ein mitreißender Hit im Radio kommt. Verlangen Sie nicht von ihm, still zu sitzen!

Was können Eltern tun?

Sie ahnen es: Ihr Vorbild ist wichtig. Wenn seine Mutter am liebsten bequem auf dem Sofa sitzt und sein Vater sich mit dem Kommentar „no sports“ lesend hinter der Sportzeitschrift versteckt, dann wird sich Ihr Kind nicht „raus zum Spielen“ schicken lassen. Sie selbst müssen die Freude an der Bewegung wieder entdecken, wenn Ihr Kind Spaß daran entwickeln soll. Sie geben ihm den Rahmen, in dem es sich entfalten kann. Eine halbe Stunde am Tag sollte mindestens „drin“ sein.

Draußen vor der Tür

Wunderbar, wenn Sie einen kleinen Garten haben, wo Ihr Kind ungestört klettern, laufen, schaukeln und toben kann. Bauen Sie keinen Gerätepark auf: Eine Schaukel hängt auch prima an einem Ast, eine Hängematte ebenfalls. Gut, wenn Ihr Kind selbstständig hinaus- und hineingelangen kann – und Gesellschaft hat. Vielleicht wohnen Sie ja auch an einer ruhigen Spielstraße, wo Ihr Kind mit Nachbarskindern spielen kann. Und wenn das alles nicht gegeben ist? Wenn Ihre Wohnung an einer belebten Straße liegt? Dann braucht Ihr Kind Ihre Hilfe. Ist es im Vorschulalter, heißt das Spazierengehen, Zeit für den Spielplatz einplanen (auch wenn das Wetter mal nicht so toll ist) und im Kindergarten und später in der Schule darauf achten, dass der Bewegung genug Raum gegeben wird (→ auch Seite 49). Nicht immer wird das klappen. Es hilft, sich mit Nachbarn oder Freunden abzuwechseln, die ein Kind im ähnlichen Alter haben. Am besten wählen Sie einen Kindergarten, der zu Fuß erreichbar ist. Der tägliche Spaziergang tut Ihrem Kind gut. Außerdem trifft es dort Kinder aus der Umgebung – das macht Verabredungen einfacher und ist die beste Basis für Freundschaften in der

▶ Der bewegte Kindergarten

An Programm und Einrichtung lässt sich feststellen, ob Bewegung eine wichtige Rolle spielt:

- *Bietet der Außenbereich kreative Bewegungsmöglichkeiten wie Kletterbaum, Ballwand, Hüpfkästchen, Möglichkeiten zum Balancieren – und nicht nur ein paar Großgeräte?*
- *Wird täglich, auch bei schlechtem Wetter, draußen gespielt?*
- *Werden Rhythmik oder Turnen in den Tagesablauf integriert?*
- *Gibt es einen „Wald- und Wiesentag“?*
- *Sind die Gruppenräume für spontane Bewegungsspiele eingerichtet?*
- *Gibt es eine Partnerschaft mit einem Turnverein?*
- *Ist im wöchentlichen Angebot auch Rhythmik vorgesehen?*
- *Hat zumindest eine Erzieherin eine spezielle Kompetenz in der Bewegungserziehung?*
- *Gibt es die Möglichkeit, schwimmen zu gehen?*
- *Sind Kleingeräte wie Springseil, Softball, Reifen oder Stelzen frei verfügbar?*

Grundschule. Die ist in der Regel in der Nähe. Auch hier gilt: Nicht schnell mit dem Auto bringen, sondern zu Fuß gehen – das bessert auch die Bewegungsbilanz der Eltern auf. Außerdem lernt Ihr Kind den Schulweg kennen und wird ihn spätestens in der 2. Klasse selbstständig gehen können. Setzen Sie sich nicht bei jedem Anlass ins Auto – gewöhnen Sie Ihr Kind daran, mit öffentlichen Verkehrsmitteln zu fahren oder ab der 5. Klasse mit dem Fahrrad – und Helm natürlich.

Wohnen Sie „bewegt“?

Gehen Sie einmal mit dem Bewegungsblick durch Ihre Wohnung. Gibt es Freiraum, wo ein Kind Seil springen oder einen Purzelbaum machen kann? Kann es irgendwo hinaufklettern – z. B. an einem Hochbett? Und sich vielleicht mit einem Seil herunterlassen? Wissen Sie, was Sie ihm schon zutrauen können? Viel eher haben Sie Steckdosen, Schubladen und Unterschränke gesichert, Treppen verriegelt und Kanten geschützt, als über Freiräume nachzudenken. Nichts dagegen einzuwenden, aber

▶ Einfache Dinge für wenig Raum

- *Eine Sprossenwand an der Wand oder als Teil des Hochbettes ermöglicht Kletterversuche – das schult Geschicklichkeit und Ausdauer.*
- *Ein Sitzsack lässt Sprünge weich enden und den eigenen Körper bewusst fühlen.*
- *Futonkissen lassen sich zu Turnmatten zusammenlegen, Ihr Kind kann damit Hütten, Stapel und Rutschen bauen.*
- *Der Krabbeltunnel aus Stoff ist ein Klassiker – übt Beweglichkeit und Raumgefühl.*
- *Ein Pezziball zum Sitzen und Rollen kann einen Stuhl ersetzen. Er trainiert die Koordination und auch Muskulatur.*
- *Luftballons – nicht zu klein – sind ideal zum Ballspielen.*
- *Ein Seil zum Springen – und Platz dafür: Ausdauertraining pur!*
- *Hula-Hoop-Reifen üben Beweglichkeit und Koordination zugleich.*
- *Ein Mini-Trampolin trainiert Ausdauer und Sprungkraft ... und tut auch Ihrem Rücken gut.*

▶ Die bewegte Schule

Schule kann Bewegung fördern – der Sportunterricht alleine reicht nicht aus.

- *Ist im Außenbereich der Schule Ballspiel und Toben möglich und erwünscht?*
- *Darf der Schulhof und/oder der Sportplatz auch außerhalb der Unterrichtszeit „bespielt“ werden?*
- *Wird in jüngeren Klassen zusätzlich zur Frühstückspause eine Bewegungspause gegeben?*
- *Existiert ein Mentorenprogramm, d. h. ältere Schüler leiten in der Pause Mannschaftsspiele der Schüler an?*
- *Sind Sporthalle und -anlage gepflegt?*
- *Gibt es zusätzliche AGs für Mannschaftssport wie Basket- oder Volleyball, Aerobic, Jazzdance?*
- *Gibt es Partnerschaften mit Sportvereinen?*
- *Bietet die Schule einen Raum für individuelles Training?*
- *Gibt es bewegungsbezogene Projekte?*
- *Gibt es ausreichend gesicherte Stellplätze für Fahrräder?*

wo bleibt die Bewegungsfreiheit und die Möglichkeit, Balance, Geschicklichkeit und Koordination zu üben? Sagen Sie nicht, Ihre Wohnung sei zu klein – machen Sie das Beste draus. Aber stellen Sie feste Regeln auf, damit Sie nicht völlig vom Bewegungsdrang Ihres Kindes überrollt werden: Tobefreie Zeiten und Zonen können auch schon Kindergartenkinder begreifen.
Lassen Sie Ihr Kind nicht nur toben, machen Sie, wenn möglich, auch einmal mit. Vielleicht können Sie eine regelmäßige gemeinsame Bewegungsstunde einführen – am besten aber nicht direkt vor dem Schlafengehen.

Hilfe im Haushalt hält fit
Kinder und Jugendliche helfen heute weit weniger im Haushalt als vor zehn Jahren. Zu diesem Ergebnis kam eine Studie im Ernährungsbericht 2004 der DGE. Im fitten Alter von 12 bis unter 15 Jahren halfen 1991/92 42 % der Jungen und 56 % der Mädchen mit bei Tätigkeiten rund ums Essen. Zehn Jahre später halfen nur noch 27 % der Jungen und 39 % der Mädchen – ein Rückgang um ein Drittel. Eigentlich erstaunlich, wo doch die Mütter zunehmend zumindest halbtags berufstätig sind. Trauen Sie Ihrem Kind etwas zu – fordern Sie seine Mithilfe ein! Gerade die Hausarbeit erlaubt Eltern und Kindern eine

Beispiele für Tätigkeiten im Haushalt, die Kinder bewältigen können

2 BIS 4 JAHRE	5 BIS 7 JAHRE	8 BIS 11 JAHRE	12 BIS 15 JAHRE
• Unzerbrechliche Dinge holen und bringen.	• Flaschen holen und bringen	• 2–3 Lebensmittel nach Liste im kleinen Laden um die Ecke einkaufen	• Selbstständig im Supermarkt einkaufen
• Obst und Gemüse waschen • Teig kneten	• Obst und Gemüse klein schneiden • Salatsauce rühren • Quarkspeise rühren	• Obst und Gemüse raspeln und hobeln • Salat machen • Backen • Einfache Gerichte mit Hilfe kochen	• In der Pfanne braten • Einfache Gerichte selbstständig kochen
• Beim Tisch decken und abräumen helfen	• Tisch alleine decken und abräumen	• Spülmaschine ein- und ausräumen • Geschirr spülen	• Stark verschmutzte Töpfe, Pfannen und den Herd scheuern
	• Mit Besen und Handfeger kehren	• Staubsaugen • Müll wegbringen	• Boden feucht wischen • Toilette und Badezimmer putzen
	• Helfen, Wäsche aufzuhängen und zusammenzulegen	• Wäsche zusammenlegen • Wäsche aufhängen	• Einfache Sachen bügeln
• Bei der Gartenarbeit „helfend“ dabei sein	• Im Garten gießen • Fallobst und Beeren sammeln • Laub harken	• Zimmerpflanzen gießen • Sprossen ziehen • Radieschen, Kürbis oder Ähnliches ziehen	• Rasen mähen mit mechanischem Rasenmäher • Beet anlegen, harken und hacken

Menge Gemeinsamkeit. Man kann sich dabei unterhalten, sich unterstützen und Spaß haben – ganz nebenbei kommt Ihr Kind so in Bewegung. In der Tabelle eine Übersicht, was Kinder wann können. Ab 16 Jahren können sie eigentlich alles bewältigen, was im Haushalt so anfällt – nur der Führerschein fehlt.

So kommt Ihre Familie in Bewegung

Spaß ist die beste Motivation, sich zu bewegen. Allein macht das nun mal meist weniger Freude. Wie gut, dass Sie eine Familie sind! Solange Ihr Kind unter 10 ist, sind Sie noch ein begehrter Spielgefährte. Genießen Sie diese Zeit: Sie werden die Spiele Ihrer Kindheit und damit die Freude an der Bewegung wieder entdecken. Das, was an Positivem auf Seite 46 aufgelistet ist, gilt nämlich ebenso für Erwachsene. Manchmal klappt so etwas ganz spontan: Das Federballspiel an einem warmen Sommerabend, die kleine Radeltour nachmittags mit Picknick, die Wiederentdeckung von Himmel und Hölle im Hof oder einfach Fangen spielen. Wenn Sie sich erst einmal darauf eingelassen haben, werden Sie merken, wie gut das auch Ihnen tut. Aber oft ist die Zeit knapp, jedes Familienmitglied hat andere Pläne und eigene Vorstellungen. Um in einer gewissen Regelmäßigkeit die ganze Familie ins Boot zu bekommen, brauchen Sie Planung und Riten.

Wandern kann eine wunderbare Familienaktivität sein. Es macht Ihrem Kind aber nur Spaß, wenn es ein bisschen abenteuerlich zugeht, die Wege nicht zu breit sind und zwischendrin Pausen für Ballspiel, Verstecken oder Naturentdeckungen bleiben. Wichtig: Das Ziel mit Picknick oder Einkehr. Außerdem macht es immer Spaß, etwas zu sammeln: Kastanien, Blätter, Beeren oder schöne Gräser. Wer in der Ebene wohnt, hat wahrscheinlich mehr Spaß an Radtouren. Attraktiver wird so ein Ausflug, wenn Freunde mitkommen. Vielleicht können Sie sich aber auch mit mehreren Familien zusammentun. Es ist leichter, diese Tradition zu schaffen, wenn die Kinder noch klein sind. Wenn Ihr Kind schon größer ist, müssen Sie sich etwas mehr bemühen – und vor allem konsequent sein.

Familienunternehmungen sind ein Muss – über Ziele und Form darf abgestimmt werden. Aber mitmachen müssen alle. Lassen Sie sich nicht entmutigen: Nach anfänglichem Maulen haben Sie am Ende zufriedene Kinder!

Planen Sie auch Ihren Urlaub so, dass es nahe liegt, körperlich aktiv zu sein. Nutzen Sie diese Zeit, um verschiedene Sportarten auszuprobieren. In den Ferien hat man einfach mehr Energie, seine Gewohnheiten umzustellen und die Hemmschwelle ist niedriger.

▶ Aktiv-Urlaub für die Familie

Ferien sind eine Chance, aus eingefahrenen Gewohnheiten auszusteigen. Probieren Sie unter fachkundiger Anleitung aus, ob Biken, Skaten, Trampolin, Tennis, Segeln oder Rudern Ihnen oder Ihrem Kind liegen. Viele Hotels bieten ergänzend Gymnastik, Yoga, Pilates-Training oder Tai-Chi an. Am besten wählen Sie Sportarten, die Sie auch zu Hause weiter betreiben können – sonst hat der Urlaub wenig Nachwirkung.

Kalorienkiller Sport

So findet Ihr Kind sein richtiges Maß
Wer ganz professionell ans Training geht, wird erst einmal die Herzfrequenz im Ruhezustand messen: Morgens vor dem Aufstehen den Puls tasten, auf die Stoppuhr schauen und die Pulsschläge während 30 Sekunden zählen. Den Wert mal zwei und 5 abziehen – und Sie haben die Ruheherzfrequenz (RHF). Nach dieser Formel lässt sich die Trainingsherzfrequenz ausrechnen: RHF + [220 – RHF – (3/4 x Lebensalter)]. Die beste Herzfrequenz für die Fettverbrennung rechnen Sie aus, wenn Sie davon noch einmal 15 % abziehen. Doch ganz so akademisch müssen Sie das nicht angehen. Schließlich soll Ihr Kind nicht mit Pulsmesser und Stoppuhr durchs Leben laufen. Es reicht, wenn es lernt, auf seine Körpersignale zu achten, das heißt auf Atmung, Herzschlag und Hautfarbe. Machen Sie dazu mit Ihrem Kind eine Belastungsübung. Es sollte ruhig und entspannt sein. Ganz bewusst durch die Nase einatmen und durch den Mund ausatmen. Beobachten, wohin der Atem geht. Am besten in den Bauch atmen. Vielleicht auch noch den Puls messen oder den Herzschlag hören. Die Gesichtshaut im Spiegel ansehen und fühlen. Danach wird so richtig gepowert: 5 Minuten stramm gehen oder Seil oder Trampolin springen oder einen kurzen Sprint machen. Danach wieder die eigene Atmung beobachten, Puls messen, schauen: schwitze ich, ist meine Gesichtsfarbe anders? Wie fühle ich mich?
Nach heftiger Anstrengung ist Ihr Kind außer Atem, der Puls fliegt, es ist rot, verschwitzt und fühlt sich nicht so toll. Diese Art Training schadet nicht, übt sogar Herz und Kreislauf, ist aber nicht so ideal, um auf Dauer fit und schlank zu werden. Außerdem wird es Ihr Kind nicht motivieren, weiterzumachen, denn eigentlich ist es danach groggy.
Aber wenn es sich beim „Training" trotz intensiverer Atmung immer noch unterhalten kann, das Herz nicht bis zum Hals, sondern nur bis zum Schlüsselbein schlägt, ihm nur

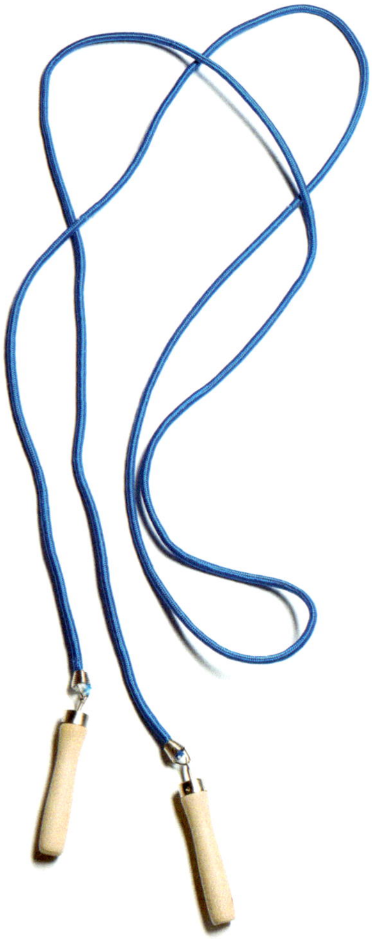

▸ Wie viel Energie verbraucht was?

In Kalorien hängt das vom Körpergewicht und der Größe ab. Ein Kleinkind verbraucht bei einer halben Stunde Laufen viel weniger Kalorien als ein Jugendlicher oder gar ein Erwachsener. Es bringt auch wenig, mit Taschenrechner und Stoppuhr auszurechnen, ob man sich jetzt das Stück Schokolade erarbeitet hat. Aber gut zu wissen, wie groß die Unterschiede zwischen den verschiedenen Bewegungsarten sind. Deshalb sind sie hier in Vergleich gesetzt zu: sitzen und fernsehen oder Computer spielen. Dieser Vergleich kann nur grob sein, denn er hängt immer auch von der Intensität und Schnelligkeit ab.
Folgende Aktivitäten verbrauchen so viel mal mehr Kalorien als sitzen, fernsehen oder Computer spielen:

- *2–3 x so viel: Kochen und Klavier spielen*
- *3–4 x so viel: Putzen, Bügeln, Tischtennis oder Volleyball spielen, Gymnastik und Tanzen*
- *4–5 x so viel: Walken, Treppen steigen, Reiten, Inlineskating, Federball oder Badminton spielen*
- *5–6 x so viel: Radeln, Aerobic, Rasen mähen, Ski fahren und Tennis spielen*
- *6–7 x so viel: Fußball, Hockey und Basketball spielen, Bergwandern, Schwimmen*
- *7–8 x so viel: Dauerlauf*

Außerdem kann Ihr Kind bei all diesen Aktivitäten nicht gleichzeitig naschen, wie das vor TV oder PC gerne gemacht wird ...

warm ist und das Gesicht leicht gerötet, dann liegt es richtig. Diese Leistung sollte es 5 Minuten durchhalten können.

Welcher Sport?
Ist Ihr Kind bereits richtig übergewichtig, wird es sich in einer Sportgruppe mit anderen „Leidensgenossen" am wohlsten fühlen. Erkundigen Sie sich bei der Krankenkasse oder beim Gesundheitsamt, ob es in Ihrer Nähe so eine Gruppe gibt. Die Kassen übernehmen bei anerkannten Gruppen sogar einen Teil der Kosten. Doch wenn Ihr Kind fit ist und nur ein wenig pummelig, sollte es zu einem ganz normalen Verein gehen. Während viele Jungen eher Mannschaftssport oder Selbstverteidigung mögen, lassen sich Mädchen häufig eher für tänzerische Aktivitäten begeistern – und natürlich reiten. Folgende Sportarten sind besonders gut geeignet und fördern Ihr Kind:

- **Schwimmen** trainiert die Rückenmuskulatur und schont die Gelenke, das Wasser trägt den Körper mit.
- **Radfahren** tut der Kondition und der Koordination gut – außerdem trägt das Rad ein Teil des Körpergewichtes. Bei leichtem Übergewicht sind Roller und Inliner fahren eine Alternative.
- **Reiten** stärkt die Muskeln des Rückens und der Beine, unterstützt eine gute Haltung. Das Pferd hilft buchstäblich die Last der Pfunde zu tragen und stärkt das Selbstvertrauen.
- **Badminton** und Tischtennis fördern Beweglichkeit und Reaktionsvermögen und sind der ideale Familiensport für zu Hause.
- **Ballspiele** erfordern Geschicklichkeit, Koordination und Ausdauer. Die Mannschaft hilft, Freunde zu finden.
- **Judo, Taekwondo und Karate** schulen Koordination und Beweglichkeit und stärken das Selbstbewusstsein.
- **Ballett, Gymnastik, Disco Dance, Cheerleading, Aerobic** trainieren Ausdauer, Koordination und Beweglichkeit.
- **Wandern** ist super für Ausdauer, Muskelaufbau und Kondition.
- **Golf** fördert ebenfalls Ausdauer, Muskelaufbau und Kondition.
- **Skilanglauf** bringt wie Eislaufen mehr für Ausdauer und Muskelaufbau als Abfahrtslauf.

▶ Isodrinks sind überflüssig

Isotonische Sportgetränke sind „in". Isotonisch bedeutet: Die Menge der gelösten Teilchen (Mineralstoffe, Glukose) entspricht den Verhältnissen im Blut. Es wird dann besonders schnell aufgenommen, was bei schweißtreibendem Sport besonders wichtig ist. Dazu müssen Sie aber keine Spezialdrinks kaufen – Apfelsaftschorle im Verhältnis 1:1 ist auch isotonisch.

Welche Aktivitäten bringen nicht so viel?
Kraftsport an Geräten ist für den Körper im Wachstum weniger geeignet. Geräte- und Bodenturnen beansprucht die Gelenke zu stark und überfordert übergewichtige Kinder. Alles, was die Gelenke übermäßig belastet wie etwa Joggen, ist für dicke Kinder nichts. Andersherum – erlaubt ist, was Spaß macht und nicht schadet.

Essen und Trinken vor und nach dem Sport
Nach dem Essen tausend Schritte tun ist o. k. Aber ein bis zwei Stunden sollten seit der letzten Mahlzeit vor größeren sportlichen Aktivitäten schon vergangen sein. Trinken dagegen ist vor dem Sport ein Muss – am besten Wasser oder ungesüßten Früchtetee. Aber bitte nicht mehr als ein Glas pro Viertelstunde. Ihr Kind kann nämlich nicht wie ein Kamel auf Vorrat trinken. Auch während und nach dem Sport lieber mäßig, aber regelmäßig trinken. Der Appetit nach dem Schwimmen oder der Sportstunde sollte nicht gleich mit Pommes und Currywurst gestillt werden. Ein Stück Obst oder Gemüse wie ein Apfel oder eine Möhre dagegen füllt ideal die Kohlenhydratspeicher auf und stillt den ersten Hunger bis zur nächsten Mahlzeit. Und die sollte nicht üppiger ausfallen als sonst.

Frust-, Stress- oder Lustesser?

Wissen Sie eigentlich, warum Sie wann was essen? Besonders das, was wir zu viel essen, verzehren wir meist nicht aus Hunger, sondern aus anderen Gründen. Der erste Schritt, um dies abzustellen, ist den versteckten Appetitmachern auf die Schliche zu kommen. Lesen Sie die Auswertung des Buchstabens, den Sie am häufigsten angekreuzt haben. Oft liegt die Wahrheit auch dazwischen.

1 Wenn ich mir mal etwas gönnen will, ...

A gehe ich mit meiner Familie oder Freunden Essen – auch wenn's nur Fastfood ist.
B dürfen es auch mal Süßigkeiten sein.
C kaufe ich mir was Schönes zum Anziehen, ein neues Buch oder etwas anderes Nettes.

2 Wenn ich richtig Stress habe, ...

A muss ich mich beim Sport abreagieren.
C werde ich zum Krümelmonster – Zucker ist gut für die Nerven.
B vergeht mir der Appetit und ich vergesse zu essen.

3 Bei Festen und in Gesellschaft fällt es mir schwer, mit dem Essen aufzuhören

A Stimmt voll und ganz.
B Im Gegenteil: In Gesellschaft esse ich weniger als normal.
C Es schmeckt schon besser mit anderen zusammen, aber wenn ich satt bin, bin ich satt.

4 Essen ist für mich ...

C das beste Beruhigungsmittel.
B der beste Tröster.
A der schönste Genuss.

5 Fühlen Sie sich wohl in Ihrem Körper?

A Ich bin rundum zufrieden und fühle mich pudelwohl.
C Ich fühle mich gut – außer im Bikini.
B Ich fühle ich mich schon lang nicht mehr wohl in meiner Haut und meide jeden Spiegel.

6 Sind Sie oft alleine?

C Schön wär's – ich habe das Gefühl, ich habe nie meine Ruhe.
A Nein, ich bin ein geselliger Typ.
B Ich habe meine Familie, aber eine Freundin zum Quatschen oder ein Kumpel zum Sport fehlen mir oft.

7 Fällt es Ihnen schwer ein klares „Nein" zu sagen?

C Überhaupt nicht, da bin ich klar.
B Oh ja, ich mache deshalb oft Sachen, die ich gar nicht will.
A Teils, teils – kommt drauf an, um was und wen es geht.

8 Was sind Ihre größten Stressauslöser?

B Meine Familie raubt mir oft den letzten Nerv.
A Die Arbeit schafft mich ganz schön.
C Da gibt es keinen einzelnen, eher alles zusammen: Kinder, Haushalt, Arbeit, Verpflichtungen.

9 Können Sie sich gut entspannen?

C Nein, das fällt mir schwer.
B Ich versuche es – mal klappt es, mal nicht.
A Ja, damit habe ich kein Problem.

10 Wie gehen Sie mit Misserfolgen oder Kritik um?

B Das nehme ich mir sehr zu Herzen und brauche einige Zeit, um wieder hoch zu kommen.
C Das nehme ich sehr sportlich: Neues Spiel, neues Glück.
A Kommt darauf an, um was es geht. Nach kurzem Schlucken stecke ich das aber meistens weg.

11 Nehmen Sie sich Zeit zum Essen?

C Nein, bei mir muss alles schnell gehen.
A Ja, ich zelebriere die Mahlzeiten.
B Meistens schon, vor allem am Wochenende.

12 Essen Sie öfter aus Langeweile?

A Nein, ich esse nur, wenn ich wirklich Hunger habe.
B Ja, kommt öfter vor. Vor allem vor dem Fernseher.
C Eigentlich nicht, aber mir ist auch selten langweilig.

13 Sie öffnen eine Tafel Schokolade: Was passiert?

A Obwohl ich mit fest vornehme nur ein Stückchen zu essen, höre ich erst auf, wenn ich alles weggeputzt habe.
C Ich nehme mir ein Stück, genieße es und lege den Rest weg.
B Ich nehme ein Stück, lege den Rest weg und hole mir ein paar Minuten später noch eins. Spätestens nach der Hälfte reicht es.

14 Schlafen Sie gut?

A Ja, ich bin ein richtiger Siebenschläfer.
C Meistens schon – nur bei Stress schlafe ich schlecht.
B Ich schlafe fast immer schlecht.

15 Sind Sie oft nachdenklich und hängen trüben Gedanken nach?

B Ja, ich sehe oft alles schwarz und kann mich da richtig reinsteigern.

C Kann schon mal vorkommen, aber meistens hält das nicht lange an.

A Nein, kommt selten vor – ich bin Optimist.

Auswertung

Vorwiegend A: Lustesser

Für Sie ist Essen der schönste Genuss. Deshalb lassen Sie sich auch leicht von einer duftenden Bratwurst oder einem Stück Kuchen verführen und Verzichten fällt Ihnen schwer. Oft belohnen Sie sich auch mit Essen: Ein Stückchen Schokolade nach dem anstrengenden Tag ... Auch Ihre Kinder locken Sie oft mit essbaren Belohnungen. Wenn Sie in Gesellschaft, mit Freunden oder mit der Familie, essen, schmeckt es Ihnen noch mal so gut.

▶ Das hilft Ihnen: Machen Sie sich klar, in welchen Situationen Sie besonders verführbar sind und legen Sie sich Gegenstrategien zurecht. Ganz wichtig: Setzen Sie Essen oder Süßigkeiten nicht als Belohnung ein. Zeigen Sie Ihrem Kind auf andere Art, dass Sie es lieben oder dass Sie sich über seine Erfolge freuen – z. B. indem Sie Zeit mit ihm verbringen und ihm ein Buch vorlesen oder mit ihm eine Fahrradtour machen. Überlegen Sie, was Ihnen und den anderen Familienmitgliedern Spaß macht, über was Sie sich freuen und was Ihnen gut tut und stellen Sie daraus für jeden eine „alternative“ Belohnungsliste zusammen. Wer gerne in Gesellschaft isst, sollte auf dieses Vergnügen nicht verzichten, sich aber überlegen, wie er Fettnäpfchen aus dem Weg gehen kann. Tipps dazu finden Sie auf den Seiten 61, 68, 198. Sie sind der Versuchung mal wieder erlegen? Jetzt bloß kein schlechtes Gewissen haben. Versuchen Sie besser in den nächsten Tagen wieder disziplinierter zu essen und sich mehr zu bewegen.

Vorwiegend B: Frustesser

Wenn Sie schlecht drauf sind, Wut im Bauch haben oder Ihnen vor Langeweile die Decke auf den Kopf fällt, schlagen Sie beim Essen zu. Sie haben das Gefühl, das tröstet Sie, und betäubt Ärger und Langeweile. Aber im Grunde wissen Sie, es funktioniert nicht wirklich. Im Gegenteil: Meist fühlen Sie sich hinterher noch schlechter, weil Sie zusätzlich zu allem anderen das schlechte Gewissen plagt. Und schon langen Sie noch mal in die Pralinenschachtel ... – ein Teufelskreis, in den oft auch schon Kinder geraten. Da es Ihnen meist auch schwerfällt, Nein zu sagen, bringen Sie sich selbst immer wieder in Situationen, die Sie eigentlich gar nicht möchten. Das bringt Frust. Oft haben Sie auch das Gefühl, Sie sind sowieso benachteiligt und bei Ihnen läuft alles schief.

▶ Das hilft Ihnen: Tun Sie etwas gegen den Frust! Als erstes sollten Sie sich darüber klar werden, warum Sie unzufrieden sind, Langeweile haben oder schlecht drauf sind. Was macht Ihnen zu schaffen? Was stört Sie und was würden Sie gerne ändern? Sprechen Sie auch mit Ihrer Familie oder mit Freunden über das, was Sie ärgert – oft finden sich im gemeinsamen Gespräch schneller Lösungen. Nicht alles lässt sich sofort ändern. Aber auch schon kleine Schritte in eine neue Richtung helfen. Lernen Sie, klar und deutlich zu sagen, was Sie wollen – und das kann auch öfter mal „Nein“ sein. Lassen Sie Ihren Frust und Ihren Ärger raus, z. B. beim Sport – das ist sehr viel wirkungsvoller als Essen und macht nicht dick. Wer oft aus Langeweile isst, sollte sich Beschäftigung suchen. Wie wäre es z. B. mit einem neuen Hobby, einem Ehrenamt oder einem Kurs an der Volkshochschule?

Vorwiegend C: Stressesser

Wenn's mal wieder so richtig rund geht und Sie nicht wissen, wo Ihnen der Kopf steht, fangen Sie an zu knabbern. Essen beruhigt schließlich die Nerven – oder? Und auch wenn Sie noch so gute Vorsätze hatten: Wenn es im Job eng wird oder die Kinder mal wieder richtig anstrengend sind, greifen Sie doch zum Schokoriegel, zum Hamburger oder zu anderen Leckereien. Auch bei Erschöpfung meinen Sie, ein Happs mehr würde Ihnen gut tun. Aber hilft Ihnen das wirklich? Wenn Sie ganz ehrlich sind, wissen Sie: Futtern gegen den Stress funktioniert nicht.

▶ Das hilft Ihnen: Finden Sie heraus, was Sie besonders stresst und suchen Sie andere Möglichkeiten, um damit umzugehen. Langfristig sollten Sie lernen, wie Sie sich am besten entspannen können und was Ihnen gut tut. Wenn Sie ein unruhiger Typ sind und schlecht abschalten können, sollten Sie eine Entspannungstechnik wie Yoga oder autogenes Training lernen. Kurse, auch für Kinder, bietet fast jede Volkshochschule an. Oder fangen Sie mit Ausdauersport an, ein Stresskiller, der auch noch fit macht. SOS-Tipp: Bevor Sie zum Schokoriegel oder zur Bratwurst greifen, sollten Sie sich kurz hinsetzen, alle Stressfaktoren wie Klingel, Telefon, Handy oder Radio abstellen, Augen schließen und langsam ein- und ausatmen – oft verschwindet dabei die Lust aufs Essen.

Macht Essen glücklich?

Zunächst einmal macht Essen satt. Doch damit ist das Gefühl nicht beschrieben, das ein duftendes Würstchen oder ein schmelzendes Stück Schokolade auf unserer Zunge und zuvor in unserer Nase auslösen. Ja, Essen kann glücklich machen, und die Wurzeln dafür liegen schon in unserer frühen Kindheit. Für einen Säugling ist Muttermilch gleichbedeutend mit Nähe, Wärme, Versorgtsein. Wenn Sie den Gesichtsausdruck eines Babys betrachten, das gerade gestillt wurde, hat es etwas unendlich Zufriedenes, Glückliches. Dieses kleine, kurze Glück und Wohlgefühl nach einem leckeren Essen zieht sich durch unser ganzes Leben. Es gehört zu unseren Urinstinkten und war in Zeiten des Mangels lebenswichtig. Auch Essen geben, also füttern oder stillen, macht glücklich. Es ist ein sehr befriedigendes Gefühl, seine Lieben satt zu bekommen. Und was ist schöner als glückliche Kinderaugen, wenn es das erbettelte Eis dann wirklich gibt? Die fütternde Mutter und das futternde Kind sind das Dream-Team der Evolution: Selbst in knappen Zeiten wurden die süßen Kleinen durchgefüttert. Doch wenn es so viel Essen überall und preiswert gibt wie hier und heute, dann werden die Kinder am Ende genudelt. So sind die kinderlieben Nationen Italien, Griechenland und Spanien innerhalb von Europa in puncto dicke Kinder Spitzenreiter. Die Mutter eines molligen Kindes muss über ihren Schatten springen, wenn sie ihrem Kind helfen will. Bedenken Sie:

- Sie tun Ihrem Kind nichts Gutes, wenn Sie ihm mehr zu essen geben, als es braucht.
- Sie dürfen sich nicht darauf verlassen, dass Ihr Kind schon weiß, wann es satt ist.
- Unterdrücken Sie den Reflex: mein Kind hat Hunger, ich muss ihm etwas zu essen geben, wenn es eine halbe Stunde nach der letzten Mahlzeit ankommt oder Sie wissen, dass es nicht hungrig sein kann.
- Halten Sie es aus, sich kurzfristig unbeliebt zu machen. Das passiert bei der Erziehung öfter – egal ob es um Ordnung oder Hausaufgaben geht. Doch Jahre später ernten Sie dafür Dank – oder Vorwürfe, wenn Sie es sich zu einfach gemacht haben.

Essen als gemeinsames Hobby?
Die Beziehung zwischen Eltern und Kind ist von Versorgung geprägt: Wir wickeln, füttern und waschen unser Baby. Mit fortschreitender Selbstständigkeit bleiben meist die Wäsche und ... das Essen. Und das kann tatsächlich zum „Hobby“ werden. Es beginnt mit gemeinsamen Einkäufen, wo Kinderwünsche relativ preiswert zu erfüllen sind. So landen Überraschungseier, Puddings und Chips im Einkaufswagen, angeregt durch die Werbung: „Wollen wir das mal ausprobieren?“ oder: „Wenn Gäste kommen...“. Konsum macht Spaß – auch wenn es nur um Kekse geht. In der Küche geht es weiter. Die erste Frage, wenn ein Familienmitglied nach Hause kommt, ist dann nicht: „Wie war Dein Tag, wie geht es Dir?“, sondern: „Hast Du Hunger?“. Und dann wird aufgetischt! Rezepte sammeln, Kuchen backen, in ein Fastfood-Lokal gehen kann dann zur einzigen Aktivität werden, die verbindet. Klar, dass dabei mehr gegessen wird, als gut wäre. Verstehen Sie das nicht falsch: Den Umgang mit Lebensmitteln und Kochen zu lernen, ist eine Riesenbereicherung (→ Seite 61). Aber es sollte nicht zum zentralen Thema werden. Versuchen Sie andere Gemeinsamkeiten zu finden – am besten aus dem Bereich Bewegung (→ Seite 51) oder Natur, Werken oder Kultur. Volkshochschulen bieten zunehmend Eltern-Kind- und Paar-Kurse an, wo Sie Anregung finden.

▶ Nerven brauchen keine Extra-Nahrung

Augenzwinkernd wird gerade bei Süßigkeiten von „Nervennahrung“ gesprochen. Dabei vermuten heute manche Wissenschaftler, dass das Gegenteil der Fall ist. Für ein gesundes Nervenkostüm sind nämlich neben ausreichend Eiweiß und Magnesium die Vitamine der B-Gruppe nötig. Davon liefert Zucker nun einmal überhaupt nichts. Vitamingeber sind dagegen Obst, Gemüse, Vollkorn und Nüsse. Studentenfutter aus Trockenobst und Nüssen ist also wirklich Nervennahrung, wenn auch hoch konzentriert. Kalorienärmer ist ein Apfel!

Vorlesen, Kasperletheater, Kino, Basteln, Werken oder Eisenbahn statt PC oder TV öffnen Ihnen und Ihrem Kind andere Perspektiven, bereichern und bringen Erfolgserlebnisse.

Mir ist so langweilig!

Sicher geht Ihnen der Standardspruch „mir ist langweilig" gehörig auf den Geist. Ihr Kind schmettert alle gut gemeinten Anregungen ab, zieht sich maulend zurück und findet im besten Fall von alleine zu neuen Aktivitäten. Und wenn Sie nicht da sind? Oder keine Zeit haben? Wie geht es Ihnen selbst in so einer Situation? Sie gehen an den Kühlschrank, schauen mal, was so drin ist. Hier eine Wurstscheibe, da ein Joghurt, dort noch ein leckerer Essensrest. Cornflakes, Toasties, Nussnougatcreme – nichts ist sicher vor einem gelangweilten Menschen. Erst recht, wenn er klein ist.

Die einzige Hilfe dagegen: Für Kinder keine Selbstbedienung aus Kühl- und Küchenschrank. Zumindest bis es zehn Jahre ist, sollte Ihr Kind fragen, wenn es etwas zwischendurch essen will. Machen Sie einen Selbstbedienungsbereich aus, wo z. B. Obst oder Knabbergemüse steht. Und vertrösten Sie auf eine feste Zeit, in der alle etwas essen. Eine Kindheit ganz ohne Langeweile gibt es nicht – sie ist die schöpferische Pause, aus der heraus eigene Kreativität entsteht. Sie sind kein Animateur und Sie müssen sich auch nicht schuldig fühlen. Machen Sie klar, dass Essen kein Pausenfüller ist, sondern eine Lebensnotwendigkeit. Für ein dickes Kind ist es eine große Hilfe, jemanden zu haben, der den Essnachschub bremst. Erwachsene, die mit ihrem Gewicht kämpfen, würden sich so etwas manchmal wünschen.

Wie ist das mit dem Kummerspeck?

Die Mathearbeit verhauen, Ärger mit der besten Freundin: Es gibt im Leben eines Kindes mindestens so viel Frust wie bei den „Großen". Und genau für diese Gefühlslage sind sie geschaffen, die süßen Tröster. Schön weich und gefällig liegen sie auf unserer Zunge und außerdem duften sie ebenso verlockend wie sie köstlich eingepackt sind. Tatsächlich gibt es wissenschaftliche Erklärungen für das Wohlgefühl danach: Schokoladenmasse enthält neben dem anregenden Koffein Theobromin, einen Stoff, der Hochgefühle weckt. Süßes lässt zunächst nicht nur den Blutzuckerspiegel steigen, durch seinen hohen Gehalt an Kohlenhydraten führt es dazu, dass unser Körper Serotonin bildet – und dieser Botenstoff löst ebenfalls Glücksgefühle aus. Die Wirkung ist aber nicht von Dauer, also gibt es Nachschlag, und schon ist er da, der berühmte Kummerspeck. Solange der Kummer nicht ausgesprochen wird, das Kind seinen Frust nicht rauslässt und nicht wirklich getröstet wird, ist der süße Trost eine Sackgasse. Das gilt auch für Erwachsene, die Seelenschmerzen haben.

Weil's grad so gemütlich ist

Die Familie und Freunde sitzen zusammen, Hochgefühl auf ganzer Linie – dazu gehören doch Kekse und Kuchen! Der herrliche Grillabend, Adventskaffee, Kindergarten-Bazar, Schulfest, Geburtstag, das Buffet im Urlaub oder einfach der Feierabend – wenn's gemütlich wird, gehören Essen und Trinken immer dazu. Entspannung löst bei vielen Menschen den Essreiz aus und lässt alle guten Vorsätze vergessen. Das ist nicht nur bei Kindern so, sondern auch bei den Eltern. In dieser gehobenen Stimmung fällt es Erwachsenen schwer, einem Kind die Portion zu kürzen oder korrigierend auf die Auswahl einzugreifen. Ab und zu ist das kein Problem: Man hat ja nur einmal im Jahr Geburtstag und nur einmal im Leben Kommunion oder Konfirmation. Aber wenn Entspannung gleichgesetzt wird mit Essen, dann wird es zu einem täglichen Ritus wie die Chips zum Fernsehabend oder der Kuchen zum Nachmittagskaffee. Das wird einfach zu viel. Entwickeln Sie mit Ihrem Kind oder Ihrem Partner neue Arten zu entspannen – und zwar kalorienfreie!

Wichtig: Ein positives Selbstwertgefühl

Hätten Sie gedacht, dass schon 5-jährige pummelige Mädchen ein geringeres Selbstwertgefühl haben als ihre schlanken Altersgenossinnen? Das konnte eine Studie nachweisen. Unser Schlankheitsideal bedrückt vor allem Mädchen und Frauen. Bei Jungen und Männern ist es eher eine fehlende sportliche, also körperliche Leistung, die an ihrem Ego nagt. Auch wenn die Schwerpunkte unterschiedlich liegen: Übergewichtige Kinder und Erwachsene haben häufig ein niedrigeres Selbstwertgefühl als schlanke. Sie fühlen sich oft nicht angenommen und leiden unter Kritik und Ablehnung der Umwelt. Um akzeptiert zu werden, spielen sie nicht selten den Clown und lassen sich zu viel gefallen, setzen sich nicht genug zur Wehr. Wenn Sie das bei Ihrem Kind beobachten, braucht es Ihre Unterstützung. Helfen Sie ihm, starke Seiten an sich zu entdecken. Nach dem Motto: „Ich bin o. k. – Du bist o. k.", können Sie Ihre Schokoladenseiten gegenseitig herausfinden. Schreiben Sie sie auf Zettel und hängen sie im Badezimmer oder am Schreibtisch auf. Das tut gut und macht stark.

Sich in seiner Haut wohl fühlen

Psychologen haben das Körpergefühl von Übergewichtigen untersucht und zwei sehr unterschiedliche Typen gefunden. Ein Teil sieht seinen Körper durch die rosa Brille, findet sich gerade richtig oder zumindest nicht wirklich zu dick und schließt die Augen vor der Wirklichkeit. Die anderen schlagen ins andere Extrem: Sie fühlen sich monströs, unförmig und lehnen ihren Körper zutiefst ab. Gemeinsam ist beiden, dass sie keinen realistischen Bezug zu ihrem Körper haben. Das mag auch erklären, warum es für sie so schwer ist, Appetit oder sogar Durst von Hunger zu unterscheiden, und zu merken, wann sie satt sind. Das lässt sich nicht von heute auf morgen ändern. Alles, was mit Bewegung zusammenhängt, tut dem Körpergefühl gut. Es macht Freude, wenn mein Körper funktioniert, ich schnell bin, Wasser mich trägt, ich mit dem Ball ins Tor treffe. Es kann erst einmal schmerzlich sein, den eigenen Körper nicht mehr zu verstecken. Aber auf Dauer führt kein Weg daran vorbei. Lenken Sie dabei den Blick auf die Pluspunkte wie üppiges Haar, Locken, die Augenfarbe, super Zähne oder das Grübchen im Kinn. Sich und seinen Körper annehmen ist die beste Voraussetzung dafür, ein normales Gewicht zu erreichen.

- Schauen Sie mit Ihrem Kind alte Babybilder an – stärken Sie damit in ihm das Gefühl, ein ganz besonderes, geliebtes Wesen zu sein.
- Wer erzieht, blickt oft auf negative Eigenschaften, die geändert werden sollten. Versuchen Sie einmal die Stärken Ihres Kindes zu entdecken – und zu fördern.
- Verantwortung macht stark – Ihr Kind kann z. B. bestimmte Pflichten im Haushalt übernehmen oder auch für ein Haustier sorgen.

Meine Suppe ess ich nicht!

„Ach, nimm doch noch etwas!" – Sie kennen den Druck, der häufig bei Tisch ausgeübt wird, wenn es ums Essen geht. Essen abzulehnen, heißt auch ein Tabu zu brechen. Denn wenn ich etwas zu essen angeboten bekomme, ist das ein Ritual. Wer liebevoll für eine Runde gekocht hat, serviert auch immer ein Stück von sich selbst. Da trifft Ablehnung hart und immer auch persönlich. Entsprechend schwer fällt es, „Nein" zu sagen – je jünger, desto schwerer. Psychologen vermuten, dass gerade übergewichtige Menschen sich besonders schwer tun mit dem Neinsagen. Wer das von sich oder seinem Kind weiß,

▶ Die Rolle von TV und Werbung

Studien ergaben: Übergewichtige sehen mehr fern. Wenn Kinder ein eigenes Gerät auf dem Zimmer haben, steigt ihre Sehdauer laut Ernährungsbericht 2000 um ein Drittel auf 2 1/4 Stunden. Auch bei Kindern steigt das Gewicht mit der Fernsehdauer. Liegt es an der fehlenden Bewegung? Wie prägt TV unsere Vorlieben? Eine Untersuchung der Universität Erfurt ergab, dass in den Sendungen der Schwerpunkt auf eher ungesunden Lebensmitteln liegt. Bei der Werbung ist es ähnlich. Einkäufer für die Familie ist in der Regel die Mutter. Der Marktforscher Ingo Barlovic fand heraus, dass es Lebensmittelgruppen gibt, bei denen die Kinder das Sagen haben: Cornflakes & Co., Süßigkeiten, Getränke, Eiscreme, Kinderlebensmittel. Also zielt die Werbung auf Kinder ab, weckt Wünsche und scheint damit erfolgreich zu sein. Für einfache, „gesunde" Lebensmittel gibt es kein Werbebudget – an ihnen wird kaum verdient, sie müssen sich von alleine verkaufen. Besprechen Sie die Versprechen der Werbung in Ihrer Familie und testen Sie die entsprechenden Lebensmittel. Das kann solch magische Produkte entzaubern!

sollte unbedingt versuchen, Essen und Liebe zu trennen, den anderen in seinem Nein zu stärken und einen Masterplan für verführerische Esssituationen auszutüfteln.

Freunde finden

Für Kleinkinder ist die Familie ihr ein und alles. Doch schon im Kindergarten wird wichtig, wer mit wem spielt, eingeladen wird und Freundschaft schließt. In der Schule setzt sich dieser Trend fort. Da hilft es wenig, wenn in der Familie alles paletti ist – von Gleichaltrigen akzeptiert zu werden, ist entscheidend. Das Elternhaus kann von Anfang an eine Menge dazu beitragen:

- Knüpfen Sie schon im Kindergarten Kontakte zu anderen Eltern, verabreden Sie sich mit den Kindern.
- Öffnen Sie Ihre vier Wände für die Freunde Ihrer Kinder – geben Sie ihnen das Gefühl, willkommen zu sein.
- Unterstützen Sie Ihr Kind in seinen Freundschaften mit Rat und Tat.
- Wer einlädt, wird auch eingeladen: Feiern Sie die Kindergeburtstage mit anderen Kindern – nicht nur mit Oma und Opa.
- Machen Sie es möglich, dass andere Kinder auch mal mittags oder abends bei Ihnen mitessen.
- Hat Ihr Kind Probleme, akzeptiert zu werden, suchen Sie das Gespräch mit Erzieherin bzw. Lehrerin, bevor es sich endgültig in seine Ecke verkriecht. Wenn der Austausch mit Freunden fehlt, kann dies für seinen Lebensweg hinderlicher sein als eine schwache schulische Leistung!

Haustiere können helfen

Körperlich inaktive Kinder, die häufig alleine sind, wünschen sich oft ein Haustier. Viele Eltern neigen dann zu Schildkröten oder Fischen, maximal einem Meerschweinchen. Das stärkt wohl das Verantwortungsgefühl und kann auch beschäftigen. Aber wenn es Ihre Wohnumgebung zulässt, wäre ein Hund optimal. Der schlägt nämlich viele Fliegen mit einer Klappe: Er ist ein echter Freund und macht

stark. Man kann mit ihm toben und schmusen – Körperkontakt total. Er verpflichtet zur Bewegung bei jedem Wetter – auch das kann helfen. Brechen Sie diese Entscheidung aber nicht übers Knie. Ihr Kind sollte mindestens acht Jahre sein und bereit, die Verantwortung zu übernehmen. Die ganze Familie sollte es dabei unterstützen. Einen jungen Hund zu erziehen, kostet viel Energie und Zeit. Wenn alle dazu „Ja" sagen – wunderbar. Eine Alternative ist ein Hund aus dem Tierheim. Sie können dort immer Tiere spazieren führen und auch zur Probe nach Hause nehmen. Da merken Sie recht schnell, ob der Hund Ihnen liegt.

▶ Wohlfühloasen im Familienalltag

Entspannung bei Stress, Auftanken nach einer anstrengenden Woche, das kann gerade die Familie bieten. Tägliche Rituale geben Kindern Geborgenheit und erleichtern den Alltag.

- *Sorgen Sie für ein gutes Miteinander am Esstisch: Eine Kerze in der kalten Jahreszeit, ein Kräuterstrauß in der warmen schaffen einen Ruhepol.*
- *Nach dem Mittagessen kann eine Ruhe-Viertelstunde gut tun – manchmal helfen dabei Entspannungsmusik und Duftöl.*
- *Statt Dauerglotze ein gemeinsamer Filmabend. Alle dürfen gemütlich auf Kissen lümmeln und danach – nicht dabei – wird ganz entspannt zu Abend gegessen.*
- *Spielen hält die Familie zusammen. Reservieren Sie sich dafür Zeit – je öfter, desto besser.*
- *Eine Vorlesestunde im großen Elternbett vor dem Schlafen ist sooo gemütlich.*
- *Massage tut nicht nur Babys gut. Auch Kinder mögen es, gekrault zu werden oder den verspannten Rücken massiert zu bekommen. Eltern übrigens auch.*
- *Nehmen Sie Ihr Kind in den Arm!*
- *Machen Sie aus der Reinigung ein Wohlfühlfest mit Lavendel im Badewasser und der Lieblingsmusik. Danach sanft eincremen – das tut auch noch Schulkindern gut.*
- *Yoga hilft auch Kindern beim Entspannen – gemeinsam üben macht Spaß. Besonders wichtig ist dabei die richtige Atmung.*

Was tue ich, wenn ...? Noch mehr Praxis

Theoretisch ist jetzt alles klar. Aber wie sieht das am Familien-Festtag aus? Wie das alles praktisch umsetzen? Viele kniffelige Situationen sind typisch für die Familie – Tipps für eine Auswahl von ihnen finden Sie hier aufgelistet.

Buffets

Wichtigste Botschaft: Buffets sind Aussuch-Essen: Man muss und sollte nicht von allem nehmen! Kindergartenkinder sind mit der Selbstbedienung überfordert – auch noch mit Grundschülern können Sie gemeinsam das Buffet abgehen. Zuerst einmal nur schauen und überlegen, was ich wirklich essen will. Dann den kleinsten Teller nehmen und nicht überhäufen. Kein Brotlager anlegen! Sich beim Trinken an Wasser halten. Wenn es Limonade oder Saft gibt, am besten extra aus zierlichen Weingläsern trinken wie die Erwachsenen. Und Spielkarten, etwas zum Lesen oder Spielzeugautos bereithalten, sonst wird aus Langweile weitergefuttert.

Kindergeburtstag

Wenn Sie Gastgeber sind, ist das einfach: Das Mittagessen kann ausfallen oder nur in einer Suppe bestehen, denn die Einladung beginnt ja meist mit dem Kuchen. Backen Sie den Lieblingskuchen Ihres Kindes, und vielleicht noch ein Obstgebäck und Waffeln. Dekorieren Sie die Tafel mit Oststückchen und Knabbergemüse. Dazu Wasser oder Saftschorle – fertig. Nach dem Essen alles abräumen, nur Wasser, Obst und Gemüse bleiben stehen. Bleiben die Gäste bis zum Abendbrot, sind schlichte Sandwiches mit Käse und Putenschinken, oder Laugenbrezeln, dazu Gurkenscheiben und Kirschtomaten ideal: Kinder mögen es einfach. Spannend sollten die Spiele sein – gut wenn die Geburtstagsgesellschaft dabei in Bewegung kommt. Das Essen spielt besser eine Nebenrolle. Und als Gast? Am besten wäre es, wenn Ihr Kind nur Wasser trinkt. Den Kuchen sollte es genießen. Das Abendbrot fällt danach aus, und morgen ist ein neuer Tag.

Im Kindergarten

Der Kindergarten erzieht mit. Deshalb ist es wichtig, dass auf gesundes Essen geachtet wird. Die Eltern haben ein großes Mitspracherecht, wenn sie auch mithelfen und sich einig sind. Immer gibt es einzelne Kinder mit Nahrungsmittelallergien und Neurodermitis. Mit Rücksicht auf sie fällt es leicht, das Mitbringen von Süßem – auch süßen Getränken – zu verbieten. Stattdessen sollte es Wasser und ungesüßten Tee vor Ort geben: Das prägt die Gewohnheiten positiv. Zum zweiten Frühstück sollte jedes Kind sein Brot und Obst mitbringen. Einmal in der Woche im Kindergarten selbst Brötchen backen wäre klasse. Und vielleicht gibt es auch eine Apfelkiste, aus der sich alle jederzeit bedienen dürfen.

Der Schulkiosk
Eine Studie ergab: In vielen Schulkiosken herrscht der Ernährungsnotstand. Außer Süßigkeiten und Süßgetränken ist wenig im Angebot – selbst die subventionierte Schulmilch stirbt aus. Grund: der Hausmeister verdient mit, und kein anderer will die Arbeit übernehmen. Hier hilft nur Druck über den Elternbeirat: Getränkeautomat raus, Trinkwassersprudler rein. Und den Kiosk mit einfachen Dingen wie Milchprodukten, Müslimixen, Obst und Semmeln vom Bäcker bestücken. Infos dazu finden Sie unter ***www.dge.de.*** Wichtig: Überzeugen Sie die Schulleitung von der Idee einer gesund erhaltenden Schule.

Auf dem Volksfest
Ein Eldorado der fetten Würste, Pommes, Limos und Zuckerzeug. Die beste Lösung: Eine Mahlzeit streichen und durchs Würstel ersetzen. Beim Zuckerzeug sollten Sie hart bleiben und lieber eine Extrarunde Autoskooter spendieren. Und Zielwerfen oder Schiffsschaukel – Hauptsache, Ihr Kind bleibt in Bewegung. Dann vergisst es schnell das Essen. Schlecht ist es, wenn die Eltern den ganzen Abend im Bierzelt hocken. Was soll man da auch anderes tun als essen und trinken?

Im Restaurant
Wenn ein Restaurantbesuch höchstens einmal die Woche vorkommt – Fastfood inklusive – können Sie es locker angehen. Erlauben Sie ein kleines Lieblingsgetränk; weiterer Durst lässt sich mit Mineralwasser löschen. Das bestellen Sie am besten gleich als Familienflasche. Aufs Dessert verzichten, oder sich auf ein Bällchen Eis einigen. Und im Fastfood-Lokal nicht auf Supersonderangebote und Supersize hereinfallen. Ein Drink, ein Snack, das muss reichen.

▶ Kinder in die Küche

Und zwar nicht in erster Linie zum Essen und Naschen, sondern zum Kochen. Der sicherste Schutz vor Fastfood, Aromastoffen, Fertigprodukten sind ein geübter Geschmack und die Fähigkeit, die Lebensmittel selbst zuzubereiten. Das ist langfristig der wichtigste Grund, Kinder an den Kochtopf zu lassen.
Doch es gibt viele weitere: Kochen fördert die Feinmotorik, die heute bei so vielen Kindern zu wenig entwickelt ist. Schon 5-Jährige können weiche Dinge mit einem Messer schneiden, wenn sie es üben dürfen und das Messer scharf genug ist. Sie kneten den Teig, pinseln die Form ein, schälen Kartoffeln – das übt richtig. Außerdem regt es die Sinne an: Lassen Sie Ihr Kind probieren, wie unterschiedlich sich z. B. Obst und Gemüse anfühlen, geben Sie etwas, das interessant schmeckt, auf einen Löffel und lassen Sie es (mit verbundenen Augen) kosten. Zerreiben Sie Kräuter wie Rosmarin oder Thymian zwischen den Fingern und lassen Sie Ihr Kind schnuppern. Doch noch wichtiger ist die Tatsache, dass ein Kind einen ganzen Ablauf von Anfang bis zum Ende weitgehend selbstständig bewältigen kann – wenn wir ihm die Chance geben und es dabei unterstützen. Lassen Sie schon Kindergartenkinder mitmachen: Je älter das Kind, desto geringer ist die Begeisterung. Sie werden ab und zu ein Auge zudrücken müssen, damit Ihr Kind nicht schnell den Spaß verliert. Mit der Zeit wird es dann schon noch lernen, dass Aufräumen und Abwaschen auch dazu gehören. Haben Sie keine Sorge, ein übergewichtiges Kind an den Herd zu lassen – wer selbst kocht, hat am Ende nicht mehr so viel Appetit.

Ein Familienpakt

Wenn Sie alle vier Tests gemacht haben, wissen Sie eigentlich schon ziemlich genau, wie die ganze Familie isst und trinkt, wo Schwächen und Stärken sind. Nach dem Prinzip „hilf Dir selbst" müssen Sie jetzt ganz praktisch Ihr Wissen umsetzen. Dabei unterstützt Sie der große Rezeptteil. Hier finden Sie – nach Jahreszeiten gegliedert – Vorschläge für jeden Geschmack, die allesamt satt machen, einen hohen Gehalt an Vitaminen und Mineralstoffen haben und dabei kalorienarm sind. Wer die Kalorienzahl der einzelnen Zutaten wissen will, findet sie mundgerecht in der Kalorientabelle (→ Seite 202). Die Werkzeuge liegen auf dem Tisch: Packen Sie es an!

Überzeugung ist gefragt

In einer Familie ist das nicht so leicht. Der eine ist schlank und mag nicht auf seine Chips verzichten. Der andere ist zu dick, denkt aber gar nicht daran, abzuspecken. Und alle wehklagen, wenn sich etwas ändert, jammern nach Eistee und Limo, Weißbrot und Toasties. Sie hören Diät und denken: „schmeckt nicht!". Wenn wirklich die ganze Familie gegen das Abspecken rebelliert, dann müssen Sie jeden Einzelnen überzeugen. Die Vorurteile gegen gesundes Essen können Sie am besten ausräumen, wenn Sie Probe kochen – mit unseren Rezepten. Weiter geht es mit Bewegung: Gemeinsame Aktionen sollen allen gerecht werden, dann beginnt der Spaß. Ein neuer Ball, ein Federball-Set, eine Karte fürs Schwimmbad sind nette Überraschungen, die Ihrer Familie einen kleinen Kick geben. Lassen Sie süße Getränke und fettes Fastfood aus den Vorräten ausschleichen – ohne großes Tamtam. Gehen Sie die Offensive positiv an, verbreiten Sie gute Stimmung. So gewinnen Sie am ehesten Verbündete.

Ohne festen Willen geht es nicht

Wenn die Motivation zum Abspecken da ist, geht es im nächsten Schritt um die Ernsthaftigkeit. Stellen Sie Ihre Familie auf die Waage und rechnen Sie zusammen das Normalgewicht jedes Einzelnen aus. Als Richtlinie für die Errechnung des Normalgewichts dient heute der Body-Mass-Index (BMI → Seite 200). Diskutieren Sie, warum ein zu hohes Gewicht so gefährlich ist, malen Sie – wenn nötig – das düstere Zukunftsszenario aus, wenn sich nichts ändert. Bei hartnäckigem Widerspruch hilft vielleicht ein Besuch beim Arzt, beim Ernährungsberater oder bei der Krankenkasse: Die hat sicher Statistiken über den Zusammenhang zwischen Übergewicht und den zunehmenden Krankheitsrisiken griffbereit. Bei Kindern unter 10 bis 12 – je nach Reife – sind diese schweren Geschütze aber fehl am Platze. Hier muss in erster Linie der Partner mit ins Boot geholt werden. Und vielleicht noch die Großeltern, Tagesmutter oder ältere Geschwister. Es muss allen klar sein, dass es nicht nur ums gute Aussehen, sondern vor allem um die Gesundheit geht.

Gemeinsam geht es leichter

Ist sich eine Familie einig, hat sie es leichter mit dem Schlankwerden und -bleiben als ein Single. Denn wenn

▸ Raus aus der Limo-Falle!

Statt Limo und Eistee Leitungswasser spart jede Menge Geld. Füllen Sie Wasser in Flaschen und stellen Sie sie in den Kühlschrank. Für jede ausgetrunkene Flasche kommt das ersparte Limogeld in die Spardose. Und dafür gibt es dann ein neues Sportoutfit, ein Trampolin oder einen Ausflug ...

▸ Regeln für den Familienpakt

Selbst wenn Sie sich als Paar oder Familie einig sind, brauchen Sie bestimmte Spielregeln im Umgang miteinander. Vor allem, wenn nicht alle abspecken müssen – oder unterschiedlich stark. Hier ein Vorschlag, den Sie individuell ergänzen können, im Gespräch mit den übrigen Familienmitgliedern.

- *Die Messlatte wird nicht zu hoch gehängt: Kinder müssen nicht abnehmen, sondern nur das Gewicht halten. Erwachsene sollten nicht mehr als 1 bis 2 Kilo pro Monat (je nach Ausgangsgewicht) abnehmen.*
- *Erste Erfolge werden gelobt, kleine Ausrutscher übersehen.*
- *Hänseln verboten: Weder Speckrollen noch sportliches Versagen werden kommentiert!*
- *Keine hämische Kontrolle: Wer nicht abnehmen muss, ist natürlich solidarisch und verkneift sich „Das-darfst-Du-aber-nicht-essen"-Kommentare.*
- *Keiner legt verborgene Lebensmittelvorräte an.*
- *Nicht heimlich außer Haus essen.*
- *Keine köstlichen Extrawürste für die Dünnen.*
- *Alle unterstützen und motivieren diejenigen, die abnehmen möchten.*
- *Ein Misserfolg ist ein Misserfolg für alle!*

einer schlapp zu machen droht, bekommt er Unterstützung aus der Runde. Wer durchhängt, kann sich ausheulen, wer gut drauf ist, zieht den anderen mit. Es ist einfacher für eine Familie, einen entlastenden Rahmen zu schaffen, weil er schlicht im Alltag ohnehin notwendig ist. Eine Familie muss sich auf Essenszeiten einigen, um den Aufwand in Grenzen zu halten und um beieinander zu sein. Sehen Sie also die Familie nicht als Belastung auf dem Weg zu einem gesunden Gewicht, sondern als Unterstützung!

Wie sag ich's meinem Kinde?
Bei älteren Kindern ab 12 ist das Gewicht wahrscheinlich sowieso ein Thema – Sie bringen es nur zur Sprache und leiten eine Lösung ein. Sie unterstützen damit Ihr Kind. Auf keinen Fall darf es das Gefühl haben, dass Ihre elterliche Liebe abhängig von abgespeckten Kilos ist, es darf sich nicht gegen seinen Willen unter Druck gesetzt fühlen. Grundschulkinder müssen Sie überzeugen, ohne sie zu verletzen. Es ist wichtig, ihnen das Selbstvertrauen zu geben, das Problem bewältigen zu können. Anders, wenn Ihr Kind noch jünger ist. Kindergartenkinder sind mit dem Thema überfordert. Hier bestimmen Sie noch, was auf den Tisch kommt. Da geht es eher darum, positiv zu motivieren, gesunde Ernährungsgewohnheiten zu schaffen und den Kindergarten in diesem Sinne zu beeinflussen.

▶ 5 einfache Abspeckregeln (nach Vincent Boggio)

- *Ich esse nur während der Mahlzeiten.*
- *Ich nehme keinen Nachschlag.*
- *Ich gehe am Tag 30 Minuten zu Fuß.*
- *Ich bitte um Hilfe.*
- *Ich wiege mich einmal jede Woche.*

▶ Wie viel und wie schnell abnehmen?

Das hängt vom BMI ab. Wie Sie den berechnen, können Sie auf Seite 200 nachschlagen. Liegt Ihr BMI oder der Ihres Kindes im Bereich des schweren Übergewichtes, wird dieses Buch allein wahrscheinlich nicht ausreichen. Eine solche Fettsucht (Adipositas) ist eine Krankheit, die ärztlich behandelt werden sollte. Alle anderen Erwachsenen, die ein mäßiges Übergewicht haben, sollten nicht mehr als 1 Kilo pro Monat abnehmen. Wenn Sie mehr als 80 Kilo wiegen, dürfen es auch 2 Kilo sein. Nehmen Sie sich im ersten Schritt höchstens 10 % Gewichtsabnahme vor. Wenn Sie das erreicht haben, sollten Sie dieses Gewicht etwa 6 Monate halten, bevor Sie weiter abspecken. Kinder mit mäßig erhöhtem BMI müssen gar nicht abnehmen. Sie sollten nur ihr Gewicht halten, bis sich ihr BMI im Normalbereich befindet – das Wachstum sorgt für die nötige Streckung und macht ganz automatisch schlank. Wichtig: Ganz ohne Waage geht es nicht. Aber bitte nicht öfter als einmal in der Woche das Gewicht kontrollieren.

Ziel: Die flexible Kontrolle
Essen funktioniert nie nach dem „Alles-oder-nichts-Prinzip". Wer nach dem ersten Tortenstück meint: „jetzt ist es auch egal", wird erst recht noch mehr Kuchen in sich hineinstopfen. Aber es ist nie egal und ein Riesenunterschied für das Fettdepot, ob 200, 300 oder 500 Kalorien zu viel getankt werden.
Wer feiert, darf natürlich auch mal prassen – dafür z. B. dann das Abendbrot ausfallen lassen. Oder am nächsten Tag ein bisschen weniger essen. Schlanke Menschen machen das meist automatisch so. Das nennt man „flexible Kontrolle". Seien Sie also nicht zu streng mit sich und Ihrer Familie. Jeder Tag ist eine neue Chance und Veränderungen brauchen Zeit. Ein Gewicht, das sich über Jahre aufgebaut hat, verschwindet nicht über Nacht. Wenn Sie Ihr Normalgewicht erreicht haben, werden Sie wahrscheinlich immer wieder zwischendurch die Zügel anziehen müssen: Das Überangebot an Essbarem erfordert, dass wir Maß halten – sonst werden wir auf Dauer dick.

FRÜHLING, SOMMER

Das macht jetzt besonders viel Spaß

Im Frühling und im Sommer macht es besonders großen Spaß, draußen zu sein und das herrliche Wetter zu genießen. Wir haben Lust auf frische Küche und Bewegung fällt viel leichter als im Winter – die ideale Jahreszeit, um mit der ganzen Familie in ein fitteres Leben zu starten:

Fahrradtour
Planen Sie am Wochenende eine Fahrradtour mit der ganzen Familie. Das Ziel: eine schöne Stelle zum Picknicken, ein Badesee, der Zoo oder irgendetwas anderes Nettes, auf das sich Ihre Familie beim Strampeln freuen kann. Zusammen mit anderen Familien oder Freunden macht es noch mehr Spaß.

Erdbeerplantage
Pflücken Sie Ihre eigenen Erdbeeren auf der Plantage. Das ist der Hit für Kinder, denn nicht nur Bewegung, sondern auch Naschen und Spaß sind inklusive! Nach dem Pflücken die Erdbeeren möglichst schnell pur futtern oder verarbeiten, z. B. zum leckeren Brotaufstrich (→ Frucht-Star, Seite 73).

Freibad oder See
Im Hochsommer genau richtig für eine kleine Abkühlung. Schwimmen ist das perfekte Ganzkörpertraining und schont dabei auch noch die Gelenke – optimal für alle, die etwas zu viel auf den Rippen haben. Wer den ganzen Tag beim Planschen verbringen will, sollte die Verpflegung, z. B. frisches Obst, Sandwiches und Wasser, selbst mitnehmen. Das spart nicht nur Geld, sondern ist auch gesünder – die meisten Schwimmbadkioske haben alles andere als leichte Fit-Kost im Angebot.

Wandern
Für die Fitness ein Knüller, bei Kindern jedoch meist nicht sehr beliebt. Außer, Sie machen aus der langweiligen Wanderung eine aufregende Abenteuer-Rallye à la Schnitzeljagd – das kommt auch bei Kindergeburtstagen gut an. Legen Sie die Strecke vorher fest und verteilen Sie die Hinweise. Basteln Sie eine Schatzkarte oder einen Plan mit Aufgaben oder Hinweisen und los geht's. Am Ende der Rallye wartet natürlich ein Schatz (keine Süßigkeiten) auf die kleinen Abenteurer!

Abenteuer auf dem Wasser
Eine Bootstour bringt selbst die faulste Couch-Potato auf Trab. Mit der ganzen Familie und/oder Freunden macht das Paddeln besonders viel Spaß. Paddelboote, Tretboote oder Kanus können Sie leihen. Die Anschaffung eines aufblasbaren Schlauchbootes lohnt sich, wenn Sie oft zu einem See fahren. Mit dem Kanu können Sie auch Mehrtages-Touren machen und „an der Strecke" campen. Viele Kanuverleiher bieten komplette Programme mit Übernachtung und Gepäcktransport an, auch extra für Familien mit Kindern.

Inlineskating
Schult die Koordination, bringt jede Menge für Ausdauer und Energieverbrauch und strafft Bauch, Beine und Po. Aber: Skaten strapaziert die Gelenke. Ganz wichtig, immer nur mit Knie-, Ellenbogen- und Handgelenkschützern fahren – bei Stürzen ist das Verletzungsrisiko sonst hoch. Gute Skates sind leider teuer, zum Ausprobieren deshalb besser erst mal welche leihen.

Urlaub aktiv
Wer seinen Urlaub hauptsächlich dösend am Strand und schlemmend am Hotelbuffet verbringt, braucht sich über pfundige Mitbringsel nicht zu wundern. Planen Sie Ihren Urlaub besser so, dass auch die Bewegung nicht zu kurz kommt. Gibt es im

Hotel ein Sport- oder Fitnessangebot? Einen Pool, in dem Sie morgens Ihre Runden drehen können? Leihen Sie sich am Urlaubsort Fahrräder aus, gehen Sie wandern, klettern, surfen oder tauchen – kurz: Werden Sie auch oder erst Recht im Urlaub aktiv. Jetzt haben Sie die Zeit dafür, endlich mal eine Sportart auszuprobieren, die Sie schon immer interessiert hat.

Minigolf
Wochenendvergnügen für die ganze Familie. Kein großer Kalorien-Killer, dafür schult es Koordination und Geschicklichkeit und macht jede Menge Spaß.

Reiten
Besonders Mädchen lieben diesen Sport. Keine Angst: Solange Sie kein eigenes Pferd kaufen, ist dieses Vergnügen durchaus erschwinglich. Fragen Sie beim nächsten Reiterhof oder Reitverein nach Möglichkeiten. Reiten schult nicht nur die Koordination und die Geschicklichkeit, der Umgang mit den Tieren tut zudem auch der Seele und dem Selbstbewusstsein gut.

▶ Pflanzen und Säen

Für Kinder ist es ein Erlebnis zu sehen, wie aus einem unscheinbaren Samenkorn eine Pflanze wird. Erst recht, wenn hinterher etwas Essbares dabei rauskommt. Wer einen Garten hat, kann natürlich aus dem Vollen schöpfen und nach Lust und Laune alles pflanzen. Aber auch auf dem Balkon, der Terrasse oder der Fensterbank lässt sich so einiges groß ziehen, z. B. Kräuter, Radieschen, Tomaten, Erdbeeren und sogar Kartoffeln. Dazu ab April einige ganz normale Kartoffeln mit möglichst vielen „Augen“ in einer flachen Kiste ein paar Tage draußen am Licht stehen lassen, bis sich weiße Triebe entwickeln. Kartoffeln jeweils in ein 10 cm tiefes Loch setzen. Zwischen den einzelnen Kartoffeln etwa 30 cm Abstand lassen. Nur gießen, wenn es länger nicht regnet. Wenn das Grün etwa 10 cm hoch ist, die Erde rundherum so weit anhäufeln, dass nur noch etwas Grün zu sehen ist. Nach ca. 3 Monaten ist Erntezeit. Tipp: Graben Sie nur so viele Kartoffeln aus, wie Sie gerade benötigen.

Grillen und Lagerfeuer
Feuer fasziniert Kinder und verbreitet immer einen Hauch Abenteuer – besonders wenn Sie statt Kohle selbst gesammelte Zweige aus dem Wald verfeuern. Um Schadstoffe zu vermeiden, Grillgut immer auf Alufolie oder -schalen legen. Besonders lecker: Stockbrot. Dazu Hefeteig (→ Seite 120) um angespitzte Stöcke wickeln und über die Glut halten.

Nachtwanderung
Auch wenn Ihre Kinder Wandern sonst eher langweilig finden – für eine Nachtwanderung lassen sie sich ganz bestimmt begeistern. Planen Sie die Strecke vorher gut und nehmen Sie eine Taschenlampe für jeden Wanderer mit.

Wasserspiele
Wenn es warm ist, bietet Wasser unerschöpfliche Möglichkeiten, sich zu beschäftigen. Schon ein kleiner Minipool im Garten oder Hof lockt Kinder hinter dem PC hervor. Wasser sprengen lässt sich prima mit Fangspielen verbinden und Duelle mit der Wasserpistole sind in jedem Alter der Renner.

Verstecken, Fangen, Räuber und Gendarm
Die hellen Sommerabende sind wunderbar für die „alten“ Kinderspiele geeignet und wecken Kindheitserinnerungen bei den Eltern. Vielleicht tun Sie sich mit anderen Eltern zusammen? Oder scharen eine kleine Kindertruppe aus der Nachbarschaft um sich? Zu städtisch? Dann bleibt das Wochenende auf dem Lande.

Hickekästchen, Hulahoop, Seilhüpfen, Federball
Es gibt jede Menge Draußenspiele, die nicht viel Platz brauchen. Für Kinder unter 10 ist es einfach toll, wenn Eltern mitmachen. Geben Sie sich einen Ruck, fangen Sie an – der Spaß kommt ganz automatisch.

Die dicksten Fallen und wie Sie sie umgehen können

Grillfeste

Sobald das Wetter schön ist, häufen sich die Einladungen zum Grillen – und das heißt meist fettreiche Wurst und Steaks ohne Ende. Dazu noch ein paar Bier, diverse Grillsaucen und einen Berg Nudelsalat und Sie haben schnell jede Menge Kalorien auf dem Teller. Absagen müssen Sie die Grilleinladungen trotzdem nicht, nur bei der Essensauswahl sollten Sie etwas wählerisch sein.

▶ **Entschärfen:** Statt fetter Würstchen, Nackensteaks und Bauchfleisch besser Geflügelwürstchen, Putenfleisch, magere Steaks oder Fisch auf den Grill legen. Fürchten Sie, dass der Gastgeber nicht gerade auf leichtes Grillen steht, das Grillgut einfach selbst mitbringen. Bei den Saucen besser Ketchup oder andere Tomatensaucen und Senf als cremige Knoblauch- oder Cocktailsaucen wählen. Am Salatbuffet sollten Sie beim grünen Salat kräftig zulangen. Sattmacher mit fetten Saucen wie Kartoffel- oder Nudelsalat besser stehen lassen oder nur in kleinen Mengen genießen. Insgesamt sollten Sie sich bei Wurst und Fleisch eher etwas zurückhalten und dafür die doppelte Portion grünen Salat nehmen – das bringt viel Masse, aber wenig Kalorien auf den Teller.

Eisdiele

Hier ein Eis auf die Hand, da ein leckerer Eisbecher – im Sommer lauert die süße Verführung an jeder Ecke. Und je nachdem, was Sie auswählen und wie oft Sie zulangen, haben Sie Ihr Kalorienkonto schnell eiskalt überzogen.

▶ **Entschärfen:** Kalorienarm und erfrischend ist Frucht- oder Wassereis. Auch Milchspeiseeis, Standard

▶ **Top**

• Frisches Obst in allen Varianten – jetzt gibt es süßes, aromatisches Obst in Hülle und Fülle.
• Frucht- und Wassereis – leichte Erfrischung mit Kalzium-/Vitamin-Plus.
• Biskuitboden belegt mit frischem Obst – Biskuit enthält kaum Fett und ist mit Obst belegt der leichteste und leckerste Sommerkuchen.
• Knackige Gemüsesticks – Knabberspaß ohne Reue.
• Mageres Fleisch und Fisch vom Grill – Eiweiß pur ohne fette Begleiter.
ONeue Kartoffeln mit Schnittlauchquark – das perfekte Sommeressen.

beim Italiener, ist kalorienmäßig im Rahmen. Bei Eisbechern viel Frucht wählen und auf das Sahnehäubchen besser verzichten. Auch Schokoladensauce, Nüsse, Krokant oder Karamell treiben die Kalorien in die Höhe. Ein Tipp für zu Hause: Frieren Sie Fruchtsaft in Eiswürfelbehältern oder Stieleisformen (gibt es preiswert in Haushaltsgeschäften oder Kaufhäusern) ein – eine leichte Erfrischung, die nicht nur Kindern schmeckt.

All-inclusive-Urlaub
Futtern bis Sie aus allen Nähten platzen, bloß weil Sie eine Pauschale bezahlt haben? Besser nicht! Und wenn die ständigen Buffets noch so verlocken, denken Sie an die Folgen: Zusätzliche Pfunde sind keine schönen Urlaubsmitbringsel.

▶ **Entschärfen:** Nehmen Sie den kleinen Teller und stellen Sie sich immer nur eine Portion vom Buffet zusammen. Wer oft geht und viele Kleinigkeiten holt, hat am Ende meist den Überblick darüber verloren, wie viel er tatsächlich gegessen hat. Hemmungslos bedienen sollten Sie sich dagegen bei Salat, Gemüse und Obst. Aber Vorsicht: Mit fetter Sahnesauce wird auch das zur Kalorienbombe. Salat besser mit Essig und Öl anmachen, Gemüse möglichst pur essen. Wer anfällig ist für Urlaubsspeck, sollte all-inclusive am besten ganz meiden.

Biergarten und Volksfeste
Wenn's gerade so schön gemütlich ist im Biergarten oder beim Stadtteilfest, der Würstelduft über die Bänke zieht und um einen herum alle zuschlagen, bestellt man sich oft auch noch was „Kleines“ zum Bier – und tappt ganz schnell in die Kalorienfalle: Biergartenschlemmereien von Würstchen über Steak bis Pommes und Kuchen haben es nämlich meistens in sich. Und auch das Bier ist nicht ohne.

▶ **Entschärfen:** Essen Sie sich vor dem Biergarten richtig satt, dann kommen Sie nicht so schnell in Versuchung, doch noch ein paar Leckereien zu bestellen. Oder Sie schlagen mit voller Absicht im Biergarten zu und streichen dafür das Abendbrot. Die Bayern haben es übrigens besonders gut: In bayerischen Biergärten darf sich jeder sein Essen selbst mitbringen.

▶ Flop

- *Sahneeis – mit der Extra-Portion Fett kein leichter Schleckspaß.*
- *Riesen-Eisbecher mit Sahneberg – da kann das Mittagessen, zumindest kalorienmäßig, ausfallen.*
- *Eiskaffee oder -schokolade als „kleiner Snack“ – schlägt ganz schön zu Buche.*
- *Grillwürstchen, fettige Grillsaucen, fettige Salate zum Gegrillten z. B. Kartoffelsalat oder Nudelsalat – das summiert sich schnell zur Kalorienbombe.*
- *Pommes rot-weiß – fetter geht's nicht!*

Ostern
Noch nie waren Schokoladenhasen und -eier so billig. Und Eier suchen ist Kult. Da kommt einiges zusammen. Dazu noch Ostertorte bei der Omi und das Festmenü mit allen Schikanen ...

▶ **Entschärfen:** Ostern kleine Deko-Eier verstecken (bei gutem Wetter am besten draußen) und eintauschen gegen ein kleines Spielzeug, Bikini oder Badeshorts für die kommende Saison, Buch, CD oder Kinogutschein. Einen süßen Eierteller für alle, aus dem es nach dem Essen etwas zu naschen gibt. Statt Festmenü ein Brunch mit Freunden und nachher eine Wanderung. Die Torte bei Omi gibt es als frühes Abendbrot. Und das Festmenü am Ostermontag nach unseren Rezepten!

Schul- und Kindergartenfeste
Solche Feste sind natürlich vor allem im Sommer – es gibt Kuchenstände, Grillwürstchen und jede Menge süße Getränke. Das alles für einen guten Zweck.

▶ **Entschärfen:** Grundregel: Nie hungrig auf so eine Veranstaltung gehen. Servieren Sie Ihrer Familie vorher etwas Leichtes zu essen: Salat und Süppchen. Das Essen auf dem Fest hinauszögern: „ ... lass uns doch erst einmal die Wurfmaschine ausprobieren, beim Linsenraten mitmachen oder beim Schminken“. Am Ende ist das Speisenangebot ausgedünnt und alle sind müde. Dann entweder gemeinsam noch etwas essen oder nach Hause zum vorbereiteten Abendbrot – Spaghetti mit Universal-Tomatensauce (→ Seite 85) zum Beispiel.

KNUSPERMÜSLI

Für 15 Portionen 300 g Haferflocken | 100 g Buchweizen | 50 g Leinsamen | 4 EL Rapsöl | 4 EL Honig | 1/2 TL Zimt

Haferflocken, Buchweizen und Leinsamen in einer beschichteten Pfanne unter Rühren 10 Min. rösten. Mit einem Mix aus Öl, Honig und Zimt mischen und weitere 5 Min. goldbraun rösten. Abgekühlt in ein Schraubglas füllen.
Info: Pro Portion 3–4 EL Müsli mit 150 g fettarmem Joghurt oder Milch und einer Handvoll Obst mischen.

Pro Portion (mit Joghurt und Obst) 285 kcal, 10 g E, 8 g F, 43 g Kh

Fix fertig?
Wenn Sie Fertigmüslis kaufen, achten Sie auf den Kaloriengehalt: Mehr als 390 kcal pro 100 g sollten es nicht sein. Viel Zucker und seine Varianten (→ Seite 16) ist negativ, Vollkorn macht länger satt. Achten Sie auf die Portionsgröße (→ Seite 22) und zuckern Sie nicht zusätzlich.

MELONENSCHIFFCHEN

Für 4 Portionen **1 Honigmelone 250 g Magerquark | Zitrone | 2 EL Honig**

Melone halbieren, entkernen und in schmale Schiffchen schneiden. Für den Dip den Quark mit dem Saft einer halben Zitrone und dem Honig mixen. Zu den Melonen servieren.
Auch lecker: Als leichtes Extra zwischendurch.
Info: Melone hat wegen des hohen Wassergehaltes kaum Kalorien – für den Familienverzehr freigegeben!

Pro Portion 128 kcal, 10 g E, < 1 g F, 20 g Kh

POWER-SHAKE

Für 4 Portionen **2 reife Bananen 400 g geputzte Erdbeeren | 800 ml Buttermilch | ein Schuss Sprudelwasser 8 gehäufte EL zarte Haferflocken**

4 schöne Erdbeeren beiseite legen. Die restlichen Zutaten pürieren. In Gläser füllen und jedes Glas mit einer Erdbeere dekorieren.
Info: Nährstoffreicher Shake für alle Frühstücksmuffel. Denn wer mit leerem Magen das Haus verlässt, kommt schnell in Knabberlaune.

Pro Portion 190 kcal, 9 g E, 2 g F, 31 g Kh

ROSA WOLKE

Für 4 Portionen **250 g Himbeeren 500 g Joghurt (1,5 %) | 2 EL Honig 200 g Cornflakes**

Himbeeren verlesen. Einige zur Dekoration beiseite legen. Den Rest mit Joghurt und Honig pürieren und auf 4 Müslischalen verteilen. Mit Cornflakes bestreuen und mit den Himbeeren dekorieren.
Beschleuniger: Joghurt abends vorbereiten und morgens mit Cornflakes bestreuen. TK-Himbeeren verwenden.

Pro Portion 328 kcal, 9 g E, 2 g F, 67 g Kh

KICHER-PASTE

Für 500 g
1 Bund Basilikum
2 Zwiebeln
1 Knoblauchzehe
1 EL Rapsöl
100 g grüne Kürbiskerne
1 Dose Kichererbsen (400 g)
Salz, Pfeffer
Zitronensaft

1. Basilikum waschen und grob hacken, Kürbiskerne grob hacken. Zwiebeln und Knoblauchzehe schälen und grob würfeln. In Öl andünsten. Kürbiskerne extra in einer Pfanne rösten, bis sie duften.
2. Vom Herd nehmen, Basilikum und abgetropfte Kichererbsen zugeben. Alles fein pürieren, eventuell etwas Kichererbsensud zugeben. Mit Salz, Pfeffer und einem Spritzer Zitronensaft würzen.
3. In ein sauberes Schraubglas füllen.

▲ 20 Min.
Pro Portion (1 EL) 33 kcal, 1,5 g E, 2 g F, 2 g Kh

Info: Die Paste ist im Kühlschrank ca. 5 Tage haltbar.

PIZZA-CREME

Für 500 g
1 Zwiebel
1 EL Olivenöl
3 EL Tomatenmark
350 ml Gemüsebrühe
80 g Grünkernschrot
25 g getrocknete Tomaten
2 TL Pizzagewürz
Salz, Pfeffer

1. Zwiebel schälen, grob würfeln und in Olivenöl glasig dünsten. Tomatenmark kurz mitbraten, dann Gemüsebrühe angießen und Grünkernschrot einrühren. Getrocknete Tomaten grob zerteilen und mit dem Pizzagewürz zugeben. 5 Min. bei kleiner Hitze quellen lassen, ab und zu rühren.
2. Vom Herd nehmen, fein pürieren und mit Salz und Pfeffer würzen.
3. In ein sauberes Schraubglas füllen.

▲ 15 Min.
Pro Portion (1 EL) 22 kcal, 0,5 g E, 1 g F, 2 g Kh

Info: Die Creme ist im Kühlschrank ca. 5 Tage haltbar.

ZWETSCHGENMUS

Für ca. 700 g
1,5 kg reife Zwetschgen

1. Zwetschgen waschen, entsteinen und grob zerteilen. In einen Topf geben, aufkochen, dann bei kleiner Hitze 90 Min. köcheln lassen, dabei öfter umrühren. Die Zwetschgen sollen zu einem dicken, dunklen Mus einkochen.
2. Noch heiß in ein sauberes Schraubglas füllen.

▲ 15 Min. + 90 Min. Kochen
Pro Portion (1 EL) 9 kcal, 0 g E, 0 g F, 8 g Kh

Info: Das Zwetschgenmus ist im Kühlschrank ca. 5 Tage haltbar.

Profi-Tipp: Mus nach 45 Min. in eine flache Auflaufform füllen und bei 180 Grad im Backofen noch 45 Min. einkochen – ab und zu rühren. Der Vorteil: Sie müssen viel weniger häufig umrühren, weil das Mus im Backofen lange nicht so schnell anbrennt wie auf dem Herd, aber genauso gut einkocht. Denn gerade in den letzten 45 Min. brennt das Mus gerne an.

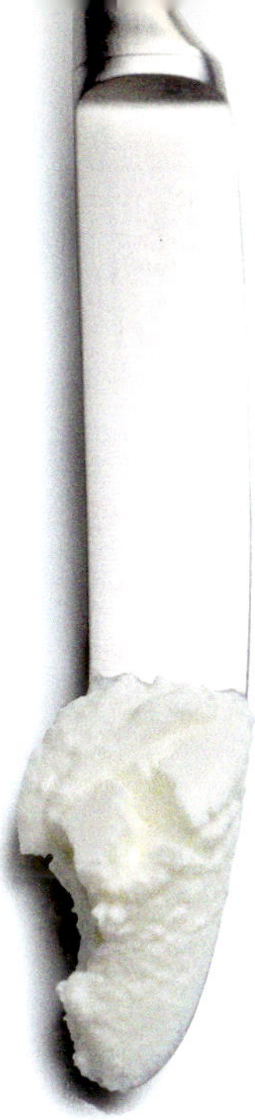

Schnittchen können Kalorienbomben sein. Ersetzen Sie Butter oder Margarine durch Tomatenmark, Senf oder Ajvar. Auch unsere pikanten Brotaufstriche taugen dünn aufgetragen als Ersatz für Streichfett. Das Brot wird dadurch extra saftig und würzig. Als Basis für Konfitüre oder Honig eignen sich Magerquark oder Sauerrahm mit 20 % Fett.

FRUCHTSTAR

Für 650 g
125 g Himbeeren
125 g Johannisbeeren
250 g Nektarinen
200 g Instant-Gelierzucker

1. Himbeeren verlesen und waschen, Johannisbeeren waschen und von den Rispen streifen, Nektarinen waschen, entkernen und grob zerteilen.
2. Die Früchte zusammen mit dem Gelierzucker ca. 45 Sek. pürieren. Am besten klappt das im Mixer. Der Zucker sollte sich gelöst haben.
3. In ein sauberes Schraubglas füllen.

▲ 20 Min.
Pro Portion (1 EL) 33 kcal, 0 g E, 0 g F, 8 g Kh

Info: Der Fruchtaufstrich ist im Kühlschrank etwa 10 Tage haltbar.

Auch lecker: Himbeeren und Nektarinen lassen sich gegen jedes Obst austauschen. Johannisbeeren sind aber ein Muss für eine gute Gelierkraft.

Profi-Tipp: Instant-Gelierzucker muss nicht gekocht werden, sondern entfaltet seine Wirkung auch kalt.

BREAKFAST-MUFFINS

Für 12 Stück

200 g Obst der Saison (z. B. Aprikosen, Mango oder Heidelbeeren)
150 g Vollkornmehl
100 g feine Haferflocken
2 gehäufte TL Backpulver
1/4 TL Salz
1 sehr reife Banane
150 ml Buttermilch
100 ml Orangensaft
2 Eier (Kl. M), 2 EL Zucker
60 ml Rapsöl (5 EL)

1. Obst waschen, putzen und/oder klein schneiden. Backofen auf 190 Grad vorheizen. Ein Muffinblech mit Papierförmchen auskleiden.
2. Mehl, Haferflocken, Backpulver und Salz mischen. Banane schälen, mit der Buttermilch und dem Saft pürieren.
3. Eier verquirlen. Zucker, Öl und den Bananen-Mix unterrühren. Mehl-Mix dazugeben und nur so lange rühren, bis sich die Zutaten verbunden haben. Das Obst unterheben.
4. Teig in die Muffinmulden füllen und im Ofen (2. Schiene von unten) ca. 30 Min. backen. Etwas abkühlen lassen, dann aus den Förmchen lösen.

▲ 20 Min. + 30 Min. Backen
Pro Muffin 164 kcal, 4 g E, 7 g F, 20 g Kh

Info: 1 Muffin = 1 Frühstücks- oder Pausenbrotportion für Kinder. Für Erwachsene gibt es 2.

Profi-Tipp: Muffins in Papierförmchen sind hübsch anzusehen. Besonders leicht lösen sich Muffins aus wiederverwendbaren Silikonförmchen.

Info: Die Muffins lassen sich gut einfrieren.

PICKNICKBROT

Für 1 Kastenform (26–28 cm Länge)

2 Möhren
1 mittelgroße Zucchini
400 g Mehl (Type 1050)
1 Päckchen Trockenhefe
1 TL Salz, 1/2 TL Currypulver
3 Eier, 100 ml Rapsöl
etwas Fett für die Form
2 EL Sesamsamen
4 Wiener Würstchen

1. Möhren waschen und schälen, Zucchini waschen und putzen. Beides grob raspeln, dann gut ausdrücken. Mehl, Hefe, Salz und Currypulver mischen.
2. Eier und Öl verquirlen, vorsichtig lauwarm (!) erhitzen (z. B. in der Mikrowelle). Mit dem Gemüse unter den Mehl-Mix kneten. Teig abgedeckt 30 Min. warm gehen lassen.
3. Backofen auf 180 Grad vorheizen. Form fetten, mit Sesam ausstreuen. Die Hälfte des Teiges einfüllen, mit Würstchen belegen und mit dem Restteig bedecken.
4. Im Ofen (Mitte) ca. 50 Min backen. Nach 25 Min. mit Alufolie abdecken. Vollständig auskühlen lassen und in Scheiben geschnitten servieren.

▲ 20 Min. + 30 Min. Gehen + 50 Min. Backen
Pro Scheibe (bei 18 Stück pro Kasten) 176 kcal, 5 g E, 10 g F, 17 g Kh

Auch lecker: Vegetarisch wird's mit 200 g Fetakäsestreifen (= 1 Packung) statt der Würstchen.

Profi-Tipp: Als Reiseproviant oder fürs Picknick in der Form mitnehmen. Bleibt gut verpackt 3 Tage frisch.

Info: 1 Scheibe = 1 Kinderportion, für Erwachsene 2 Scheiben – ohne Belag.

WÜRSTCHEN-WRAP

Für 4 Wraps

2 Frühlingszwiebeln
2 Möhren
1/4 Kopf Eisbergsalat
2 EL Ajvar (Paprikapaste)
6 EL Magerquark
Salz, Pfeffer
4 Wrap-Fladen (Fertigprodukt)
4 Geflügelwienerwürstchen

1. Möhren, Frühlingszwiebeln und Salat waschen. Frühlingszwiebeln putzen und in dünne Ringe schneiden. Möhren schälen und in schmale Stifte schneiden. Salat putzen und die Blätter in dünne Streifen schneiden.
2. Ajvar mit dem Quark glatt rühren und mit Salz und Pfeffer abschmecken. Die Fladen mit der Hälfte der Ajvar-Creme bestreichen.
3. Salatstreifen, Möhrenstifte und Zwiebelringe auf den Fladen verteilen. Die restliche Ajvar-Creme darauf verstreichen. Die Würstchen heiß oder kalt darauf legen.
4. Die Fladen fest zusammenrollen, in Butterbrotpapier wickeln und vor dem Servieren in der Mitte durchschneiden.

▲ 15 Min.
Pro Wrap 278 kcal, 14 g E, 11 g F, 30 g Kh

Profi-Tipp: Machen Sie die Wrap-Fladen selbst, das macht Kindern Spaß und schmeckt super: 2 Tassen Mehl mit 1/2 TL Salz und 1/2 Tasse Wasser verkneten, zu kleinen Fladen formen, in der beschichteten Pfanne mit etwas Öl von jeder Seite 2 Min. backen. Klappt auch auf dem Puppenherd.

Federleicht: Belegen Sie die Wraps statt mit Würstchen mit je 1 Scheibe Putenbrustaufschnitt oder Kasseler.

WUNSCH-SALAT

Mixen Sie nach Lust und Laune Ihren Wunschsalat. Als Beilagensalat nur Basics und ein Dressing auswählen, als Hauptgericht 1 Sattmacher und 1 Extra oder nur 2 Extras dazu wählen. Lust auf mehr Sattmacher oder Extras? Reduzieren Sie die Mengen der einzelnen Zutaten entsprechend.

▶ Basics

Sie haben kaum Kalorien und sollten die Basis Ihres Salates sein. Greifen Sie ohne Zögern zu – hier dürfen Sie, so viel Sie wollen! Für 4 Portionen 1 Kopf Salat und 400 g Gemüse rechnen.

Blattsalate wie Kopfsalat, Eisberg, Endivien, Lollo Rosso, Feldsalat, Radicchio, Chicoree, Romana-Salat, Rucola oder Eichblattsalat.
Gemüse wie Tomaten, Möhren, Gurke, Radieschen, Paprika, gehobeltes Kraut, Champignons, Stangensellerie, rote Beete, Zucchini, Zwiebeln, Fenchel, Sprossen, vorgekochte grüne Bohnen, Erbsen, Broccoli oder Blumenkohl.
Obst wie Äpfel, Trauben, Mandarinen oder Orangen.

Für Salate, die mehr als Beilagen sind:

▶ Sattmacher

pro Portion ca. 250 kcal

Sie machen aus einer knackigen Beilage eine leckere Alternative zur üblichen Brotmahlzeit und liefern satt machende Kohlenhydrate.

Pro Portion
75 g Nudeln Trockengewicht (oder 160 g gekochte),
75 g Reis Trockengewicht (oder 220 g gekochter),
350 g gekochte Kartoffeln,
120 g Hülsenfrüchte Trockengewicht (oder 200 g gekochte),
120 g gegarter Mais,
130 g Couscous Trockengewicht (oder 250 g gegarter),
130 g Bulgur Trockengewicht (oder 250 g gegarter),
90 g geröstete Brotwürfel (ohne Fett).

Info: Zeitsparend sind Mais und Hülsenfrüchte aus der Dose oder trockenes Brot. Ansonsten lassen sich Reste ideal verwerten, wie gegarter Couscous oder gekochte Kartoffeln vom Vortag.

▶ Extras

pro Portion ca. 100 kcal

Sie machen den Salat so richtig lecker und liefern sättigendes Eiweiß – aber auch eine ganze Menge Kalorien. Daher sparsam verwenden und nur in Salaten, die eine Hauptmahlzeit ersetzen!

Pro Portion
1–2 Scheiben (50 g) Kochschinken,
1 Scheibe (25 g) Schnittkäse (max. 30 % i.Tr.),
2 EL (17 g) Nüsse oder Samen,
12 (65 g) grüne Oliven,
5 (25 g) schwarze Oliven,
1 gehäufter EL (30 g) Thunfisch (im eigenen Saft),
75 g gebratene Hähnchenbrust,
75 g Putenbrust,
1 gekochtes Ei,
100 g gekochte Krabben,
2–3 Scheiben (65 g) Räucherlachs.

Info: Salat und Dressing erst kurz vor dem Servieren mischen. Ausnahme: Salate mit Kartoffeln, Nudeln oder Ähnlichem müssen gut durchziehen.

KLASSISCHE VINAIGRETTE

Für 4 Portionen **4 EL Öl (z. B. Raps-, Sonnenblumen- oder Olivenöl) | 2 EL milder Essig (z. B. Balsamico- oder Obstessig) | 4 EL Wasser | 1 EL Senf | Salz | Pfeffer**

Alle Zutaten kräftig verquirlen. Mit Salz und Pfeffer abschmecken. Passt zu allen Blattsalaten.
Auch lecker: Mit klein gehackten Kräutern, z. B. Petersilie, Schnittlauch oder Basilikum bekommt die Vinaigrette eine besondere Note.

Pro Portion 93 kcal, 0 g E, 10 g F, 1 g Kh

CREMIGES ZITRONENDRESSING

Für 4 Portionen **150 g Zitronenfruchtjoghurt (1,5 %) | 3 EL Orangensaft 1 EL Rapsöl | 1 TL Senf | Salz | Pfeffer**

Alle Zutaten verrühren. Mit Salz und Pfeffer würzen. Passt gut zu Blattsalaten, besonders zu Endivien.
Auch lecker: Mit Naturjoghurt (1,5 %) und einem guten Spritzer Ketchup wird die Sauce zum Thousand-Islands-Dressing. Schmeckt z. B. gut mit Krabben.

Pro Portion 65 kcal, 1 g E, 4 g F, 7 g Kh

MILDES APFELDRESSING

Für 4 Portionen **2 EL Apfelessig 4 EL Apfelsaft | 2 EL Rapsöl 4 EL Kaffeesahne (10 %) | Salz Pfeffer | Frühlingszwiebeln**

Essig, Saft, Öl und Kaffeesahne verquirlen. Mit Salz und Pfeffer würzen. Frühlingszwiebeln waschen, putzen, in Ringe schneiden und zur Salatsauce geben. Passt zu allen Blattsalaten, besonders zu Feldsalat.
Profi-Tipp: Dressing auf Vorrat zubereiten. Hält im Kühlschrank ca. 5 Tage.

Pro Portion 102 kcal, 1 g E, 10 g F, 3 g Kh

PESTO-JOGHURT-DRESSING

Für 4 Portionen **125 g Joghurt (1,5 %) 3 EL Pesto (nach Geschmack grünes oder rotes) | 1 TL Zitronensaft | Salz Pfeffer**

Naturjoghurt mit dem Pesto und Zitronensaft verrühren. Mit Salz und Pfeffer abschmecken. Passt besonders gut zu Nudel- oder Kartoffelsalat.

Pro Portion 79 kcal, 3 g E, 7 g F, 2 g Kh

LUST AUF EXTRAS?

Besonders Kinder haben Spaß an kleinen Extras zwischendurch. Und die sollten Sie ihnen auch ab und zu gönnen. Wählerisch sollten Sie aber schon sein: Statt kalorienreichen Chips, Schokolade und Co. gibt's ab heute leichte Knabbereien mit viel Obst und Gemüse. Und zwar ganz genüsslich und erfrischend.

Extras ohne Ende

▶ Gefrorene Himbeeren oder Kirschen zum Lutschen sind der Hit, wenn es draußen heiß ist.

▶ Selbst gemachtes Fruchteis: Dazu einfach Fruchtsaft, z. B. Multivitamin-, Orangen- oder Apfelsaft in Stieleisförmchen einfrieren – fertig.

▶ Besonders im Sommer kommen bei Kindern liebevoll angerichtete Obst- oder Gemüsestückchen gut an. Noch interessanter wird's mit einem leckeren Dip (→ Seite 79).

▶ Shakes aus Buttermilch oder fettarmer Milch und pürierten, frischen Früchten sind im Sommer leichte Erfrischungen. 1/2 reife Banane untermixen – das spart den Zucker.

Auch beim Trinken machen Extras Spaß – nicht nur beim Kindergeburtstag.

EISTEEBOWLE

Für 4 Portionen **etwa 300 g Früchte (z. B. Erdbeeren, Mango, Melone)**
1 gehäufter EL Zucker
250 ml kalter Früchtetee
750 ml gut gekühltes Sprudelwasser

Früchte waschen, putzen und klein schneiden. Mit dem Zucker in einer Bowlenschüssel mischen und etwa 30 Min. durchziehen lassen. Kurz vor dem Servieren mit 250 ml kaltem Früchtetee und 750 ml gut gekühltem Mineralwasser aufgießen. Nach Wunsch mit Eiswürfeln servieren.

Profi-Tipp: Besonders hübsch sind kleine Melonenkugeln in der Bowle. Dazu mit einem Kugelausstecher das Melonenfruchtfleisch ausstechen.

Info: Fertiger Eistee hat mit Tee nicht mehr viel zu tun und ist eher mit Limonade und Co. verwandt. Er enthält sehr viel Zucker, oft auch Zusatzstoffe und ist als Durstlöscher zu kalorienreich.

Pro Portion 49 kcal, 0,6 g E, 0,3 g F, 11 g Kh

KNUSPERBROTE

Für 8 Stück **1 gelbe Paprika | 1 kleine Zucchini | 1 rote Zwiebel | 1 EL Olivenöl**
2 TL frische Thymianblättchen
Salz | Pfeffer | 1 EL Balsamico-Essig
8 Scheiben Ciabattabrot
1/2 Knoblauchzehe

Paprika, Zucchini und Zwiebel klein würfeln und in Olivenöl einige Minuten andünsten. Thymianblättchen zugeben, mit Salz, Pfeffer und Balsamico würzen. Ciabatta toasten, noch warm mit einer halbierten Knoblauchzehe einreiben. Mit dem Gemüse belegen und sofort servieren.

Auch lecker: Die mit Knoblauch eingeriebenen Brote mit rohen Tomatenwürfeln und etwas Basilikum belegen. Kräftiger im Geschmack und ballaststoffreicher ist Bauernbrot statt Ciabattabrot.

Profi-Tipp: Die Knusperbrote schmecken nicht nur als Extra, sie machen sich auch toll als Vorspeise und ergänzen frische Sommersalate zur vollständigen Mahlzeit.

Pro Stück 124 kcal, 4 g E, 2 g F, 22 g Kh

POPCORN

Für 4 Portionen **1 EL Rapsöl | 75 g Popcornmais | 1 TL Zimt | 2 TL Zucker**

Öl und Mais in einen Topf geben. Den Topf auf den Herd stellen und bei mittlerer Hitze unter ständigem Rütteln zugedeckt erhitzen, bis alle Körner aufgeplatzt sind. Mit einem Mix aus Zimt und Zucker mischen.
Auch lecker: Für pikantes Popcorn statt Zimt und Zucker einen Mix aus 1 TL Paprikapulver, 1 TL Currypulver und 1/2 TL Salz untermischen.

Pro Portion 101 kcal, 2 g E, 3 g F, 15 g Kh

OBSTSPIESSE MIT DIP

Für 4 Portionen **1/2 Galia-Melone 1/2 Ananas | 250 g Erdbeeren 250 g blaue Trauben | 100 g Vanilleeis 150 g Vanillejoghurt (1,5 %)**

Melone und Ananas in Würfel schneiden. Die Würfel zusammen mit Erdbeeren und blauen Trauben auf Zahnstocher spießen und auf einer Platte anrichten. Für den Dip das Vanilleeis antauen lassen und mit dem Vanillejoghurt gut durchmixen. Zu den Spießen servieren.

Pro Portion 167 kcal, 4 g E, 2 g F, 32 g Kh

KNABBERGEMÜSE MIT DIP

Für 4 Portionen **150 g Joghurt (1,5 %) 2 EL Schmand (20 %) | 3 EL Ketchup 1/2 TL Salz | Paprikapulver | Cayennepfeffer | Gemüse (z. B. Gurke, Paprika, Möhren, Kohlrabi, Radieschen)**

Joghurt, Schmand und Ketchup verrühren. Mit Salz, etwas Paprikapulver und Cayennepfeffer würzen. Dazu so viel mundgerechtes Gemüse auf einer Platte anrichten, wie Sie mögen.
Auch lecker: Der Dip schmeckt auch als Salatdressing.

Pro Portion 53 kcal, 2 g E, 3 g F, 5 g Kh

TOMATENSUPPE MIT KÄSEKLÖSSCHEN

Für 4 Portionen
1 Zwiebel, 1 Knoblauchzehe
1 EL Rapsöl, 100 ml Brühe
800 ml Tomatensaft
100 ml Vollmilch (3,5 %)
1 EL getrockneter Oregano, Salz
50 g geriebener Emmentaler (max. 30 % i.Tr.)
200 g Magerquark
2 kleine Eier
4 EL Semmelbrösel
2 EL gehacktes Basilikum
Pfeffer, Zucker

1. Zwiebel und Knoblauch schälen und klein schneiden. Im Öl glasig dünsten. Brühe, Tomatensaft und Milch angießen, Oregano und Salz zugeben und zum Kochen bringen. Bei kleiner Hitze ca. 15 Min. köcheln lassen.
2. Für die Klößchen Käse, Quark, Eier, Semmelbrösel und Basilikum verkneten. Mit Salz und Pfeffer würzen. Masse mit 2 angefeuchteten Teelöffeln zu Klößchen formen und in den letzten 5–7 Min. Garzeit in der Suppe ziehen lassen.
3. Suppe mit Salz, Pfeffer und Zucker abschmecken und servieren.

▲ 20 Min.
Pro Portion (ohne Beilage) 220 kcal, 17 g E, 9 g F, 16 g Kh

Dazu pro Portion eine Scheibe Brot.

Auch lecker: Die eiweißreichen Klößchen schmecken auch in anderen Suppen. Mit Gorgonzola statt Emmentaler wird's kräftig-würzig.

Federleicht: Ohne Klößchen ist die Suppe sehr leicht. Dann wird sie mit einem Sandwich zur vollen Mahlzeit.

ASIA-SUPPE MIT OMELETT

Für 4 Portionen
100 g Glasnudeln
1 Stück Ingwer (2 cm)
4 Frühlingszwiebeln
3 große Möhren
2 1/2 EL Rapsöl, 4 EL Sojasauce
1,5 l Gemüsebrühe, 2 Kaffirblätter
400 g TK-Broccoliröschen
4 Eier, 1 EL Curry, Salz, Pfeffer
4 EL gehackte Korianderblätter

1. Glasnudeln in kaltem Wasser einweichen. Ingwer schälen, sehr klein schneiden. Zwiebeln waschen, putzen, in Ringe schneiden. Möhren waschen, schälen, würfeln.
2. Zwiebeln und Ingwer in 2 EL Öl andünsten, Möhren zugeben. Brühe angießen, Kaffirblätter zugeben. Aufkochen und 5 Min. zugedeckt köcheln. Broccoli in die Suppe geben, weitere 5 Min. kochen.
3. Eier mit Curry, Salz, Pfeffer und Koriander verquirlen. Im restlichen Öl pro Seite 2 Min. braten. Omelett aufrollen und in Streifen schneiden.
4. Nudeln in die Suppe geben, 1 Min. kochen. Mit Sojasauce würzen, mit den Omelettstreifen servieren.

▲ 30 Min.
Pro Portion 330 kcal, 18 g E, 17 g F, 27 g Kh

Auch lecker: Das Omelett schmeckt mit kräftigem Bauernbrot und einem Tomatensalat auch als Abendessen.

Info: Kaffirblätter schmecken schön zitronig. Sie bekommen sie in Asialäden. Gleich auf Vorrat kaufen, sie lassen sich gut einfrieren. Ersatzweise Schale einer unbehandelten Zitrone oder einen Stängel Zitronengras verwenden. Den Koriander können Sie auch durch Petersilie ersetzen.

GEMÜSECREME-MACCHIATO

Für 4 Portionen
400 g mehlig kochende Kartoffeln
600 g Zucchini
2 Zwiebeln
1 EL Rapsöl
500 ml Gemüsebrühe
400 ml Milch (1,5 %)
4 EL saure Sahne (10 %)
Salz, Pfeffer
etwas Muskatnuss
4 EL Schnittlauchröllchen

1. Kartoffeln waschen und schälen, Zwiebeln schälen. Zucchini waschen, die Enden kappen. Kartoffeln und Zucchini grob, Zwiebeln fein würfeln.
2. Zwiebeln im Öl andünsten. Gemüse kurz mitbraten, mit Brühe ablöschen.
3. Aufkochen und zugedeckt 20 Min. köcheln. Mit der Hälfte der Milch und der sauren Sahne fein pürieren. Mit Salz, Pfeffer und Muskat würzen.
4. Restliche Milch erhitzen. Mit dem Milchaufschäumer oder dem Schneebesen aufschäumen. Suppe auf Suppenschalen verteilen, mit einer Schaummütze, Muskatnuss und Schnittlauch krönen.

▲ 30 Min.
Pro Portion (ohne Beilage) 204 kcal, 9 g E, 7 g F, 25 g Kh

Dazu pro Portion eine Scheibe Brot.

Profi-Tipp: Reicht als leichte Vorspeise für 6–8 Portionen.

Auch lecker: Gemüse austauschen oder verschiedene Sorten mischen. Toll schmecken z. B. Möhren, Kürbis, Sellerie, Blumenkohl oder Lauch.

Nachschlag: Pro Portion ein Wiener Würstchen extra.

KOHLRABI-HACK-TOPF

Für 4 Portionen
750 g Kartoffeln, Salz
3 große Kohlrabiknollen
1 Zwiebel
1 EL Rapsöl
400 g Rinderhackfleisch
1 EL Mehl
300 ml Gemüsebrühe
75 ml Kaffeesahne (10 %)
Salz, Pfeffer

1. Kartoffeln waschen, schälen und, je nach Größe, halbieren oder vierteln. Zur Hälfte bedeckt mit Salzwasser zugedeckt in ca. 20 Min. gar kochen.
2. Kohlrabi waschen, zarte Blätter fein hacken. Knollen schälen und in dünne Scheiben hobeln. Zwiebel schälen und fein würfeln.
3. Zwiebeln im Öl andünsten. Hackfleisch zugeben, bei starker Hitze kräftig anbraten, salzen und pfeffern.
4. Kohlrabi zugeben und bei mittlerer Hitze mitdünsten. Mit Mehl bestäuben und mit der Brühe ablöschen, zugedeckt etwa 20 Min. garen. Gegen Ende die Kaffeesahne unterrühren. Ragout noch mal abschmecken und mit den Kartoffeln servieren.

▲ 40 Min.
Pro Portion 434 kcal, 27 g E, 19 g F, 37 g Kh

Auch lecker: Schmeckt im Winter auch mit Butterrüben (Schmalzrüben), Teltower Rübchen oder Steckrüben statt Kohlrabi.

Info: Kaffeesahne ist für fettarme, cremige Saucen die perfekte Alternative zur Sahne: Sie gerinnt nicht beim Kochen, hat aber nur 10 % Fett, während Sahne satte 30 % Fett liefert.

RATATOUILLE MIT MOZZARELLA-BAGUETTE

Für 4 Portionen
1 Aubergine, 2 Zucchini
je 1 rote und gelbe Paprika
1 Zwiebel, 2 Knoblauchzehen
60 ml Olivenöl
1/2 Bund Thymian
1 Dose Pizzatomaten (400 g)
Salz, Pfeffer
1 kleines Baguette
1 Kugel Mozzarella (125 g)

1. Gemüse waschen und putzen. Zwiebeln, Knoblauch und Paprika in Würfel schneiden und in 2 EL Öl anbraten. Thymianblättchen abzupfen.
2. Die Hälfte des Thymians und Tomaten zugeben. Kräftig würzen und zugedeckt ca. 15 Min. garen. Ab und zu umrühren.
3. Aubergine und Zucchini in mundgerechte Stücke schneiden, mit 2 EL Öl beträufeln, salzen, pfeffern, mit Thymian bestreuen und ca. 5 Min. im Backofen grillen. Zum Ratatouille geben.
4. Baguette vierteln, aufschneiden, mit Mozzarellascheiben belegen und im Grill überbacken, bis der Käse geschmolzen ist. Zum Ratatouille servieren.

▲ 30 Min
Pro Portion 385 kcal, 10 g E, 21 g F, 40 g Kh

Auch lecker: Das Ratatouille schmeckt auch als Beilage zu kurz Gebratenem oder als Sauce zu Nudeln, Reis und Co. Kalt ist es lecker zu Brot und Käse.

Info: Milder Mozzarella kommt bei den meisten Kindern gut an und ist toll zum Überbacken. Pluspunkt: Mit knapp 20 g Fett pro 100 g ist er ein wahres Leichtgewicht unter den Käsen.

SANFTER NUDELTOPF

Für 4 Portionen
250 g Hähnchenbrustfilet
250 g zarte Möhren
250 g Kohlrabi
1 EL Rapsöl, Salz, Pfeffer
750 ml Gemüsebrühe
150 ml Möhrensaft (ungesüßt)
100 ml Kaffeesahne (10 %)
250 g Gabelspaghetti oder Hörnchennudeln
250 g TK-Erbsen
1 Beet Kresse

1. Hähnchenfilet in Würfel schneiden. Möhren und Kohlrabi waschen, schälen und klein würfeln.
2. Öl erhitzen. Hähnchenwürfel darin anbraten, mit Salz und Pfeffer würzen. Möhren- und Kohlrabiwürfel kurz mitbraten. Brühe, Möhrensaft und Kaffeesahne angießen und aufkochen.
3. Nudeln darin nach Packungsanweisung bissfest kochen. Oft rühren, der Mix brennt schnell an. 5 Min. vor Ende der Garzeit die tief gefrorenen Erbsen zugeben.
4. Kresse waschen und gut abtropfen lassen. Nudeltopf noch mal abschmecken und mit Kresse bestreut servieren.

▲ 25 Min.
Pro Portion 329 kcal, 27 g E, 7 g F, 37 g Kh

Dazu pro Portion 1 Scheibe Vollkornbrot oder ein Dessert – als Hauptgericht ist der Eintopf sonst zu wenig sättigend.

Auch lecker: Statt Erbsen Mais zum Nudeltopf geben.

Beschleuniger: Hühnerfleisch weglassen und stattdessen kurz vor Ende der Garzeit 2 Würstchen klein geschnitten im Nudeltopf erwärmen.

SONNENSAUCE

Für 4 Portionen
300 g Nudeln
2 rote Paprika
2 Möhren, 1 EL Butter
350 ml Möhrensaft (ungesüßt)
Salz, Pfeffer
2 EL Zitronensaft
2 gehäufte EL Hirsemehl
150 g Frischkäse (45 % i. Tr.)

1. Nudeln kochen.
2. Paprika würfeln, Möhren schälen und grob raspeln. In Butter anbraten. Möhrensaft zugeben, aufkochen. Mit Salz, Pfeffer und Zitronensaft würzen. 15 Min. zugedeckt köcheln, dabei öfter rühren.
3. Sauce pürieren, noch einmal aufkochen. Hirsemehl einrühren, 3 Min. köcheln lassen, bis die Sauce gebunden ist. Frischkäse unterrühren. Sauce abschmecken und zu den Nudeln servieren.

▲ 30 Min.
Pro Portion 365 kcal, 11 g E, 17 g F, 43 g Kh

Info: Hirsemehl finden Sie im Bioladen oder Reformhaus. Sie können aber auch Hirse selbst mahlen (→ Seite 212).

NUDELN MIT FRÜHLINGSPESTO

Für 4 Portionen
300 g Nudeln
800 g grüner Spargel
Salz, Pfeffer
1 Bund Petersilie
5 EL Crème légère (15 %)
20 Kirschtomaten
Saft 1/2 Zitrone

1. Nudeln kochen.
2. Spargel im unteren Drittel schälen, in Stücke schneiden und in Salzwasser 5 Min. kochen. Spargel abgießen (Sud auffangen) und mit Petersilie, Crème légère, Zitronensaft und etwas Spargelsud pürieren. Salzen und pfeffern.
3. Kirschtomaten halbieren. Nudeln mit Spargelpesto und Kirschtomaten anrichten.

▲ 25 Min.
Pro Portion 359 kcal, 16 g E, 4 g F, 64 g Kh

Auch lecker: Statt Spargel Broccoli verwenden. Schmeckt kalt als Salat.

Profi-Tipp: Das Pesto hält sich in einem Schraubglas im Kühlschrank ca. 4 Tage.

PAPRIKAPASTA MIT ZAUBERCREME

Für 4 Portionen
300 g Nudeln
3 Auberginen (ca. 750 g)
2 rote Paprika
1 Bund Rucola
1 Knoblauchzehe
150 g Fetakäse
1 Zitrone
Salz, Pfeffer, 1 EL Rapsöl

1. Nudeln kochen. Die Auberginen bei 180 Grad im Ofen 30 Min. backen.
2. Paprika würfeln, den Rucola klein schneiden.
3. Knoblauchzehe hacken. Auberginen abgekühlt häuten. Mit dem Fetakäse, dem Zitronensaft und dem Knoblauch pürieren, salzen und pfeffern. Evtl. etwas Wasser zugeben.
4. Paprika 3 Min. in Öl anbraten. Rucola und Nudeln untermischen. Mit der Auberginencreme servieren.

▲ 40 Min.
Pro Portion 433 kcal, 21 g E, 10 g F, 64 g Kh

Profi-Tipp: Die Creme hält sich in einem Schraubglas im Kühlschrank ca. 4 Tage.

UNIVERSAL-TOMATENSAUCE

Für 4 Portionen
1 kg vollreife Tomaten
1 Möhre, 1 Zwiebel
1 Knoblauchzehe
1 EL Rapsöl, 2 EL Tomatenmark
75 ml Apfelsaft
Salz, Pfeffer, etwas Zucker
1 TL getrockneter Oregano

1. Tomaten einritzen, mit kochendem Wasser überbrühen, häuten und würfeln. Die Möhre waschen, schälen, raspeln.
2. Zwiebel und Knoblauchzehe klein schneiden und in Öl glasig dünsten.
3. Die Möhre und 2 EL Tomatenmark mitbraten. Den Apfelsaft und die Tomaten zugeben, mit Salz, Pfeffer, Oregano und etwas Zucker würzen. Ca. 30 Min. köcheln lassen.

▲ 30 Min. + 30 Min. Kochen
Pro Portion 99 kcal, 3 g E, 4 g F, 13 g Kh

Info: Lecker zu fast allem, z. B. Nudeln, kurz Gebratenem oder Gemüse, und lässt sich prima einfrieren.

Beschleuniger: Statt frischen Tomaten 1 Dose Pizzatomaten (800 g) nehmen.

ZUCCHINI-PASTA

Für 4 Portionen
300 g Spiralnudeln, Salz
5 EL Pinienkerne
800 g kleine Zucchini (ca. 8 Stück)
1 Zwiebel
1 Knoblauchzehe
1 EL Rapsöl
150 g Frischkäse (45 % i.Tr.)
Pfeffer

1. Nudeln nach Packungsangabe in reichlich Salzwasser bissfest kochen. Pinienkerne in einer Pfanne ohne Fett anrösten, zur Seite stellen.
2. Inzwischen die Zucchini waschen. Enden entfernen, den Rest klein würfeln. Zwiebel und Knoblauch schälen und fein würfeln.
3. Öl in einer großen Pfanne erhitzen. Zwiebel- und Knoblauchwürfel darin glasig dünsten. Zucchini zugeben und bei starker Hitze unter ständigem Rühren ca. 5 Min. anbraten. Frischkäse unterrühren und schmelzen lassen, Sauce mit Salz und Pfeffer würzen.
4. Kurz vor dem Servieren die abgetropften Nudeln unter die Sauce mischen und mit den Pinienkernen bestreut servieren.

▲ 20 Min.
Pro Portion (ohne Salat) 368 kcal, 13 g E, 23 g F, 27 g Kh

Dazu passt ein Tomatensalat.

Pannenhilfe: Dickt die Sauce bei längerem Stehen ein, noch etwas heißes Wasser unterrühren.

Auch lecker: Besonders aromatisch: Streichfähiger Ziegenfrischkäse. Fleischfans lassen die Pinienkerne weg und servieren 4 klein geschnittene Nürnberger Würstchen zur Pasta.

NUDELNESTER MIT TOMATENSAUCE

Für 4 Portionen
1 Muffinbackform für 12 Muffins
250 g Spaghettini, Salz
100 g Kochschinken
300 g TK-Erbsen
2 Eier, 200 ml Milch (1,5 %)
120 g körniger Frischkäse (0,8 % i.Tr.)
1 Dose Tomaten (800 g), Pfeffer
2 TL getr. Oregano, 1 Prise Zucker

1. Spaghettini durchbrechen und nach Packungsangabe in Salzwasser bissfest kochen. Abschrecken und abtropfen.
2. Schinken klein würfeln. Eier mit Milch und Frischkäse verquirlen. Mit Salz und Pfeffer kräftig würzen.
3. Backofen auf 200 Grad vorheizen. Die gekochten Spaghettini mit den Schinkenwürfeln, den gefrorenen Erbsen und dem Guss gut mischen. Auf die Muffinmulden verteilen und im Ofen (Mitte) ca. 20 Min. backen.
4. Für die Sauce die Tomaten zerkleinern und in einem Topf zum Kochen bringen. Mit Salz, Pfeffer, Oregano und einer Prise Zucker würzen. 15 Min. köcheln lassen, dabei ab und zu umrühren. Nudelnester mit der Sauce servieren.

▲ 30 Min.
Pro Portion 430 kcal, 29 g E, 8 g F, 60 g Kh

Auch lecker: Statt Erbsen Mais (Dose) oder TK-Blattspinat-Minis verwenden. Mit dem Guss können Sie auch andere Aufläufe überbacken.

Beschleuniger: Nudeln vom Vortag und Tomatensauce aus dem Glas.

Info: Körniger Frischkäse ist der Low-Fat-König unter den Käsesorten. Er schmeckt nicht nur auf Brot, sondern eignet sich auch zum Überbacken.

NUDEL-UFO

Für 4 Portionen
200 g Spiralnudeln
Salz
400 g Zuckerschoten
4 Eier
300 g Joghurt (1,5 %)
1 Bund Bärlauch oder Basilikum
Pfeffer
2 EL Rapsöl

1. Nudeln in reichlich Salzwasser nach Packungsanweisung bissfest kochen, Zuckerschoten waschen und 5 Min. vor Ende der Garzeit mitkochen.
2. Inzwischen die Eier gut mit dem Joghurt verquirlen. Bärlauch oder Basilikum waschen und trocken schütteln. Blätter abzupfen, klein hacken und zum Eier-Mix geben. Mit Salz und Pfeffer würzen.
3. Abgetropfte Nudeln und Zuckerschoten unter den Eier-Mix mischen. Öl in einer großen beschichteten Pfanne (Ø ca. 28 cm) erhitzen. Nudel-Ei-Masse darin bei kleiner Hitze ca. 12 Min. braten, bis die Frittata auch an der Oberfläche gut gestockt ist.

▲ 25 Min.
Pro Portion (ohne Beilage) 307 kcal, 17 g E, 14 g F, 29 g Kh

Dazu ein Tomatensalat und pro Portion eine Scheibe Brot – als Hauptgericht ist die Frittata sonst zu wenig.

Auch lecker: Statt der Zuckerschoten schmeckt auch anderes Gemüse, z. B. Spargel- oder Möhrenstücke oder Broccoliröschen.

Info: Das Ufo schmeckt auch kalt.

NEUE KARTOFFELN

Für 4 Portionen
1,2 kg neue Kartoffeln | 1 TL Salz

1. Die Kartoffeln mit einer Gemüsebürste gründlich unter fließendem Wasser abschrubben.
2. Kartoffeln in einen Topf legen und etwa bis zur Hälfte mit Wasser bedecken. Salz zugeben und aufkochen. Mit Deckel bei kleiner Hitze ca. 20 Min. köcheln lassen. Die Kartoffeln sind gar, wenn sie sich mit einem spitzen Messer leicht einstechen lassen.
3. Kartoffeln abgießen. Neue Kartoffeln sind so zart, dass die Schale problemlos mitgegessen werden kann. Wer's trotzdem lieber ohne mag: Kartoffeln kurz mit kaltem Wasser abschrecken, dann pellen. Kindern hilft beim Festhalten ein Kartoffelpiekser. Kalt lässt sich die Schale sehr viel schlechter abziehen.

▲ 25 Min.
Pro Portion 214 kcal, 6 g E, 0 g F, 44 g Kh

Die Kartoffeln schmecken nicht nur zu den Dips auf dieser Seite, sondern auch als Beilage zu kurz Gebratenem, Ragouts oder Gulasch.

Auch lecker: Für ein vegetarisches Hauptgericht 4 Scheiben Käse (120 g, 45 % i.Tr.) in der Pfanne schmelzen und mit Salat zu den Kartoffeln servieren.

Info: Kartoffeln sind perfekt für die leichte Familienküche. Sie haben wenig Kalorien und Fett, liefern aber jede Menge Kohlenhydrate und Ballaststoffe, die lange satt machen, hochwertiges Pflanzeneiweiß und eine gute Portion Vitamin C. Ausgezeichnet für Gemüsemuffel.

Info: Besonders nährstoffreich sind Kartoffeln, wenn sie als Pellkartoffeln in der Schale gekocht werden. Bei geschälten Salzkartoffeln wird ein Großteil der Vitamine und Mineralstoffe ausgeschwemmt. Deshalb in wenig Salzwasser kochen und das Kochwasser nach Möglichkeit mit verwenden, z. B. für die Sauce.

▶ Vielseitige Dips
Die Dips auf dieser Seite ergeben jeweils zusammen mit neuen Kartoffeln ein leichtes Hauptgericht. (Die Kalorienangaben addieren.) Sie passen aber auch wunderbar als Beilage zu kurz Gebratenem oder Gegrilltem.

KRÄUTERQUARK

Für 4 Portionen 500 g Magerquark 150 ml Milch (1,5 %) | 1 dickes Bund gemischte Kräuter (z. B. Petersilie, Schnittlauch, Dill, Kresse) | Salz | Pfeffer

Quark mit Milch verrühren. Kräuter klein gehackt unterheben. Mit Salz und Pfeffer würzen.
Nachschlag: Pro Portion 1 EL geröstete Nüsse und 1 EL Nussöl oder 1/2 gekochtes Ei zugeben.

Pro Portion 119 kcal, 19 g E, 1 g F, 8 g Kh

TUNA-DIP

Für 4 Portionen **1/2 Bund Dill | 1 Dose Thunfisch im eigenen Saft (185 g) | 100 g Kräuter-Frischkäse (45 % i.Tr.) | Salz | Pfeffer | 2 Tomaten**

Dill grob hacken. Thunfisch samt Flüssigkeit mit dem Frischkäse und Dill fein pürieren. Mit Salz und Pfeffer würzen. Die Tomaten waschen, entkernen und in Mini-Würfel schneiden. Dip damit dekorieren.

Pro Portion 157 kcal, 11 g E, 12 g F, 3 g Kh

WESTERN-DIP

Für 4 Portionen **1/2 Bund Petersilie | 1 Zwiebel | 1 EL Rapsöl | 1 Dose Kidney-Bohnen (400 g) | 200 ml Tomatensaft | 100 g Mais (Dose) | 5 EL geräucherte, rohe Schinkenwürfel**

Petersilie grob hacken. Zwiebel schälen, würfeln und in Öl andünsten. Kidney-Bohnen samt Flüssigkeit und Tomatensaft zugeben. Kurz aufkochen, dann mit der Petersilie fein pürieren. Abgetropften Mais und Schinkenwürfel zugeben.

Pro Portion 184 kcal, 12 g E, 8 g F, 17 g Kh

AVOCADO-DIP

Für 4 Portionen **2 hart gekochte Eier | 1 Knoblauchzehe | 1 Zwiebel | 1 Bund Petersilie | 2 reife Avocados | 1 Limette | 150 g Joghurt (1,5 %) | Salz | Pfeffer**

Eier, Zwiebel und Knoblauchzehe schälen und klein schneiden. Petersilie hacken. Die Avocados halbieren, das Fruchtfleisch mit dem Saft einer Limette, Joghurt und Petersilie fein pürieren. Die Eierwürfel, Zwiebel und Knoblauch unterheben, würzen.

Pro Portion 253 kcal, 7 g E, 24 g F, 4 g Kh

KARTOFFELWAFFELN MIT TOMATENSALAT

Für 4 Portionen

500 g Tomaten
3 EL Olivenöl
2 EL Balsamico-Essig
Salz, Pfeffer, Zucker
3 EL gehacktes Basilikum
1,2 kg Kartoffeln, 2 Zwiebeln
1 Ei, 4 EL Hartweizengrieß
etwas geriebene Muskatnuss
1 EL Öl für die Backflächen
3 EL geriebener Parmesan

1. Für den Salat Tomaten waschen und in dünne Scheiben schneiden. Aus Öl, Essig, Salz, Pfeffer und 1 Prise Zucker eine Sauce rühren. Basilikum zugeben und die Tomaten untermischen.
2. Für die Waffeln Kartoffeln waschen und schälen. Zwiebeln schälen. Beides fein raspeln. Masse gut ausdrücken, Ei und Grieß zugeben. Mit Muskat und Salz würzen.
3. Waffeleisen anheizen (höchste Stufe), Backflächen dünn mit Öl bepinseln. Pro Waffel 2–3 EL Kartoffelmasse auf den Backflächen verteilen und goldbraun backen. Mit Parmesan bestreuen und sofort mit dem Salat servieren.

▲ 25 Min.
Pro Portion 422 kcal, 13 g E, 15 g F, 56 g Kh

Auch lecker: Ohne Parmesan schmecken die Waffeln auch gut mit dem Paprikadip der Ofenpommes, mit Kräuterquark (→ Seite 88) oder mit Apfelmus und Zimt.

Info: Die Waffeln können Kinder auch leicht selbst machen, im Gegensatz zu den fetteren Kartoffelpuffern, die beim Braten heftig spritzen.

Profi-Tipp: Die Waffeln gelingen am besten mit vorwiegend fest kochenden oder mehlig kochenden Kartoffeln.

OFENPOMMES MIT PAPRIKADIP

Für 4 Portionen

1 kg Kartoffeln
2–3 rote Paprika
2 EL Rapsöl
Salz
1 TL Kräuter der Provence
4 EL grüne Kürbiskerne
150 g Magerquark
150 g Schmand (20 %)
1 Schuss Sprudelwasser
3 EL mildes Ajvar (Paprikapaste)

1. Backofen auf 200 Grad vorheizen. Ein Backblech mit Backpapier auslegen.
2. Kartoffeln waschen, gut abschrubben und in 2 cm breite Spalten schneiden. Paprika waschen, putzen und ebenfalls in Spalten schneiden.
3. Öl, Salz und Kräuter der Provence in einer Schüssel mit den Kartoffel- und Paprikaspalten mischen. Auf dem Blech verteilen. Kürbiskerne darüberstreuen. Im Ofen (Mitte) ca. 35 Min. backen.
4. Für den Dip den Quark, Schmand und Sprudelwasser mit dem Ajvar aufschlagen. Zu den Pommes servieren.

▲ 30 Min. + 35 Min. Backen
Pro Portion 413 kcal, 15 g E, 19 g F, 44 g Kh

Auch lecker: Statt Paprika anderes Gemüse, z. B. Zucchini- oder Auberginenscheiben, rohe Kirschtomaten oder Kürbisspalten verwenden.

Profi-Tipp: Die Ofenpommes passen auch als Beilage zu Fleisch, Geflügel oder Fisch. Damit es dann nicht zu schwer wird, die Kürbiskerne weglassen und statt Schmand nur Magerquark für den Dip verwenden.

SAMTKARTOFFELN

Für 4 Portionen

1 kg fest kochende Kartoffeln
2–3 EL Rapsöl
ca. 450 ml Brühe
1 EL Butter
Salz, Pfeffer
geriebene Muskatnuss
1 Bund Schnittlauch

1. Backofen auf 200 Grad vorheizen. Kartoffeln waschen, schälen und, am besten mit der Küchenmaschine, in nicht zu feine Scheiben hobeln.
2. Eine große, flache Auflaufform mit Öl einfetten und die Kartoffelscheiben dachziegelartig einschichten.
3. Brühe mit Butter, Salz, Pfeffer und Muskatnuss kräftig abschmecken und über die Kartoffeln gießen, bis sie knapp bedeckt sind. Etwas flachdrücken und im Ofen (Mitte) ca. 35 Min. backen.
4. Schnittlauch waschen, trockenschütteln und in feine Röllchen schneiden. Zum Schluss über die Kartoffeln geben und servieren.

▲ 20 Min. + 35 Min. Backen
Pro Portion 265 kcal, 6 g E, 10 g F, 38 g Kh

Dazu passt gut kurz Gebratenes: Pro Kind 1 Würstchen, 1 Mini-Schnitzel, 3–4 Fischstäbchen oder 1 Boulette. Erwachsene entsprechend mehr.

Profi-Tipp: Unbedingt eine flache Auflaufform verwenden.

Auch lecker: Mit fettarmer Milch statt Brühe und einem Salat wird's eine komplette vegetarische Mahlzeit.

SOMMER-RISOTTO

Für 4 Portionen

1 kleine Zwiebel, 1 Knoblauchzehe
2 Maiskolben
1 TL Rapsöl
250 g Risottoreis
250 ml Tomatensaft
500 ml Gemüsebrühe
2 kleine Zucchini (ca. 350 g)
100 g Mozzarella, Salz, Pfeffer
2 EL grünes Pesto (Glas)

1. Zwiebel und Knoblauch schälen und klein würfeln. Maiskolben von Hüllblättern und Fäden befreien und waschen. Körner mit einem scharfen Messer vom Kolben schneiden.
2. Zwiebel, Knoblauch und Mais im Öl andünsten. Reis zugeben, kurz mitdünsten, dann Tomatensaft und Brühe angießen. Einmal aufkochen, dann zugedeckt 20 Min. köcheln lassen. Dabei öfter umrühren.
3. Zucchini waschen, Enden entfernen, den Rest klein würfeln. Mozzarella in Mini-Würfel schneiden. 10 Min. vor Ende der Garzeit die Zucchini zum Risotto geben, kurz vor Ende der Garzeit den Mozzarella. Risotto mit Pesto, Salz und Pfeffer abschmecken.

▲ 30 Min.
Pro Portion 399 kcal, 11 g E, 5 g F, 76 g Kh

Beschleuniger: Zeitsparend, aber nicht ganz so knackig ist Mais aus der Dose. Gut abgetropft erst kurz vor Ende der Garzeit zugeben.

Info: Risottoreis ist Rundkornreis, der beim Kochen schön cremig wird, in der Mitte aber noch etwas Biss behält. Ersatzweise können Sie auch den preiswerteren Milchreis verwenden.

MÖHRENCOUSCOUS MIT ZITRONENHUHN

Für 4 Portionen

Ingwer (2 cm), 1 unbeh. Zitrone
400 g Hühnerbrustfilet
1 EL Sojasauce
500 g Möhren, 1 1/2 EL Rapsöl
500 ml Möhrensaft (ungesüßt)
125 ml Wasser, Salz, Pfeffer
250 g Couscous, 1 Dose Mais (400 g)
2 EL Schmand (20 %)
4 EL gehackte Petersilie

1. Ingwer schälen und sehr klein schneiden. Zitronenschale abreiben, Saft auspressen. Hühnerbrust würfeln, mit Ingwer, Sojasauce, Zitronensaft und -schale mischen. 15 Min. kalt stellen.
2. Möhren waschen, schälen, längs halbieren und in fingerlange Stifte schneiden. In 1 EL des Öls 5 Min. anbraten. Saft und Wasser zugeben, würzen und aufkochen. Couscous einrühren. 15 Min. bei kleiner Hitze quellen lassen, dabei öfter rühren. Nach 10 Min. Mais samt Flüssigkeit zugeben.
3. Hühnerbrust abgetropft im restlichen Öl anbraten. Marinade und Schmand zugeben und kurz einkochen. Mit Petersilie bestreuen.

▲ 40 Min.
Pro Portion 434 kcal, 32 g E, 14 g F, 44 g Kh

Auch lecker: Vegetarisch wird es, wenn Sie statt der marinierten Hühnerbrust 200 g Fetakäsewürfel über den fertigen Möhrencouscous streuen.

Profi-Tipp: Ganz frischer Ingwer lässt sich einfach durch die Knoblauchpresse drücken. Das geht noch schneller als ihn klein zu schneiden.

Nachschlag: Für alle, die mehr vertragen, geröstete Cashewkerne oder Mandeln über den Couscous streuen.

POLENTAVESUV

Für 4 Portionen

500 ml Buttermilch
500 ml Milch (1,5 %)
Salz, Pfeffer
200 g Maisgrieß (Polenta)
100 g körniger Frischkäse
2 Lauchstangen
500 g Möhren
1 EL Rapsöl
1 Dose Tomaten (800 g)
1 TL getrocknetes Pizzagewürz
50 g geriebener Parmesan

1. Buttermilch, Milch mit 1 TL Salz und 1 Prise Pfeffer aufkochen. Maisgrieß einrühren. Bei kleiner Hitze 15 Min. unter Rühren köcheln. Frischkäse unterziehen und abschmecken.
2. Lauch waschen, putzen und in Ringe schneiden. Möhren waschen, schälen und raspeln. Beides im Öl kurz anbraten. Klein geschnittene Tomaten und Pizzagewürz zugeben, 10 Min. köcheln lassen, dann fein pürieren und abschmecken.
3. Polenta als Berg anrichten. Die Sauce angießen und mit Parmesan bestreut servieren.

▲ 30 Min.
Pro Portion 473 kcal, 24 g E, 13 g F, 64 g Kh

Auch lecker: Polenta ohne Sauce und Parmesan zu Geschnetzeltem.

Info: Buttermilch und körniger Frischkäse machen die Polenta auf leichte Art cremig – da kann das Mützchen aus kalorienreicherem Parmesan größer ausfallen.

Info: Maisgrieß muss frisch sein, sonst schmeckt er bitter. Kaufen Sie nur kleine Mengen und achten Sie auf das Mindesthaltbarkeitsdatum beim Kauf.

BLUMENKOHLAUFLAUF MIT KÄSESOSSE

Für 4 Personen
1 kleiner Blumenkohl (600 g)
300 g Broccoli
Salz, gekörnte Brühe (etwa 2 TL)
geriebene Muskatnuss
1 EL Butter, 2 EL Mehl
1/4 l Milch (1,5 %)
200 g Schmelzkäse (30 %)
1 Knoblauchzehe, 1 EL Rapsöl
200 g rohe Mie-Nudeln

1. Backofen auf 180 Grad vorheizen.
2. Blumenkohl und Broccoli waschen, in kleine Röschen teilen, Stiele würfeln und in 1/4 l Salzwasser in ca. 6–8 Min. bissfest kochen. In ein Sieb gießen, Sud auffangen, mit Wasser auf 500 ml auffüllen, mit Brühe und Muskat würzen.
3. Butter schmelzen, Mehl zugeben und kurz dünsten. Die 500 ml Brühe, Milch und Käsestückchen zugeben und unter Rühren aufkochen. Erhitzen, bis der Käse geschmolzen ist. Knoblauch hineinpressen.
4. Eine Auflaufform mit Öl fetten. Nudeln hineinlegen, Gemüse darüber verteilen und mit Käsesoße begießen. Im Ofen 30 Min. backen.

▲ 30 Min. + 30 Min. Backen
Pro Portion 475 kcal, 17 g E, 23 g F, 49 g Kh

Auch lecker: Mit feinen Kochschinkenstreifen über dem Kohl.

Extra-Tipp: Wenn Ihre Familie besonders hungrig ist, erhöhen Sie einfach den Blumenkohlanteil, dieser ist kalorienarm.

Info: Statt der chinesischen Mie-Nudeln (→ Seite 213) können Sie auch normale, dünne Nudeln verwenden, sie müssen allerdings vorgekocht werden, bevor sie in den Auflauf kommen.

MURMEL-AUFLAUF

Für 4 Portionen
1 Tarteform (Ø 26 cm)
etwas Öl für die Form
400 g kleine Kirschtomaten
400 g kleine Zucchini
100 g Fetakäse, 4 Eier
200 g Mehl (Type 1050)
200 g Joghurt (1,5 %)
2 EL getrocknetes Pizzagewürz
2 TL Salz
50 g Kochschinkenwürfel

1. Backofen auf 200 Grad vorheizen. Die Tarteform ölen.
2. Tomaten waschen und abtropfen lassen. Zucchini waschen, Enden abschneiden raspeln und in einem Sieb ausdrücken, damit die Flüssigkeit abfließt. Fetakäse zerbröseln.
3. Eier trennen. Eigelb mit Mehl, Joghurt, Pizzagewürz und etwas Salz zu einem Teig verrühren. Zucchini und Schinkenwürfel mit dem Teig vermischen. Eiweiß mit einer Prise Salz steifschlagen und unterheben.
4. Teig in die Form füllen und mit den Kirschtomaten belegen. Mit Fetakäse überstreuen. Den Auflauf im heißen Backofen etwa 35 Min. backen.

▲ 20 Min. + 35 Min. Backen
Pro Portion (ohne Salat) 417 kcal, 26 g E, 15 g F, 43 g Kh

Dazu schmeckt ein grüner Salat.

Auch lecker: Paprikawürfel, TK-Erbsen oder TK-Blattspinat-Minis. Schmeckt auch kalt.

Nachschlag: Eine kleine Handvoll Oliven zum Auflauf essen.

Federleicht: Körnigen Frischkäse statt Fetakäse verwenden.

AUBERGINENFÄCHER

Für 4 Portionen
4 kleinere Auberginen
3 EL Pesto (Glas)
Salz
Pfeffer
4–5 vollreife Tomaten
200 g Mozzarella
1 Bund Basilikum

1. Backofen auf 200 Grad vorheizen. Die Auberginen waschen und der Länge nach fächerförmig einschneiden, sodass die etwa 1 cm dicken Scheiben am Stielende noch zusammenhängen. Die einzelnen Scheiben auf beiden Seiten dünn mit Pesto einstreichen und mit Salz und Pfeffer würzen.
2. Die Tomaten und den abgetropften Mozzarella in dünne Scheiben schneiden. Tomatenscheiben salzen und pfeffern. Basilikum waschen, trocken schütteln und die Blätter abzupfen. Zusammen mit den Mozzarella- und Tomatenscheiben zwischen die Auberginenscheiben legen.
3. Die gefüllten Auberginen in eine Auflaufform setzen und im Backofen (Mitte) etwa 50–60 Min. gar schmoren.

▲ 20 Min. + 50–60 Min. Schmoren
Pro Portion 272 kcal, 9 g E, 10 g F, 36 g Kh

Dazu schmecken pro Portion 125 g Baguette oder 50 g Reis (Rohgewicht) und ein Salat.

Auch lecker: Probieren Sie mal rotes statt grünes Pesto und Fetakäse statt Mozzarella oder Zucchini statt Auberginen.

Info: Diese Auberginen triefen nicht vor Fett, weil sie im Backofen gebacken werden. In der Pfanne saugen sie Fett wie ein Schwamm auf.

BASIC-PIZZATEIG

Für 1 Blech (= 4 Portionen)
400 g Mehl (Type 1050)
1 Päckchen Trockenhefe oder 1/2 Würfel Frischhefe (21 g)
1 TL Salz, 1 Prise Zucker
ca. 200 ml lauwarmes Wasser
etwas Mehl zum Arbeiten

1. Mehl mit Trockenhefe, Salz und Zucker mischen oder Frischhefe mit dem Zucker und etwas lauwarmem Wasser auflösen und zum Mehl geben
2. Lauwarmes Wasser unterkneten. Teig kräftig kneten, bis er nicht mehr klebt. Nach Bedarf noch Mehl oder Wasser zugeben. Abgedeckt an einem warmen Ort ca. 30 Min. gehen lassen, bis sich das Volumen verdoppelt.
3. Inzwischen den Belag vorbereiten (→ Seite 98). Backofen auf 220 Grad vorheizen. Teig gut durchkneten, auf Backblechgröße ausrollen, auf das mit Backpapier ausgelegte Blech legen. Nach Wunsch belegen. Im Ofen (auf der untersten Schiene) ca. 15 Min. backen.

▲ 20 Min. + 30–45 Min. Gehen + 15 Min Backen
Pro Portion 338 kcal, 12 g E, 2 g F, 67 g Kh

Auch lecker: Backen Sie aus dem Teig handliche Mini-Pizzen – das ist bei Kindern der Hit. Besonders, wenn sich jeder seine eigene Pizza nach Wunsch belegen darf.
Aus dem Teig lassen sich aber auch 12 Mini-Brötchen formen, eventuell mit Körnern (z. B. Sonnenblumen- oder Kürbiskernen, Mohn- oder Sesamsamen) bestreuen und backen.
Für süße Brötchen den Teig mit Milch statt Wasser und 1–2 EL Zucker zubereiten, eventuell Rosinen unterkneten. Vor dem Backen mit Eigelb bestreichen.

Pannenhilfe: Der Teig geht nicht? Schüssel auf einen Topf mit heißem Wasser setzen oder in den 50 Grad heißen Backofen stellen. Tut sich immer noch nichts, 1 Päckchen Trockenhefe mit 1 EL lauwarmem Wasser anrühren und unterkneten.

Federleicht: Teig mit getrockneten Kräutern bestreuen und ohne Belag backen. Lecker z. B. zu Salat.

Profi-Tipp: Lassen Sie Ihre Kinder den Pizzateig mit der Hand kneten – das macht Spaß und schult die Feinmotorik.

WEISSE PIZZASAUCE

Für 1 Blech **200 g körniger Frischkäse Salz | Pfeffer | 1 TL getrockneter Thymian**

Den Frischkäse mit Salz, Pfeffer und Thymian würzen. Die weiße Sauce auf den Teig streichen und nach Wunsch belegen (→ Seite 98).

Auch lecker: Den Frischkäse mit Currypulver würzen – schmeckt besonders gut zu Pizza Hawaii mit Kochschinken und Ananas.

Pro Portion 41 kcal, 6,7 g E, < 1 g F, 2 g Kh

ROTE PIZZASAUCE

Für 1 Blech **2 EL Tomatenmark 4 EL Tomatenstücke (frisch oder aus der Dose | Salz | Pfeffer | getrocknetes Pizzagewürz (oder Oregano)**

Tomatenmark und Tomatenstücke verrühren. Mit Salz, Pfeffer und etwas Pizzagewürz oder getrocknetem Oregano würzen. Die rote Sauce auf dem Teig verteilen und dann nach Wunsch (→ Seite 98) belegen.

Auch lecker: Sauce mit etwas Tabasco verschärfen. Mit frischen, gehackten Kräutern wird 's besonders aromatisch.

Profi-Tipp: Frische Tomaten besser entkernen und auf Küchenpapier gut abtropfen lassen, sonst wird die Pizza zu matschig.

Info: Was Pizza so gehaltvoll macht, ist nicht der Teig oder die Tomatensauce, sondern der üppige Belag aus fettem Käse und Fleisch. Seien Sie damit sparsam und wählen Sie fettarme Sorten.

Pro Portion 11 kcal, 1 g E, 0 g F, 2 g Kh

ROTE KONFETTI-PIZZA

Für 1 Blech (4 Portionen)
1 Rezept Pizzateig (→ Seite 96)
1 Rezept rote Sauce (→ Seite 97)
1 kleine gelbe Paprika
1 kleine Zucchini
4 Scheiben Kochschinken
1 Kugel Mozzarella (125 g)

1. Pizzateig ausrollen, auf das Blech legen und mit der Sauce bestreichen.
2. Paprika und Zucchini waschen und putzen. Paprika klein würfeln, Zucchini in dünne Scheiben schneiden. Schinken klein würfeln. Mozzarella abtropfen lassen und ebenfalls klein schneiden.
3. Gemüse und Schinken auf der Pizza verteilen. Mit dem Käse bestreuen und 15–20 Min. im Ofen bei 220 Grad backen.

▲ 20 Min. + 15–20 Min. Backen
Pro Portion 474 kcal, 24 g E, 9 g F, 72 g Kh

Auch lecker: Gemüse austauschen, Champignons oder z. B. Erbsen passen gut.

Blitztipp: Pizza nach Margherita-Art nur mit roter Sauce und Mozzarella belegen.

WEISSE TOMATEN-PIZZA

Für 1 Blech (4 Portionen)
1 Rezept Pizzateig (→ Seite 96)
1 Rezept weiße Sauce (→ Seite 97)
4 reife Tomaten
1 Bund Basilikum
100 g Salami in dünnen Scheiben
Salz, Pfeffer

1. Pizzateig ausrollen, auf das Blech legen und mit weißer Sauce bestreichen. Ohne weiteren Belag 12 Min. im Ofen bei 220 Grad backen.
2. Inzwischen die Tomaten waschen und in dünne Scheiben schneiden, Stielansätze entfernen. Basilikum waschen, trockenschütteln und die Blätter von den Stielen zupfen.
3. Nach der Backzeit die Pizza mit den Tomaten und den Salamischeiben belegen. Mit Salz und Pfeffer würzen, mit Basilikum bestreuen.

▲ 15 Min + 12 Min. Backen
Pro Portion 482 kcal, 24 g E, 10 g F, 71 g Kh

Auch lecker: Rucola statt Basilikum

Federleicht: Kochschinkenwürfel statt Salami verwenden.

KARTOFFEL-PIZZA

Für 1 Blech (4 Portionen)
1 Rezept Pizzateig (→ Seite 96)
1 Rezept rote Sauce (→ Seite 97)
400 g Kartoffeln
150 g Putenfleisch
1 El Sojasauce
1 TL Rapsöl
100 g geriebener Käse (max. 20 % i.Tr.)

1. Pizzateig ausrollen, auf das Blech legen und mit roter Sauce bestreichen.
2. Kartoffeln waschen, schälen und in sehr dünne Scheiben hobeln. Putenfleisch klein schneiden und in Sojasauce und Öl einlegen.
3. Pizza gleichmäßig mit den Kartoffeln belegen, Putenfleisch darauf verteilen und den Käse darüberstreuen. Im Ofen (Mitte) bei 220 Grad 35–40 Min. backen, eventuell nach 30 Min. mit Alufolie abdecken.

▲ 25 Min. + 35–40 Min. Backen
Pro Portion 509 kcal, 30 g E, 5 g F, 84 g Kh

Profi-Tipp: Die Kartoffelscheiben müssen sehr dünn sein, sonst werden sie nicht gar.

TUNA-PIZZA

Für 1 Blech (4 Portionen)
1 Rezept Pizzateig (→ Seite 96)
1 Rezept rote Sauce (→ Seite 97)
2 rote Zwiebeln
1 Dose Thunfisch im eigenen Saft (200 g)
100 g geriebener Käse (max. 20 % i.Tr.)

1. Pizzateig ausrollen, auf das Blech legen und mit der Sauce bestreichen.
2. Zwiebeln schälen und in dünne Ringe schneiden. Thunfisch abtropfen und mit einer Gabel zerpflücken. Beides auf der Pizza verteilen.
3. Mit dem Käse bestreuen und im Ofen bei 220 Grad ca. 20 Min. backen.

▲ 15 Min + 20 Min. Backen
Pro Portion 481 kcal, 28 g E, 9 g F, 71 g Kh

Auch lecker: Zusätzlich Kapern oder Peperonischoten auf die Pizza legen.

Profi-Tipp: Unbedingt Thunfisch im eigenen Saft verwenden. Es gibt auch in Öl eingelegten Thunfisch, der aber sehr viel fett- und kalorienreicher ist.

PIZZA MIT RUCOLA UND PARMASCHINKEN

Für 1 Blech (4 Portionen)
1 Rezept Pizzateig (→ Seite 96)
1 Rezept rote Sauce (→ Seite 97)
1 kleiner Bund Rucola
50 g Parmesan
100 g Parmaschinken

1. Pizzateig ausrollen, auf das Blech legen und mit der Sauce bestreichen. Ohne anderen Belag im Ofen bei 220 Grad ca. 15 Min. backen.
2. Inzwischen den Rucola waschen, trockenschütteln, putzen und klein schneiden. Parmesan mit dem Sparschäler in größere Späne hobeln.
3. Nach dem Backen die Pizza mit dem Schinken, den Parmesanspänen und dem Rucola belegen und servieren.

▲ 10 Min + 15 Min. Backen
Pro Portion 439 kcal, 7 g F, 22 g E, 69 g Kh

Profi-Tipp: Sofort servieren, sonst wird der Rucola matschig und schmeckt bitter.

SPINAT-PIZZA

Für 1 Blech (4 Portionen)
1 Rezept Pizzateig (→ Seite 96)
1 Rezept weiße Sauce (→ Seite 97)
1 Knoblauchzehe
etwas Muskatnuss
400 g TK-Blattspinat-Minis
100 g Cabanossi in dünnen Scheiben

1. Pizzateig ausrollen und auf das Blech legen. Knoblauchzehe zerdrücken und mit etwas Muskat unter die weiße Sauce mischen. Teig damit bestreichen.
2. Blattspinat-Minis gleichmäßig auf der Pizza verteilen. Mit Cabanossischeiben belegen und im Ofen bei 220 Grad ca. 15 Min. backen.

▲ 15 Min. + 15 Min. Backen
Pro Portion 511 kcal, 25 g E, 14 g F, 70 g Kh

Auch lecker: Cabanossi weglassen und sofort nach dem Backen mit 100 g klein geschnittenem, geräuchertem Lachs belegen.

Federleicht: Statt Cabanossi 4 Scheiben gewürfelten Kochschinken verwenden.

CHINA-PFANNE

Für 4 Portionen

300 g Parboiled-Reis
1–2 TL Salz
200 g Tofu (natur)
Ingwer (1 cm)
1 unbeh. Orange (oder Zitrone)
6 EL süß-saure Sauce (Fertigprodukt)
750 g TK-Chinagemüse
1 EL Rapsöl

1. Den Reis in einem Topf trocken erhitzen mit ca. 550 ml Wasser angießen, 1–2 TL Salz zugeben, aufkochen und bei kleiner Hitze und geschlossenem Deckel ca. 15 Min. garen.
2. Tofu in 1 cm große Würfel schneiden. Ingwer schälen und sehr klein schneiden, Orange waschen, die Schale abreiben und den Saft auspressen. Orangensaft mit Schale, Ingwer, süß-saurer Sauce und Tofuwürfeln in einer Schüssel mischen, 5 Min. ziehen lassen.
3. Währenddessen Öl in einer Pfanne oder im Wok erhitzen und das tiefgefrorene Gemüse 5 Min. darin anbraten. Tofuwürfel mit Sauce hinzugeben und 2 Min. zugedeckt garen. Den gekochten Reis kurz mitbraten und servieren.

▲ 25 Min.
Pro Portion 447 kcal, 16 g E, 7 g F, 78 g Kh

Federleicht: Wenn Sie nur 200 g Reis dazu kochen, ist die Pfanne ein leichtes Abendessen mit Platz für Nachtisch.

Auch lecker: Kochschinkenwürfel oder Krabben statt Tofu.

Profi-Tipp: Tiefgefrorene Gemüsemischungen enthalten oft einen Würfel aus Gewürzen und Fett. Entfernen Sie den Würfel vor dem Kochen oder verzichten Sie stattdessen auf das Öl zum Anbraten.

REISPFANNE A LA PAELLA

Für 4 Portionen

250 g Langkornreis, 1–2 TL Salz
1 EL Currypulver
100 g Cabanossi
2 Frühlingszwiebeln
2 rote Paprika
3 große Tomaten
1 TL Olivenöl
1 Tasse TK-Erbsen
1 TL Paprikapulver
8 Riesengarnelen (gegart)
Salz, Pfeffer, 1 unbeh. Zitrone

1. Reis nach Packungsanweisung kochen, dabei Curry und Salz zugeben.
2. Cabanossi in sehr dünne Scheiben schneiden. Frühlingszwiebeln, Paprika und Tomaten waschen, putzen und klein schneiden.
3. Öl in einer großen Pfanne erhitzen. Paprikawürfel, Zwiebeln, TK-Erbsen, Cabanossischeiben und Paprikapulver ca. 5 Min. anbraten. Tomatenwürfel und Riesengarnelen zugeben und unter Rühren ca. 5 Min. braten. Gekochten Reis untermischen.
4. Die Paella mit Salz und Pfeffer abschmecken. Zitrone heiß waschen, achteln und auf der Paella anrichten.

▲ 30 Min.
Pro Portion 485 kcal, 23 g E, 14 g F, 65 g Kh

Beschleuniger: Mit Reisresten vom Vortag wird die Paella zum Blitzrezept.

Auch lecker: Cabanossi durch 4 kleine Hühnerbeine ersetzen. In 1 EL Rapsöl anbraten, mit Salz, Pfeffer und Paprika würzen. Edel wird es mit einem Briefchen gemahlenem Safran (0,1 g) statt Curry.

Info: Gegarte Garnelen sind rosa. Rohe Garnelen sind grau und benötigen eine längere Garzeit.

NUDEL-WOK

Für 4 Portionen

1 kleiner Spitzkohl (ca. 400 g)
1 kleiner Broccoli (ca. 300 g)
2–3 Möhren (ca. 300 g)
3 Frühlingszwiebeln, Ingwer (2 cm)
2 EL Rapsöl, 1/2–1 TL Currypulver
Salz, Pfeffer, Sojasauce
3 Eier, 2 EL Sprudelwasser
500 g frische Spätzle (Kühlregal)

1. Gemüse waschen. Spitzkohl in feine Streifen schneiden, Broccoli in Röschen teilen, Möhren schälen und in Stifte schneiden. Frühlingszwiebeln putzen, schräg in Stücke schneiden. Ingwer schälen und klein würfeln.
2. 1 EL Öl im Wok erhitzen. Curry kurz anrösten. Nacheinander Möhren, Broccoli, Frühlingszwiebeln und Spitzkohl zugeben, jeweils unter Rühren 2 Min. braten, dann am Wok-Rand hochschieben. Mit Ingwer, Salz, Pfeffer und Sojasauce würzen.
3. Eier mit Sprudelwasser und etwas Salz und Pfeffer verquirlen. Gemüse im Wok zur Seite schieben, Eier im restlichen Öl in der Wok-Mitte stocken lassen. Nudeln zugeben und anbraten. Abschmecken und servieren.

▲ 30 Min.
Pro Portion 436 kcal, 25 g E, 13 g F, 52 g Kh

Auch lecker: Statt Rührei kurz vor Ende der Garzeit 200 g gewürfelten Kochschinken zugeben. Oder, vor dem Gemüse, 200 g klein geschnittene Hühnerbrust im Wok anbraten.

Info: Statt Wok können Sie auch eine Pfanne mit hohem Rand verwenden.

Info: Spitzkohl wird als früheste Weißkohlsorte schon ab Mai geerntet. Kinder mögen ihn wegen seines milden Geschmacks und seiner zarten Blätter.

HACKTEIG FÜR ALLE FÄLLE

Für 4 Portionen
1 Scheibe trockenes Brot
1 Zwiebel
100 g Möhren
400 g gemischtes Hackfleisch
1 Ei
2 TL Paprikapulver
Salz, Pfeffer
2 EL Rapsöl

1. Brot in warmem Wasser einweichen. Zwiebel fein hacken, Möhren schälen und raspeln. Mit Hackfleisch, Ei, Paprika und ausgedrücktem Brot verkneten, kräftig salzen und pfeffern.
2. Masse zu 4 großen oder 8 kleinen Bouletten formen und im Öl von jeder Seite ca. 4 Min. braten oder den Hackteig je nach Rezept weiter verarbeiten.

▲ 20 Min.
Pro Portion (ohne Beilage) 337 kcal, 22 g E, 24 g F, 8 g Kh

Dazu pro Portion 1 Scheibe Brot oder 200 g Kartoffeln oder 60 g Nudeln oder 60 g Reis kochen und 1 große Portion Salat oder Gemüse.

Profi-Tipp: Ist die Hackmasse gut gewürzt? Garen Sie einen Probierkloß in der Mikrowelle oder in der Pfanne.

Auch lecker: Der Teig lässt sich auf 1001 Art zubereiten. Ersetzen Sie z. B. die Möhren durch Zucchini oder Knollensellerie. Würzen Sie z. B. mit Currypulver, Pizzagewürz, Thymian oder Petersilie, mit 2 EL Tomatenmark, Pesto oder Ajvar (Paprikapaste).

Profi-Tipp: Schnelle Sauce zu den Bouletten: 200 ml Wasser zum Fond in der Pfanne geben und aufkochen. Etwas einkochen, mit Salz und Pfeffer würzen und 2 EL Sahne und Tomatenmark zugeben.

Federleicht: Bis zu 1/3 des Hackfleisches durch Raspelgemüse, Kartoffeln oder Magerquark ersetzen. Mageres Hack ist dunkel, mehr Fett macht es weißlicher. Lassen Sie sich mageres Fleisch frisch durchdrehen, dann sehen Sie, was Sie kriegen.

Pannenhilfe: Ist die Masse zu weich, mit Semmelbröseln oder Haferflocken mischen und kurz quellen lassen.

ALLES FRISCH?

Hackfleisch ist wegen seiner großen Oberfläche sehr keimempfindlich. Deshalb sofort nach dem Einkaufen in den Kühlschrank legen und noch am selben Tag zubereiten. Nur Hackfleisch im Frischhaltepack (also unter Schutzatmosphäre verpackt) hält etwas länger. Benötigte Arbeitsgeräte, Arbeitsflächen und die Hände nach der Zubereitung sofort gründlich mit heißem Seifenwasser reinigen.
Gegartes Hackfleisch ist im Kühlschrank 2–3 Tage haltbar, tiefgefroren bleibt rohes Hackfleisch ca. 3 Monate frisch.

HAMBURGER

Für 4 Portionen
1 Rezept Hackteig (→ Seite 102)
2 EL Rapsöl
4 Vollkornbrötchen
Senf, Ketchup
einige Salatblätter
Gurken- und Tomatenscheiben

1. Hackteig zu 4 flachen Burgern formen, in Öl von jeder Seite ca. 4 Min. braten.
2. Brötchen aufschneiden und toasten. Je eine Seite mit Senf und eine mit Ketchup bestreichen.
3. Unterteil mit einigen Salatblättern und den Burgern belegen, mit einigen Gurken- und Tomatenscheiben toppen. Oberteil auflegen und sofort servieren.

Auch lecker: Andere Gewürze oder Kräuter, z. B. Currypulver, Pizza-Gewürz, Oregano, Thymian oder Petersilie verwenden. Mit 2 EL Tomatenmark oder Pesto wird es italienisch, mit 2 EL Ajvar mild pikant.

Tipp: Würziger wird es mit eingelegten Gurken statt Salatgurken.

▲ 20 Min. + Braten und Belegen
Pro Portion 481 kcal, 27 g E, 25 g F, 37 g Kh

HACKBÄLLCHEN MIT OFENKARTOFFELN

Für 4 Portionen
1 kg Kartoffeln
1 EL Rapsöl
1 TL Kräuter der Provence
1 Scheibe trockenes Brot
1 Zwiebel
100 g Möhren
250 g gemischtes Hackfleisch
1 Ei, 2 TL Paprikapulver
Salz, Pfeffer
150 g Magerquark

1. Backofen auf 200 Grad vorheizen. Kartoffeln gut gewaschen in 2 cm dicke Spalten schneiden. In einem Mix aus Öl, Kräuter der Provence und Salz wenden. Im Ofen 15 Min. backen.
2. Inzwischen Brot in warmem Wasser einweichen. Zwiebel fein hacken, Möhren schälen und raspeln. Mit Hackfleisch, Quark, Ei, Paprika und ausgedrücktem Brot verkneten, salzen und pfeffern.
3. Mit einem Eisportionierer Bällchen formen, zwischen die Kartoffeln setzen und alles ca. 20 Min. fertig backen.

▲ 25 Min. + 35 Min. Backen
Pro Portion 435 kcal, 25 g E, 16 g F, 47 g Kh

VEGETARISCHE VARIANTE

Vegetarisch wird das Rezept mit Feta-Paprika statt Hackbällchen. Dazu von 4 großen, roten Spitzpaprika das obere Ende mit Stiel als Deckel abschneiden. Paprika entkernen und waschen. 100 g Fetakäse in 4 längliche Streifen schneiden und zusammen mit je 1 Rosmarinzweig in die Paprikaschoten stecken. 5 Min. nach den Kartoffeln aufs Blech legen und 30 Min. backen.

SOMMER-HACKBRATEN

Für 4 Portionen
3 Champignons
5 getrocknete Tomaten (ohne Öl)
1 EL grünes Pesto (Glas)
1 Rezept Hackfleischteig (→ Seite 102)
1 EL Rapsöl
1 Dose Tomaten (800 g)
Salz, Pfeffer

1. Champignons abbürsten oder abreiben. Getrocknete Tomaten klein würfeln und zusammen mit dem Pesto unter den Hackfleischteig kneten. Zu einem länglichen Braten formen. Dabei die ganzen Pilze in die Mitte drücken.
2. Öl in einem Topf erhitzen und den Braten darin rundherum anbraten. Die Tomaten aus der Dose samt Flüssigkeit zugeben, mit Salz und Pfeffer würzen.
3. Braten zugedeckt ca. 20 Min. garen, dabei einmal wenden. Sauce mit Salz und Pfeffer abschmecken.

▲ 25 Min. +20 Min. Garen
Pro Portion (ohne Kartoffeln) 521 kcal, 29 g E, 25 g F, 43 g Kh

Dazu 800 g Kartoffeln reichen.

HACKKLÖSSCHEN IN GRÜNER SAUCE

Für 4 Portionen
1 Rezept Hackfleischteig (→ Seite 102)
1 Zwiebel
1 EL Rapsöl
1 Dose Erbsen (400 g)
100 ml Kaffeesahne (10 %)
250 ml Gemüsebrühe
Salz, Pfeffer
etwas Zitronensaft

1. Hackfleischteig mit angefeuchteten Händen zu Mini-Klößchen rollen.
2. Die Zwiebel schälen und klein würfeln. Das Öl in einem Topf erhitzen und die Zwiebel darin andünsten.
3. Die Erbsen samt Flüssigkeit, Kaffeesahne und Brühe zugeben. Pürieren, kurz aufkochen und die Klößchen in wenigen Minuten in der Sauce gar ziehen lassen. Mit Salz, Pfeffer und Zitrone würzen.

▲ 25 Min.
Pro Portion (ohne Kartoffeln) 485 kcal, 30 g E, 22 g F, 39 g Kh

Dazu 800 g Kartoffeln servieren.

GEFÜLLTE KOHLRABI

Für 4 Portionen
800 g Kartoffeln, Salz
2 große Kohlrabiknollen
1/2 Rezept Hackfleischteig (→ Seite 102), aber mit 1 Stange Lauch statt Zwiebel
250 ml Gemüsebrühe
4 EL Kräuterfrischkäse (45 % i.Tr.)

1. Kartoffeln waschen, schälen und zur Hälfte bedeckt in Salzwasser zugedeckt in ca. 20 Min. gar kochen.
2. Inzwischen die Kohlrabi waschen, schälen und waagerecht teilen. Hälften bis auf einen 1 cm breiten Rand aushöhlen (z. B. mit einem Kugelausstecher), Inneres hacken, die Hälfte unter den Hackteig mischen. Kohlrabi damit füllen.
3. Restliches gehacktes Kohlrabifleisch mit der Brühe in einem Topf aufkochen. Gefüllte Kohlrabi darauf setzen und zugedeckt 15–20 Min. köcheln. Kohlrabi heraus nehmen, Sauce mit dem Käse pürieren und würzen. Dazu Kartoffeln reichen.

▲ 30 Min. + 15–20 Min. Kochen
Pro Portion 445 kcal, 23 g E, 22 g F, 39 g Kh

LAMM MIT KICHERSALAT

Für 4 Portionen
2 Knoblauchzehen
2 EL gehackten Rosmarin, 6 EL Rapsöl
8 Lammsteaks (je ca. 80 g)
1 Dose Kichererbsen (400 g)
1/2 Bund Frühlingszwiebeln
1 kleine Salatgurke
300 g Kirschtomaten
1/2 unbeh. Zitrone
etwas Kreuzkümmel, Salz, Pfeffer
1/2 Bund gehackte Petersilie

1. Knoblauch schälen und in Scheiben schneiden. Mit Rosmarin, 2 EL des Öls und den Steaks in einen Gefrierbeutel geben, alles gut mischen, mind. 1 Std. im Kühlschrank durchziehen lassen.
2. Kichererbsen abtropfen lassen, Sud auffangen. Frühlingszwiebeln waschen, putzen und in Ringe schneiden. Gurke waschen, streifig schälen und klein würfeln. Kirschtomaten halbieren.
3. Zitrone heiß abwaschen. Schale abreiben, Saft auspressen. Mit Öl und etwas Kichererbsensud, Kreuzkümmel, Salz und Pfeffer mischen. Kichererbsen, Gemüse und Petersilie unterziehen.
4. Marinade vom Fleisch streifen, gesalzen von jeder Seite 3 Min. braten.

▲ 30 Min. + mind. 1 Std. Marinieren
Pro Portion 492 kcal, 52 g E, 23 g F, 18 g Kh

Info: Kichererbsen machen durch viel Ballaststoffe und Eiweiß satt.

Profi-Tipp: Lamm ist ideal zum Grillen: Auf Aluschalen legen und von jeder Seite ca. 4 Min. grillen.

Auch lecker: Der Salat schmeckt solo als kleines Sommeressen. Dann noch 150 g klein gewürfelten Fetakäse untermischen. Mit Korianderblättern statt Petersilie wird es noch exotischer.

STEAKS MIT SALSA UND ZITRONEN-COUSCOUS

Für 4 Portionen
2 Frühlingszwiebeln
300 g vollreife Tomaten
1 reife Mango
1 TL Honig, Salz, Pfeffer
1 unbeh. Zitrone, 450 ml Gemüsebrühe
250 g Couscous, 1 Bund Rucola
8 Minutensteaks vom Rind (je 60 g)
1 EL Rapsöl

1. Für die Salsa Zwiebeln waschen und putzen. Weißen Teil fein würfeln, das Grün in Ringe schneiden. Tomaten waschen, Kerne entfernen, Fruchtfleisch sehr klein würfeln. Mango schälen, Fruchtfleisch sehr klein würfeln. Zwiebel-, Tomaten- und Mangowürfel mit Honig, Salz und Pfeffer mischen.
2. Zitrone abwaschen. Schale abreiben, Saft auspressen. Brühe aufkochen. Couscous einrühren und 5 Min. ausquellen lassen. Rucola waschen, Stiele abschneiden. Blätter hacken und mit Zwiebelgrün, Zitronensaft und -schale unter den Couscous rühren.
3. Steaks salzen, pfeffern und im Öl von jeder Seite ca. 2 Min. braten. Mit Salsa und Couscous servieren.

▲ 30 Min.
Pro Portion 323 kcal, 18 g E, 13 g F, 32 g Kh

Ultraleicht, deshalb noch Platz für ein Dessert. Wird zur vollen Mahlzeit mit Bratwurst statt Minutensteaks.

Profi-Tipp: Couscous mit kalter Brühe mischen, in der Mikrowelle bei 600 Watt etwa 4 Min. erhitzen – fertig.

Info: Rohes Gemüse und Obst wie hier Rucola und Tomaten bzw. Mango sorgen für volle Teller und jede Menge Ballaststoffe für gute Kauarbeit: Sattmacher pur.

GYROS LIGHT

Für 4 Portionen
2 TL edelsüßes Paprikapulver
2 TL getrocknete Pizzakräuter
Salz, Pfeffer
350 g Schweinegeschnetzeltes
1 kleine Zwiebel
1/2 Spitzkohl (ca. 400 g)
2 große Tomaten, 1/2 Salatgurke
1 EL Rapsöl, 1 Knoblauchzehe
300 g Joghurt (1,5 %)
1 großes Fladenbrot

1. Paprika, Pizzakräuter, Salz, Pfeffer und Fleisch in einen Gefrierbeutel geben und gut mischen.
2. Zwiebel schälen, halbieren und in feine Scheiben schneiden. Gemüse waschen. Spitzkohl in feine Streifen, Tomate in Scheiben und Gurke in kleine Würfel schneiden.
3. Fleisch im Öl rundherum kräftig anbraten. Zwiebel zugeben, kurz anbraten, Spitzkohl dazugeben und 5 Min. braten. Salzen und pfeffern.
4. Knoblauch schälen und zum Joghurt pressen, salzen, pfeffern. Fladenbrot knusprig rösten und vierteln. Jedes Viertel mit Fleisch, Tomaten, Gurken und Sauce füllen.

▲ 25 Min.
Pro Portion 389 kcal, 28 g E, 13 g F, 39 g Kh

Aus dem restlichen Spitzkohl und Gurke einen Salat zubereiten.

Auch lecker: Der Fleisch-Gemüse-Mix und die Knoblauchsauce schmecken ohne Fladenbrot auch zu Reis oder Ofenkartoffeln. Funktioniert auch mit Putengeschnetzeltem.

Info: Im Gefrierbeutel lässt sich das Fleisch am einfachsten rundum würzen. Wer keinen hat, kann das Ganze auch in einer Schüssel mischen.

FAMILIENBRATHÄHNCHEN

Für 4 Portionen
1 Hähnchen (küchenfertig, ca. 1 kg)
2 EL Orangensaft
Salz, Pfeffer, 1 TL Paprikapulver
2 Knoblauchzehen
einige Zweige Rosmarin
ca. 200 ml Brühe

1. Backofen auf 200 Grad vorheizen. Hähnchen abspülen, mit Küchenpapier abtrocknen. Orangensaft mit Salz, Pfeffer und Paprika mischen. Hähnchen damit innen und außen einreiben, Beine mit Küchengarn zusammenbinden.
2. Knoblauch schälen und halbieren, mit Rosmarin in das Hähnchen stecken.
3. Hähnchen mit der Brust nach unten in eine flache Auflaufform legen, 150 ml Brühe zugießen. Im Ofen (unterste Schiene) 30 Min braten. Umdrehen und weitere 35 Min. braten.
4. Bratensaft mit etwas Brühe aus der Form lösen, mit dem Fettabtrenner (→ Seite 39) entfetten, als Sauce servieren.

▲ 20 Min. + 65 Min. Braten
Pro Portion 397 kcal, 47 g E, 23 g F, 1 g Kh

Profi-Tipp: Garprobe: Keulen einstechen – läuft klarer Saft raus, ist das Hähnchen gar. Sonst noch einige Minuten weitergaren.

Auch lecker: Statt Paprika-, Curry- oder Chilipulver, Zitronenschale und geriebenen Ingwer oder statt Rosmarin Thymian verwenden.

Federleicht: Die Haut weglassen, hier steckt das meiste Fett! Nach dem Garen Fond entfetten (→ Seite 39).

Profi-Tipp: In rohem Geflügel stecken oft Salmonellen, die sich bei Wärme vermehren. Deshalb: Rohes Geflügel gut kühlen, rasch zubereiten und richtig durchgaren. TK-Geflügel beim Auftauen von anderen Lebensmitteln getrennt halten, Auftauflüssigkeit weggießen. Arbeitsflächen, Geräte und Hände hinterher gründlich mit heißem Wasser reinigen.

Profi-Tipp: Braten Sie 2 Hähnchen – das zweite gibt's morgen als Frikassee oder Chicken-Salat (→ Seite 110).

Das Brathähnchenrezept ist ein Grundrezept, das auch mit anderem Geflügel funktioniert.

Leichtes Hähnchen (750–800 g) ist 10 Min. früher fertig, reicht für 2–3.
Schweres Hähnchen (1,5 kg) reicht für 6 Portionen und braucht ca. 1,5 Std.
Baby-Pute (2,5 kg) reicht für 8 Portionen und braucht ca. 2,5 Std.
Truthahn (5 kg) reicht für 10 Portionen und braucht ca. 3,5 Std.
Ente (2,8 kg) reicht für 6 Portionen und braucht ca. 2 Std. Vorsicht: sehr fett!
Gans (5 kg) reicht für 8 Portionen und braucht ca. 3,5 Std. Ebenfalls sehr fett!

HERZHAFTE CROSTINI

Tiefgefrorenen Hähnchen sind oft die Innereien beigepackt. Aus der Leber können Sie diese feine Vorspeise machen. Die restlichen Innereien klein gehackt in Instant-Hühnerbrühe kochen.

Für 4 Portionen die klein gehackte **Leber eines Hähnchens** und **1 klein gewürfelten Apfel** in **1 EL Rapsöl** kräftig anbraten. **1 EL Balsamico-Essig** und **1 EL gehackten Rosmarin** zugeben und einkochen. Auf **4 gerösteten Brotscheiben** reichen, salzen und pfeffern.

Pro Portion 191 kcal, 9 g E,5 g F, 27 g Kh

HÄHNCHEN MIT KÜRBIS-POLENTA-FÜLLUNG

Für 4 Portionen

ca. 650 ml Hühnerbrühe
150 g Polenta (Maisgrieß)
400 g Kürbisfruchtfleisch (ohne Schale)
2 EL getrockneter Rosmarin
Salz, Pfeffer, etwas Muskatnuss
1 Hähnchen (küchenfertig, ca. 1 kg)

1. 400 ml der Brühe aufkochen. Polenta einrühren, und bei kleiner Hitze 5 Min. quellen lassen, dabei öfter umrühren. Kürbis grob raspeln, mit dem Rosmarin unter die Polenta mischen. Mit Salz, Pfeffer und Muskat würzen.
2. Backofen auf 200 Grad vorheizen. Hähnchen innen und außen mit Salz und Pfeffer würzen. Polenta in das Hähnchen füllen. Rest in einer flachen Form glatt streichen.
3. Hähnchen mit der Brust nach unten in eine flache Auflaufform legen und 150 ml Brühe zugießen. Im Ofen (unterste Schiene) 30 Min braten. Umdrehen und weitere 35 Min. braten. Die Polenta in der Extra-Form 10 Min. vor Ende der Garzeit dazu stellen. Bratensaft des Hähnchens mit der restlichen Brühe lösen, entfetten, als Sauce servieren.

▲ 20 Min. + 65 Min. Braten
Pro Portion 551 kcal, 52 g E, 23 g F, 32 g Kh

Auch lecker: Möhren statt Kürbis verwenden.

Profi-Tipp: Mit einem Fettabtrenner (→ Seite 39) können sie den Bratensaft im Handumdrehen entfetten.

HÄHNCHENFRIKASSEE

Für 4 Portionen

2 EL Mehl, 2 EL Butter
300 g Möhren, 500 g Spargel
500 ml Gemüsebrühe
300 g TK-Erbsen
300 g gegartes, ausgelöstes Hähnchenfleisch (z. B. Brathähnchen-Reste → Seite 108)
75 g Sauerrahm (20 %)
Salz, Pfeffer, etwas Zitronensaft
4 EL gehackte Petersilie

1. Mehl und Butter gut verkneten, zu Kugeln formen und kalt stellen.
2. Möhren waschen, schälen und in 1 cm-Würfel schneiden. Spargel waschen, schälen und in Stücke schneiden. Brühe aufkochen, nach und nach die Mehlbutter mit einem Schneebesen einrühren. Möhren und Spargel darin 10 Min. garen, dann die gefrorenen Erbsen dazugeben und alles weitere 5 Min. garen.
3. Hähnchenfleisch klein schneiden und in der Sauce heiß werden lassen. Den Sauerrahm einrühren, Frikassee mit Salz, Pfeffer und etwas Zitronensaft würzen. Mit Petersilie bestreut servieren.

▲ 35 Min.
Pro Portion (ohne Reis) 330 kcal, 28 g E, 15 g F, 21 g Kh

Dazu 200 g Reis kochen.

Auch lecker: Statt Spargel in Würfel geschnittene Kohlrabi verwenden.

Beschleuniger: Keine Hähnchenreste? Lassen Sie Krabben in der Sauce heiß werden.

Profi-Tipp: Mehlbutter lässt sich prima auf Vorrat machen. Gefroren hält sie sich ca. 2 Monate.

CHICKEN-SALAT

Für 4 Portionen

1 reife Avocado
etwas Zitronensaft
150 g Joghurt (1,5 %)
Salz, Pfeffer
300 g Kirschtomaten
1/2 Bund Basilikum
250 g gegartes, ausgelöstes Hähnchenfleisch (z. B. Brathähnchen-Reste → Seite 108)

1. Die Avocado halbieren, den Stein entfernen und das Fruchtfleisch auslösen. Mit etwas Zitronensaft beträufeln, dann mit dem Joghurt pürieren. Mit Salz und Pfeffer würzen.
2. Die Tomaten waschen und halbieren. Basilikum waschen, trocken schütteln und die Blätter fein hacken. Hähnchenfleisch klein schneiden.
3. Hähnchenfleisch und Tomaten mit der Sauce mischen. Kurz vor dem Servieren das Basilikum zugeben.

▲ 20 Min.
Pro Portion 259 kcal, 19 g E, 18 g F, 4 g Kh

Mit einer Scheibe Brot pro Portion ein leckeres Abendessen. Auch toll fürs Partybuffet.

Auch lecker: Der Salat schmeckt großartig mit einigen Salatblättern zwischen Toastscheiben als Sandwich. Zum Wintersalat wird er mit Mandarinen statt Tomaten und Dill statt Basilikum.

GEFÜLLTE HÜHNERBRUST MIT BROTSALAT

Für 4 Portionen
4 Brotscheiben vom Vortag
2 Knoblauchzehen
1/2 Salatgurke, 5 Tomaten
1 Bund Basilikum
2 EL Olivenöl, 1/2 EL Essig
Salz, Pfeffer
4 Hühnerschnitzel (je ca. 120 g)
2–3 EL Tomatenmark
1 Zucchini, etwas Mehl
2 EL Rapsöl zum Braten

1. Brot toasten, mit halbiertem Knoblauch einreiben, in Würfel schneiden. Gurke längs vierteln, Kerne herauskratzen, in Scheiben schneiden. Tomaten achteln. Basilikumblätter mit Gemüse, Öl, Essig, Salz und Pfeffer mischen.
2. Hühnerbrust wie eine Tasche an einer Seite einschneiden, salzen und pfeffern. Innen mit Tomatenmark bestreichen. Zucchini längs in Scheiben schneiden, Fleisch damit füllen, mit Rouladenspießen verschließen. In Mehl wenden und im Öl pro Seite 6–8 Min. braten.
3. Brotwürfel unter den Salat mischen, Spieße aus der Hühnerbrust entfernen und beides servieren.

▲ 30 Min.
Pro Portion 359 kcal, 35 g E, 12 g F, 27 g Kh

Info: Brotsalat ist eine leckere Resteverwertung und macht mit viel knackiger Rohkost auf leichte Art satt. Gute Alternative zum Butterbrot!

Auch lecker: Schweineschnitzel füllen. Statt Tomatenmark schmeckt auch Pesto oder Senf.

Profi-Tipp: Die Brotwürfel erst kurz vor dem Essen unter den Salat mischen – so bleiben sie schön knusprig.

GESCHMORTE HÜHNERBEINE

Für 4 Portionen
4 kleine Hühnerbeine
Salz, Pfeffer, Paprikapulver (edelsüß)
2 EL Rapsöl
200 g Zwiebeln
2 kleine rote Paprika
250 g Champignons
250 ml Orangensaft
2 EL Haferflocken, 2 EL Schmand

1. Hühnerbeine mit einem scharfen Messer im Gelenk teilen. Mit Salz, Pfeffer und Paprikapulver einreiben.
2. Öl in einem Schmortopf erhitzen, Hühnerteile darin kräftig anbraten.
3. Zwiebeln schälen, Paprika waschen und putzen. Beides klein würfeln.
4. Hühnerteile aus dem Topf nehmen. Zuerst Zwiebel-, danach Paprikawürfel anbraten. Hühnerbeine dazugeben, den Saft angießen und zugedeckt bei kleiner Hitze ca. 15 Min. schmoren.
5. Inzwischen Champignons putzen und klein schneiden. In den Topf geben und alles weitere 15 Min. schmoren.
6. Hühnerteile herausnehmen. Haferflocken und Schmand unter die Sauce rühren, alles aufkochen und abschmecken. Hühnerteile dazugeben, servieren.

▲ 45 Min.
Pro Portion (ohne Beilage) 367 kcal, 27 g E, 23 g F, 14 g Kh

Dazu schmecken 800 g Kartoffeln.

Federleicht: Ohne Schmand schmeckt die Sauce kräftiger und ist leichter.

Auch lecker: Herbstlich wird es mit 300 g Kürbiswürfeln statt Paprika und Apfel- statt Orangensaft.

KNUSPERSTÄBCHEN

Für 4 Portionen
300 g Hähnchenbrustfilet
2 rote Paprika
2 EL Tomatenmark
2 EL Honig, 2 EL Rapsöl
1 EL Apfelsaft, Salz, Pfeffer
150 g Cornflakes
250 g Joghurt (1,5 %)
2 EL Sauerrahm (20 %)
1/2 Salatgurke, 1 Knoblauchzehe

1. Backofen auf 200 Grad vorheizen. Hähnchenbrust in 2 cm breite Streifen schneiden. Paprika waschen, putzen und in 2 cm breite Streifen schneiden. Tomatenmark, Honig, Öl und Apfelsaft verrühren, mit Salz und Pfeffer würzen.
2. Cornflakes klein hacken. Hühnerfleisch und Paprika in der Marinade wenden, mit Cornflakes panieren. Gut andrücken und auf zwei Backblechen verteilen. Im Ofen (2. Schiene von oben) 15 Min. braten.
3. Gurke waschen, schälen und halbieren. Kerne mit einem Teelöffel auskratzen, Fruchtfleisch klein würfeln. Mit Joghurt und Sauerrahm mischen. Knoblauch dazupressen. Salzen, pfeffern und zu den Stäbchen reichen.

▲ 30 Min.
Pro Portion (ohne Beilage) 345 kcal, 24 g E, 8 g F, 43 g Kh

Dazu schmeckt pro Portion 1 Scheibe Brot und ein Tomatensalat (→ Seite 90).

Auch lecker: Statt Paprikastreifen können Sie auch anders Gemüse panieren, z. B. Zucchini-, Auberginen- oder gut abgetropfte Tomatenscheiben. Die Knusperstäbchen schmecken auch im Salat (→ Seite 76).

Profi-Tipp: Die Cornflakes lassen sich einfach im Blitzhacker (→ Seite 39) klein hacken.

FISCHSTÄBCHENBURGER

Für 4 Burger
1/4 Kopf Eisbergsalat
2 große Tomaten
1/2 Salatgurke
150 g Joghurt (1,5 %)
2 EL Tomatenmark
Salz, Pfeffer
etwas Paprikapulver
12 Fischstäbchen
4 große Vollkornbrötchen

1. Ofen auf 200 Grad vorheizen. Salat, Tomaten und Gurke waschen. Salat putzen und in Stücke zupfen, Tomaten und Gurke in Scheiben schneiden.
2. Für die Sauce den Joghurt mit Tomatenmark glatt rühren. Mit Salz, Pfeffer und Paprikapulver würzen.
3. Fischstäbchen ca. 12 Min. im Ofen braten. Dabei nach 6 Min. wenden.
4. Brötchen aufschneiden und am Ende der Garzeit kurz im Ofen mit rösten. Brötchenunterseiten mit Salatblättern belegen, je 3 Fischstäbchen darauf verteilen, mit Sauce beträufeln und mit Tomaten- und Gurkenscheiben toppen. Deckel auflegen und sofort servieren. Dazu das restliche Gemüse mit der restlichen Sauce zum Dippen reichen.

▲ 30 Min.
Pro Portion 463 kcal, 26 g E, 4 g F, 79 g Kh

Info: Fischstäbchen der neuen Generation lassen sich einfach im Backofen zubereiten: Das spart Fett!

Profi-Tipp: Für Kleinkinder Mini-Brötchen mit 1 Fischstäbchen.

Auch lecker: Tiefgefrorene Hähnchensticks statt Fischstäbchen.

CALAMARES MIT ZITRUS-DIP UND BOHNENRISOTTO

Für 4 Portionen
750 g breite grüne Bohnen
1 Zwiebel, 1 Knoblauchzehe
1 EL Olivenöl
200 g Risottoreis
800 ml Gemüsebrühe
500 g TK-Tintenfischringe (paniert)
150 g Joghurt (1,5 %)
1 EL Schmand (20 %)
1 unbeh. Zitrone, Salz, Pfeffer

1. Ofen auf 200 Grad vorheizen. Bohnen waschen, putzen und schräg in 1 cm breite Stücke schneiden.
2. Zwiebel und Knoblauch klein schneiden, im Öl in einem Topf andünsten. Reis zugeben und unter Rühren glasig dünsten. Mit der Brühe ablöschen und 10 Min. köcheln lassen, dabei öfter rühren. Bohnen zugeben und alles weitere 10–15 Min. köcheln lassen.
3. Tintenfischringe im Ofen (Mitte) ca. 15 Min. backen. Für den Dip Joghurt und Schmand verrühren. Zitrone heiß abwaschen, Schale fein reiben und unter den Dip mischen. Mit Salz und Pfeffer würzen. Risotto abschmecken, mit Calamares und Dip servieren.

▲ 40 Min.
Pro Portion 400 kcal, 30 g E, 6 g F, 53 g Kh

Info: Das Gemüse ist im Reis versteckt, und gegen den zitronig-frischen Dip hat fette Mayo keine Chance mehr!

Auch lecker: Das Bohnenrisotto schmeckt solo mit einem Tomatensalat. Der Dip passt als leichte Sauce auch zu anderem Fisch.

Info: Tiefgefrorene Tintenfischringe sind vorfrittiert und daher fetthaltig. Das ist aber in Ordnung, wenn sie im Backofen fertig gegart werden.

TOMATEN-KNUSPER-FISCH

Für 4 Portionen
600 g Tomaten
Salz, Pfeffer
400 g TK-Seelachsfilet
1/2 Bund Petersilie
3 EL grüne Oliven (ohne Stein)
1 TL getrockneter Thymian
6 EL Tomatenmark
50 g Semmelbrösel
4 EL Olivenöl

1. Ofen auf 220 Grad vorheizen. Tomaten waschen und in Scheiben schneiden, Stielansätze entfernen. Tomatenscheiben in eine flache Auflaufform legen, salzen und pfeffern.
2. Fischfilets unaufgetaut darauf verteilen und etwas salzen. Petersilie waschen, trocken schütteln und die Blättchen fein hacken. Oliven ebenfalls fein hacken und mit Petersilie, Thymian und Tomatenmark verrühren. Semmelbrösel und Öl untermischen.
3. Semmelbrösel-Mix gleichmäßig als Kruste auf den Fischfilets verteilen. Im Ofen (Mitte) ca. 30–40 Min. garen. Für die letzten 15 Min. mit Alufolie abdecken.

▲ 20 Min. + 30–40 Min. Backen
Pro Portion (ohne Beilage) 445 kcal, 27 g E, 18 g F, 43 g Kh

Dazu pro Person 1 1/2 Scheiben Brot oder 200 g Kartoffeln servieren.

Info: Tomaten und Gewürze nehmen den Fischgeschmack, den Kinder oft nicht mögen.

Auch lecker: Für eine Nusskruste statt der Oliven 3 EL gehackte Walnüsse verwenden.

Profi-Tipp: Tomaten vorher mit einem Tomatenschäler schälen.

SCHMORTOMATEN MIT POLENTA

Für 4 Portionen

550 ml Gemüsebrühe
200 ml Milch (1,5 %), Salz
250 g Polenta (Maisgrieß)
2 EL Pinienkerne
750 g Kirschtomaten, 2 EL Rapsöl
einige Zweige Rosmarin
2 EL Balsamico-Essig
Pfeffer, Zucker
50 g geriebener Parmesan

1. Brühe, Milch und 1/4 TL Salz aufkochen. Polentagrieß einrühren. 15–20 Min. köcheln, dabei öfter rühren.
2. Pinienkerne in einer trockenen Pfanne anrösten, bis sie duften. Die Tomaten waschen. Öl in einer großen Pfanne erhitzen. Tomaten darin mit den ganzen Rosmarinzweigen bei mittlerer Hitze ca. 8 Min. schmoren, bis sie aufplatzen. Dabei die Pfanne öfter kräftig rütteln. Mit dem Balsamico-Essig ablöschen und mit Salz, Pfeffer und etwas Zucker würzen.
3. Parmesan unter die Polenta ziehen. Mit den Schmortomaten auf einer Platte anrichten und mit den Pinienkernen bestreut servieren.

▲ 25 Min.
Pro Portion 419 kcal, 14 g E, 16 g F, 54 g Kh

Auch lecker: Die Tomaten schmecken mit etwas Brot als Antipasti oder als schnelle Beilage zu kurz Gebratenem.

Profi-Tipp: Das Gericht steht und fällt mit der Qualität der Tomaten. Unbedingt vollreife, aromatische Tomaten verwenden.

Nachschlag: Pro Portion 1 kleines Bratwürstchen, 3 Fischstäbchen oder 1 kleines Schnitzel dazu servieren.

KÄSEMÖHREN MIT CURRYRAHMNUDELN

Für 4 Portionen

8 Möhren (insgesamt ca. 600 g)
100 g Fetakäse
100 g geriebener Käse (max. 30 % i. Tr.)
1/2 TL Honig
400 g Hörnchennudeln
100 ml Kaffeesahne (10 %)
100 ml Orangensaft
1 TL mildes Currypulver
2 TL Sojasauce
2 TL Ketchup
Pfeffer, 1 Prise Salz, 1 Prise Zucker

1. Backofen auf 200 Grad vorheizen. Möhren waschen, schälen, längs halbieren und leicht salzen.
2. Feta zerdrücken und mit dem geriebenen Käse und Honig verkneten. Auf je eine Möhrenhälfte streichen, andere Hälfte darauf legen und die gefüllten Möhren in Alufolie wickeln. Auf dem Blech im Ofen (Mitte) ca. 30 Min. garen.
3. Nudeln nach Packungsanweisung kochen. Kaffeesahne, Orangensaft und Currypulver in einer Pfanne aufkochen. Mit Sojasauce, Pfeffer, Ketchup, Zucker würzen. Nudeln in der Sauce schwenken, mit Käsemöhren servieren.

▲ 40 Min. (inkl. Backen)
Pro Portion 392 kcal, 18 g E, 16 g F, 44 g Kh

Info: Kaffeesahne ist viel leichter als süße Sahne und gerinnt nicht, auch wenn Orangensaft hinzu kommt.

Auch lecker: Sie können auch kleine Zucchini mit der Käsemasse füllen. Die Garzeit reduziert sich auf 15–20 Min.

Info: Die glitzernd verpackten Möhren mit Käsefüllung kommen auch bei Gemüsemuffeln gut an. Sie müssen richtig gut gekaut werden – prima fürs Sättigungsgefühl und gut für die Zähne.

FRÜHLINGSRAGOUT MIT ZITRONENNUDELN

Für 4 Portionen

300 g Bandnudeln, Salz
300 g Spargelabschnitte
1 Bund zarte Möhren
150 g Zuckerschoten
1/2 Bund Frühlingszwiebeln
1 EL Rapsöl, 1 EL Mehl
400 ml Gemüsebrühe
1/2 Bund gehackte Petersilie
75 g Schmand (20 %), Pfeffer
1 unbeh. Zitrone, 1 EL Butter

1. Nudeln bissfest kochen.
2. Gemüse waschen, putzen, schälen. Spargel und Zwiebeln schräg in 2 cm lange Stücke, Möhren in 1 cm große Würfel schneiden. Zwiebeln im Öl andünsten, Möhren kurz mitbraten. Mit Mehl bestäuben, Brühe angießen, salzen und pfeffern. Spargel zugeben, zugedeckt 5 Min. garen. Zuckerschoten dazugeben und weitere 5 Min. garen.
3. Petersilie mit Schmand pürieren, salzen, pfeffern.
4. Zitronenschale abreiben, Saft auspressen. Beides mit der Butter zerlassen, Nudeln darin schwenken. Mit Petersilienschmand zum Ragout servieren.

▲ 30 Min.
Pro Portion 468 kcal, 15 g E, 12 g F, 72 g Kh

Info: Spargel hat kaum Kalorien, ist aber sehr nährstoffreich und wirkt entwässernd – das macht ihn zum idealen Diätgemüse.

Auch lecker: Spargel durch 1 große, in 1 cm große Würfel geschnittene Kohlrabiknolle ersetzen. Die Zitronennudeln schmecken auch zu anderen Gemüse- oder Fischgerichten.

Info: „Ich will aber selber ..." – deshalb den Petersilienschmand zum Selbst-Untermischen extra reichen.

BLAUBEERPFANNKUCHEN AUS DEM OFEN

Für 4 Portionen
500 g Blaubeeren
200 g Mehl (Type 1050)
1 Prise Salz
3 Eier
100 g Apfelmus (ungesüßt)
150 ml Milch (1,5 %)
2 EL Zucker, etwas Zimt
250 g Magerquark
50 ml Sprudelwasser
2 EL Honig
1/2 unbeh. Zitrone

1. Backofen auf 240 Grad vorheizen. Ein tiefes Blech mit Backpapier auslegen, im Ofen heiß werden lassen. Blaubeeren waschen und verlesen.
2. Mehl, Salz, Eier, Apfelmus und Milch zu einem Pfannkuchenteig verquirlen. Zucker und Zimt mischen.
3. Teig auf dem Blech verteilen. Mit Beeren belegen und mit Zimtzucker bestreuen. Im Ofen (Mitte) in 10–15 Min. goldbraun backen.
4. Quark mit Sprudelwasser und Honig aufschlagen. Zitrone heiß abwaschen, Schale abreiben und unter den Quark rühren. Zum Pfannkuchen servieren.

▲ 25 Min.
Pro Portion 456 kcal, 22 g E, 8 g F, 72 g Kh

Auch lecker: Obst nach Geschmack und Saison austauschen, es passen z. B. auch Äpfel, Birnen, Zwetschgen, Johannisbeeren, Stachelbeeren oder Kirschen. TK-Beeren gefroren auf den Teig geben.

Info: Im Ofen gebacken machen Pfannkuchen weniger Arbeit und brauchen kein Bratfett. Blech unbedingt im Ofen heiß werden lassen. Sonst stockt der Teig zu langsam und wird matschig.

RHABARBER-QUARK-AUFLAUF

Für 4 Portionen
600 g Rhabarber
3 Eier
1 Prise Salz
400 g Magerquark
75 g Zucker
1 Päckchen Vanillepuddingpulver
200 ml Orangensaft
ca. 100 g Zwieback
etwas Puderzucker zum Bestäuben

1. Backofen auf 180 Grad vorheizen. Rhabarber waschen, ungeschält in 2 cm lange Stücke schneiden.
2. Eier trennen. Eiweiß mit 1 Prise Salz steif schlagen. Eigelb mit Quark, Zucker und Vanillepuddingpulver zu einer schaumigen Masse verrühren. Eischnee vorsichtig unterheben.
3. Den Boden einer flachen Auflaufform (2,5 Liter Inhalt) mit dem Zwieback auslegen. Mit Orangensaft beträufeln. Die Hälfte der Quarkmasse einfüllen, mit Rhabarber belegen, dann den restlichen Quark einfüllen.
4. Im Ofen (Mitte) 25–30 Min. backen. Mit Puderzucker bestäuben und noch warm servieren.

▲ 20 Min. + 25 Min. Backen
Pro Portion 396 kcal, 23 g E, 7 g F, 58 g Kh

Auch lecker: Statt Rhabarber z. B. Aprikosen, Äpfel, Zwetschgen oder Brombeeren verwenden.

Profi-Tipp: Ist Ihre Auflaufform höher, verlängert sich die Garzeit. Auflauf dann nach 30 Minuten abdecken, sonst wird er zu dunkel.

Info: Zwieback ist sehr fettarm – genau richtig für leichte Süßspeisen.

FRUITY TRIFLE

Für 4 Portionen
500 g Beeren z. B. Erdbeeren, Himbeeren oder Blaubeeren (alternativ Tiefkühlbeeren)
300 g Melonenfruchtfleisch (z. B. Honig- oder Charentais-Melone)
400 g Magerquark
400 g Joghurt (1,5 %)
2 EL Honig
etwas Zimt
200 g Löffelbiskuits

1. Beeren waschen und putzen bzw. auftauen und pürieren. Eventuell durch ein Sieb streichen, um die Kerne zu entfernen. Melone klein würfeln.
2. Quark, Joghurt, Honig und Zimt zu einer glatten Creme verrühren.
3. Den Boden einer flachen Auflaufform (2,5 l Inhalt) mit Löffelbiskuit auslegen. Mit einem Teil des Fruchtpürees beträufeln, dann mit einem Teil der Quarkcreme bedecken und mit Melonenwürfeln belegen. Wieder eine Schicht Löffelbiskuits, mit Beerenpüree beträufeln und so weiter, bis alle Zutaten aufgebraucht sind. Mit Melone abschließen. Abgedeckt im Kühlschrank mind. 30 Min. durchziehen lassen.

▲ 25 Min. + 30 Min. Kühlen
Pro Portion 456 kcal, 22 g E, 7 g F, 72 g Kh

Profi-Tipp: Reicht als Dessert für 8 Portionen.

Auch lecker: Schmeckt auch mit anderem Obst, z. B. mit Aprikosen, Mango, Orangen oder Kirschen statt Melone.

Info: Quark und Joghurt liefern mageres Eiweiß, das gut verdaulich ist und lange sättigt, außerdem viel Kalzium für starke Knochen. Biskuits sind ebenfalls leicht – aber süß!

PIZZASCHNITZEL

Für 4 Portionen
400 g Kammschnitzel vom Schwein (mit Fettrand)
1 kleine Zwiebel
3 EL Ketchup, 2 EL Senf
2 EL Zitronensaft
3 EL Rapsöl
Salz, Pfeffer
1/4 TL Paprikapulver

1. Fettränder am Fleisch senkrecht mehrmals einschneiden.
2. Für die Marinade die Zwiebel schälen und fein würfeln. Ketchup, Senf, Zitronensaft und Öl verrühren, Zwiebel zugeben. Mit Salz, Pfeffer und Paprikapulver würzen. Fleisch in die Marinade legen und mind. 2 Std. im Kühlschrank ziehen lassen.
3. Schnitzel aus der Marinade heben und von beiden Seiten auf Alufolie 4 Min. auf dem Grill oder im Backofen grillen. Fettränder danach entfernen, Fleisch in Mini-Schnitzel schneiden und mit der Marinade als Sauce servieren.

▲ 20 Min. + mind. 2 Std. Marinieren
Pro Portion 249 kcal, 21 g E, 17 g F, 4 g Kh

Dazu schmecken pro Portion 1–2 Scheiben Brot und grüner Salat oder der Zitronen-Couscous von Seite 106 oder der Brotsalat von Seite 112 oder der Kichererbsensalat von Seite 106.

Auch lecker: Die Marinade eignet sich auch für Geflügel, z. B. Putenschnitzel, Hähnchenflügel oder Hühnerbeine.

Info: Der Fettrand hält das Fleisch beim Grillen saftig und aromatisch. Deshalb erst nach dem Grillen abschneiden.

GRILLFISCH

Für 4 Portionen
3 Frühlingszwiebeln
1 unbeh. Zitrone
1 Knoblauchzehe
1 Stück Ingwer (1–2 cm)
1/2 TL Currypulver
4 EL Rapsöl
400 g Fisch oder Garnelen

1. Frühlingszwiebeln waschen, putzen und in Ringe schneiden. Zitrone heiß waschen, die Schale abreiben und den Saft auspressen. Knoblauch und Ingwer schälen und sehr klein schneiden. Curry zugeben. Alles mit dem Öl vermischen.
2. Fisch oder Garnelen in die Marinade legen. Mind. 2 Std. im Kühlschrank marinieren, am besten über Nacht.
3. Fisch oder Garnelen aus der Marinade nehmen, gut abtropfen lassen und auf Alufolie 8–10 Min. auf dem Grill oder im Backofen grillen, dabei einmal wenden.

▲ 25 Min. + mind. 2 Std. Marinieren
Pro Portion 192 kcal, 19 g E, 11 g F, 3 g Kh

Dazu schmecken pro Portion 1–2 Scheiben Brot und grüner Salat oder der Zitronen-Couscous (→ Seite 106).

Info: Für das Rezept am besten mageren frischen Fisch nehmen (ganz oder als Filet): Garnelen, Tintenfisch, Barsch und Seehecht sind mager. Z. B. Aal, Makrele und Thunfisch haben einen höheren Fettgehalt.

Profi-Tipp: Die restliche Marinade mit 1 EL Rapsöl andünsten, mit 2 EL Joghurt (1,5 %) und Wasser glattrühren, salzen.

STOCKBURGER

Für 4 Portionen
8 Holzspieße (ca. 30 cm lang)
300 g Mehl (Type 1050)
1/2 TL Trockenhefe
1 TL Salz
ca. 170 ml lauwarmes Wasser
1 Bund Schnittlauch in Röllchen
200 g fein geraspelte Kartoffeln
350 g Rinderhackfleisch
1 kleines Ei
Salz, Pfeffer
1 Zucchini (Ø 2–3 cm)
1 rote Paprika

1. Spieße 1 Std. wässern. Mehl, Hefe und Salz mischen. Mit Wasser zu einem Teig kneten. Zugedeckt an einem warmen Ort 1 Std. gehen lassen.
2. Hackfleisch, Kartoffeln, Ei und Schnittlauch gut verkneten, salzen und pfeffern. Gemüse waschen. Zucchini in 1 cm breite Scheiben, Paprika in 2–3 cm große Würfel schneiden.
3. Jeweils um eine Zucchinischeibe Hackbällchen formen. Teig ebenfalls zu Bällchen drehen und im Wechsel mit Paprika und Hackbällchen auf Spieße stecken. Spieße in Aluschalen legen und von jeder Seite ca. 8 Min. grillen.

▲ 45 Min. + 1 Std. Gehen
Pro Portion 500 kcal, 28 g E, 14 g F, 63 g Kh

Profi-Tipp: Umwickeln Sie ein Ende der Spieße mit etwas Alufolie – so können die Holzenden nicht verkohlen.

Auch lecker: Für Gemüsefans mehr Gemüse nehmen, z. B. auch Zucchini auf die Spieße stecken. Für Kinder ist der pure Teig (also ohne Hackbällchen und Gemüse) als Stockbrot gegrillt ein Renner.

Info: Zucchini geben den Hackbällchen nicht nur Halt, sondern machen sie saftig und fettarm.

OBSTQUADRATE

Für 1 Blech (20 Stücke)
350 g Mehl (Type 405)
1 Prise Salz
2 EL Zucker
1 Päckchen Trockenhefe
180 ml Milch (1,5 %)
50 g Butter, 1 Ei
2 kg Obst (z. B. Zwetschgen, Äpfel, Kirschen oder Aprikosen)
3 EL Semmelbrösel
2 EL Zucker zum Bestreuen

1. Mehl, Salz, Zucker und Hefe mischen. Milch und Butter lauwarm erhitzen. Mit dem Ei unter den Mehl-Mix kneten und zu einem geschmeidigen Teig verarbeiten. An einem warmen Ort abgedeckt ca. 45 Min. gehen lassen.
2. Obst vorbereiten. Zwetschgen an einer Seite aufschlitzen und entsteinen, Äpfel in Spalten schneiden, Aprikosen halbieren und Kirschen entsteinen.
3. Ofen auf 200 Grad vorheizen. Teig auf Blechgröße ausrollen, auf das mit Backpapier belegte Blech legen. Mit den Semmelbröseln bestreuen, Obst darauf verteilen. Im Ofen (Mitte) ca. 35 Min. backen. Noch warm mit Zucker bestreuen.

▲ 25 Min. + 45 Min. Gehen + 35 Min. Backen
Pro Stück 149 kcal, 3 g E, 3 g F, 27 g Kh

Dazu passt Joghurt-Sahne: Sahne schlagen und unter weiterem Schlagen Joghurt löffelweise einlaufen lassen – max. im Verhältnis 1:1.

Info: 1 Stück zählt als Zwischenmahlzeit, 2 Stücke sind auch für Erwachsene schon fast eine Hauptmahlzeit.

Pannenhilfe: Der Teig geht nicht? Mit Schüssel in den 50 Grad heißen Ofen oder auf einen Topf mit heißem Wasser stellen.

ERDBEERBISKUIT

Für 1 Tortenbodenform (Ø 24 cm) ergibt 12 Stücke
2 Eier, 2 EL heißes Wasser
60 g Zucker, 1 Prise Salz
80 g Mehl (Type 405), 1 TL Backpulver
750 geputzte Erdbeeren, 2 EL Zucker
3 Blatt weiße Gelatine

1. Backofen auf 180 Grad vorheizen. Form mit Backpapier auslegen. Eier trennen. Eigelb, Wasser und Zucker in 5 Min. zu einer hellen, glatten Creme aufschlagen.
2. Eiweiß mit Salz steif schlagen. Mehl mit Backpulver mischen und unter die Eigelbcreme heben, dann den Eischnee. In die Form füllen. Im Ofen ca. 30 Min. backen (2. Schiene von unten).
3. 1/3 der Erdbeeren klein schneiden, einzuckern und 10 Min. ziehen lassen. Gelatine in kaltem Wasser einweichen. Gezuckerte Erdbeeren durch ein Sieb gießen, Saft auffangen, mit Wasser auf 250 ml auffüllen. Schwach erhitzen, abgetropfte Gelatine unter Rühren auflösen. Saft löffelweise zugeben. Abgekühlten Biskuit aus der Form lösen, mit Erdbeeren belegen, mit Guss überziehen und kalt stellen.

▲ 35 Min. + 30 Min. Backen
Pro Stück 94 kcal, 4 g E, 1 g F, 16 g Kh

Info: Gelatine schmeckt nicht nur besser als Tortenguss, sie ist auch gesünder, denn sie besteht aus Eiweiß und nicht aus Stärke.

Profi-Tipp: Gelatine darf nicht kochen.

Auch lecker: Schmeckt auch ohne Guss und mit anderem weichem Obst. Eventuell den Guss mit Apfel- oder Orangensaft anrühren.

MINI-CHEESECAKES

Für 12 Mini-Cakes
1 Muffinblech
300 g Süßkirschen
3 Eier
60 g Butter
500 g Magerquark
1 Päckchen Vanillepuddingpulver
5 EL Vollkorn-Weichweizengrieß
50 g Zucker
1/2 Päckchen Backpulver
Salz
4 EL Schoko-Tröpfchen

1. Backofen auf 200 Grad vorheizen. Kirschen waschen und entsteinen.
2. Eier trennen. Butter schmelzen und mit dem Eigelb verrühren. Quark mit Vanillepuddingpulver, Grieß, Zucker und Backpulver unter die Eigelbmasse rühren.
3. Eiweiß mit einer Prise Salz steif schlagen. Eischnee vorsichtig unter die Quarkmasse heben. Kirschen und Schoko-Tröpfchen zugeben.
4. Die 12 Mulden eines Muffinblechs eventuell mit Silikonförmchen auskleiden. Masse gleichmäßig einfüllen. Im Ofen (2. Schiene von unten) 25–30 Min. backen.

▲ 20 Min. + 30 Min. Backen
Pro Stück 157 kcal, 9 g E, 7 g F, 14 g Kh

Auch lecker: Statt Kirschen klein gewürfelte Zwetschgen oder Aprikosen, Schattenmorellen aus dem Glas oder tiefgefrorene Beeren verwenden.

Profi-Tipp: Papierförmchen kleben stärker als Silikonförmchen am Gebäck. Viele Muffinbleche haben eine Antihaftbeschichtung. So lösen sich die Muffins auch ohne Förmchen leicht.

Federleicht: Ohne Schoko-Tröpfchen.

DALMATINER-QUARK

Für 4 Portionen
300 g Magerquark
200 g Joghurt (1,5 %)
1 Päckchen Vanillezucker
2 EL Zucker
400 g Erdbeeren
2 EL Raspelschokolade

1. Magerquark mit Joghurt, Vanillezucker und Zucker glatt rühren.
2. Erdbeeren waschen, putzen und klein schneiden. Unter den Quark ziehen.
3. Mit Raspelschokolade bestreuen und servieren.

▲ 15 Min.
Pro Portion 183 kcal, 13 g E, 3 g F, 24 g Kh

Auch lecker: Erdbeeren nach Saison und Geschmack durch andere Früchte austauschen. Statt Raspelschokolade schmecken auch geröstete Pinienkerne oder Mandelstifte gut.

Profi-Tipp: Das Dessert lässt sich gut vorbereiten. Bewahren Sie Quark und Erdbeeren getrennt auf und mischen Sie beides erst kurz vor dem Servieren – sonst werden die Erdbeeren matschig.

FRÜCHTESEE MIT KNUSPERINSELN

Für 4 Portionen
250 g Erdbeeren
500 g Melonenfruchtfleisch (z. B. Wasser- oder Honigmelone)
1 Päckchen Vanillezucker
1 EL Zitronensaft
2 Scheiben Hefezopf (100 g)

1. Erdbeeren waschen. 4 schöne Früchte für die Dekoration zur Seite legen, den Rest putzen. Melonenfruchtfleisch würfeln und zusammen mit den Erdbeeren, Vanillezucker und Zitronensaft pürieren. Mind. 30 Min. kalt stellen.
2. Für die Knusperinseln Hefezopfscheiben klein würfeln. In einer Pfanne ohne Fett rundherum anrösten. Zur Selbstbedienung zum Früchtesee servieren.

▲ 20 Min. + 30 Min. Kühlen
Pro Portion 155 kcal, 3 g E, 3 g F, 28 g Kh

Nachschlag: Für alle, die mehr Kalorien vertragen, Sahne oder Vanillesauce zum Früchtesee servieren.

KOKOSTÜRMCHEN

Für 4 Portionen
4 Blatt Gelatine
300 ml Milch (1,5 %)
2 EL Zucker
150 g Kokosjoghurt (3,5 %)
frisches Obst

1. Gelatine in kaltem Wasser einweichen. Milch mit Zucker aufkochen, vom Herd ziehen. Ausgedrückte Gelatine unter Rühren in der Milch auflösen.
2. Etwas abkühlen lassen, dann nach und nach Kokosjoghurt zugeben. In 4 Tassen oder Formen (je ca. 150 ml Inhalt) füllen. Mind. 4 Std. im Kühlschrank fest werden lassen.
3. Formen in heißes Wasser tauchen. Türmchen vom Rand lösen, auf Teller stürzen. Dazu frisches Obst servieren.

▲ 20 Min. + 4 Std. Kühlen
Pro Portion: 127 kcal, 8 g E, 2 g F, 18 g Kh

Auch lecker: Statt Kokosjoghurt können Sie auch andere Sorten, z. B. Vanille oder Mango, verwenden.

Profi-Tipp: Die Türmchen sind ideal für Gäste, da sie sich gut vorbereiten lassen.

BLITZ-FRUCHTSORBET

Für 4 Portionen
450 g TK-Obst (z. B. Beeren- oder Exotic-Mix)
2 TL Puderzucker
1–2 EL Zitronensaft

Obst ca. 15 Min. bei Zimmertemperatur antauen lassen. Mit Puderzucker und Zitronensaft pürieren. Sofort servieren.

▲ 5 Min. + 15 Min. Antauen
Pro Portion 138 kcal, < 1 g E, < 1 g F, 32 g Kh

Profi-Tipp: Reste in einer Plastikbox oder als Eiswürfel einfrieren.

Auch lecker: Für Erwachsene 1 Kugel Sorbet in eine Sektschale geben und mit eiskaltem Sekt aufgießen, für Kinder mit Zitronenlimonade.

Info: Kinder lieben oft einfach Wasser-Eis. Crushen Sie Eiswürfel im Blitzhacker und gießen Sie das crushed Eis mit Saft auf. Oder frieren Sie Saft im Eiskugelbeutel ein und crushen es dann zu Granité – einer südländischen Spezialität.

	MONTAG	DIENSTAG	MITTWOCH
▶ *Dieser Wochenplan ist kein Kostplan wie im Krankenhaus. Nicht jeder Tag kommt auf dieselbe Kalorienzahl. Sie müssen auch nicht ständig andere Frühstücksideen und Extras überlegen – deshalb finden Sie nicht täglich neue Varianten. Lassen Sie sich vom Speiseplan anregen und planen Sie flexibel für Ihre eigenen Bedürfnisse.*	**1. FRÜHSTÜCK** 1 Brötchen mit 1 TL Butter, 1 TL Honig und 1 TL **Fruchtstar-Aufstrich** (→ Seite 73), 1 Glas Milch oder Milchkaffee	**1. FRÜHSTÜCK** ← oder →	**1. FRÜHSTÜCK** 1 Scheibe Brot mit Frischkäse und 1 Scheibe Brot mit Schinken, 1 Glas Saft
	2. FRÜHSTÜCK 1 Scheibe Brot mit Tomatenmark, 1 Scheibe Käse, Gurkenscheiben, Kirschtomaten, 1 Apfel	**2. FRÜHSTÜCK** 1 Scheibe Brot mit 1 Scheibe Schinken, Senf, Gurke oder mit Käse und Salatblättern, 1 Möhre	**2. FRÜHSTÜCK** **Knabbergemüse mit Dip** (→ Seite 79) und 1 Scheibe Brot (in Streifen geschnitten)
▶ *Keine Lust auf zweimal kochen? Eine warme Mahlzeit am Tag genügt. Die andere können Sie durch eine kalte Brotmahlzeit ersetzen. Geeignete Beispiele dafür, wie Sie eine kalte Brotmahlzeit zusammenstellen können, finden Sie auf Seite 40.*			
MITTAGESSEN	**Steaks mit Salsa und Zitronen-Couscous** (→ Seite 106)	**Kohlrabi-Hack-Topf** (→ Seite 82)	**Paprikapasta mit Zaubercreme** (→ Seite 84)
ABENDESSEN	**Nudel-Ufo** (→ Seite 86) mit Salat	**Wunsch-Salat** (→ Seite 76) mit Extras oder mit 1 Scheibe Brot	**1 Scheibe Picknickbrot** (→ Seite 74) mit Salat
EXTRAS, ALTERNATIVEN	150 g Fruchtjoghurt (1,5 %) oder 1 Kugel Fruchteis oder Knabbergemüse	**Dalmatiner-Quark** (→ Seite 124)	150 g Fruchtjoghurt (1,5 %)

DONNERSTAG	FREITAG	SAMSTAG	SONNTAG
1. FRÜHSTÜCK	**1. FRÜHSTÜCK**	**1. FRÜHSTÜCK**	**1. FRÜHSTÜCK**
← oder →	**Rosa Wolke** (→ Seite 71), 1 Tasse Früchtetee oder Milchkaffee	← oder →	**1 Breakfast-Muffin** (→ Seite 74), **Melonenschiffchen** (→ Seite 71), 1 Glas Milch oder Kakao
2. FRÜHSTÜCK	**2. FRÜHSTÜCK**	**2. FRÜHSTÜCK**	**2. FRÜHSTÜCK**
1 Scheibe Picknickbrot (→ Seite 74), Erdbeeren	1 Brötchen mit 1 Scheibe Schinken, Radieschen, 1 Apfel	1 Apfel	fällt aus, dafür gibt es Nachtisch

Polentavesuv (→ Seite 92) mit Salat	**Gyros light** (→ Seite 106) mit Reis	**Reispfanne à la Paella** (→ Seite 100)	**Knusperstäbchen** (→ Seite 112) mit Brot und Salat
Fischstäbchenburger (→ Seite 114)	**Blaubeerpfannkuchen** (→ Seite 116)	**Gemüsecreme-Macchiato** (→ Seite 80) mit 1 Scheibe Brot	**Würstchen-Wrap** (→ Seite 74)
1 Portion Beeren oder 1 Kiwi	2 Knabbermöhren	**1 Mini-Cheesecake** (→ Seite 122)	**Blitz-Fruchtsorbet** (→ Seite 125) als Nachtisch

▶ *Dieser Wochenplan ist kein Kostplan wie im Krankenhaus. Nicht jeder Tag kommt auf dieselbe Kalorienzahl. Sie müssen auch nicht ständig andere Frühstücksideen und Extras überlegen – deshalb finden Sie nicht täglich neue Varianten. Lassen Sie sich vom Speiseplan anregen und planen Sie flexibel für Ihre eigenen Bedürfnisse.*

▶ *Keine Lust auf zweimal kochen? Eine warme Mahlzeit am Tag genügt. Die andere können Sie durch eine kalte Brotmahlzeit ersetzen. Geeignete Beispiele dafür, wie Sie eine kalte Brotmahlzeit zusammenstellen können, finden Sie auf Seite 40.*

	MONTAG	DIENSTAG	MITTWOCH
1. FRÜHSTÜCK	**Power-Shake** (→ Seite 71) und 2 Zwiebäcke	← oder →	1 Brötchen mit körnigem Frischkäse und **Zwetschgenmus** (→ Seite 72) und 2 Zwiebäcke, 1 Glas Saft
2. FRÜHSTÜCK	1 Scheibe Brot mit 1 TL Butter, 1 Scheibe Kochschinken und Knabbergemüse	1 Brötchen, **Pizza-Creme** (→ Seite 72), Hartkäse, Gurkenscheiben	1 Scheibe Brot mit Magerquark und Konfitüre
MITTAGESSEN	**Ratatouille mit Mozzarella-Baguette** (→ Seite 82), 150 g Fruchtjoghurt (1,5 %)	**Calamares mit Zitrus-Dip und Bohnenrisotto** (→ Seite 114)	**Nudelnester mit Tomatensauce** (→ Seite 86)
ABENDESSEN	**Rhabarber-Quark-Auflauf** (→ Seite 118)	**Fruity Trifle** (→ Seite 118)	**Knabbergemüse mit Dip** (→ Seite 79), 1 Scheibe Brot, Spiegelei
EXTRAS, ALTERNATIVEN	1 Glas Kakao	1 Pfirsich	150 g Fruchtjoghurt (1,5 %)

DONNERSTAG	FREITAG	SAMSTAG	SONNTAG
1. FRÜHSTÜCK ← oder →	**1. FRÜHSTÜCK** 1 Brötchen mit 1 TL Butter, 1 gekochten Ei und Tomatenscheiben, 1 Glas Saft	**1. FRÜHSTÜCK** ← oder →	**1. FRÜHSTÜCK** **Knuspermüsli** (→ Seite 70), 1 Glas Saft
2. FRÜHSTÜCK 1 Joghurt (1,5 %) mit 2 EL **Knuspermüsli** (→ Seite 70)	**2. FRÜHSTÜCK** **Dalmatiner-Quark** (→ Seite 124)	**2. FRÜHSTÜCK** 150 g Fruchtjoghurt (1,5 %)	**2. FRÜHSTÜCK** fällt aus, dafür gibt es Kuchen am Nachmittag

Lamm mit Kichersalat (→ Seite 106)	**Asia-Suppe mit Omelett** (→ Seite 90)	**Sanfter Nudeltopf** (→ Seite 82)	**Geschmorte Hühnerbeine** (→ Seite 112) mit Kartoffeln
Murmel-Auflauf (→ Seite 94)	2 Scheiben Brot mit je 1 TL Butter und 1 Scheibe Schinken oder Käse und Salat	**Hamburger** (→ Seite 103) mit Salat	**Wunsch-Salat** (→ Seite 76) mit 1 Scheibe Brot
1 Glas Saft	1 Apfel	1 Handvoll Kirschtomaten	**Erdbeerbiskuit** (→ Seite 122) am Nachmittag

▶ *Dieser Wochenplan ist kein Kostplan wie im Krankenhaus. Nicht jeder Tag kommt auf dieselbe Kalorienzahl. Sie müssen auch nicht ständig andere Frühstücksideen und Extras überlegen – deshalb finden Sie nicht täglich neue Varianten. Lassen Sie sich vom Speiseplan anregen und planen Sie flexibel für Ihre eigenen Bedürfnisse.*

▶ *Keine Lust auf zweimal kochen? Eine warme Mahlzeit am Tag genügt. Die andere können Sie durch eine kalte Brotmahlzeit ersetzen. Geeignete Beispiele dafür, wie Sie eine kalte Brotmahlzeit zusammenstellen können, finden Sie auf Seite 40.*

	MONTAG	DIENSTAG	MITTWOCH
1. FRÜHSTÜCK	1 Scheibe Brot mit Tomatenmark und Putenbrustaufschnitt und 1 Scheibe Brot mit körnigem Frischkäse und Tomatenscheiben, 1 Glas Saft	← oder →	**Knuspermüsli** (→ Seite 70), 1 Glas Saft
2. FRÜHSTÜCK	1 Portion (ca. 125 g) Magerquark mit Obst	1 Brötchen mit 4 TL **Kicher-Paste** (→ Seite 72)	**Obstspieße mit Dip** (→ Seite 79)

MITTAGESSEN	**China-Pfanne** (→ Seite 100)	**Käsemöhren mit Curryrahmnudeln** (→ Seite 116)	**Blumenkohlauflauf mit Käsesoße** (→ Seite 94)
ABENDESSEN	**Möhrencouscous mit Zitronenhuhn** (→ Seite 92)	**Pellkartoffeln mit Kräuterquark** (→ Seite 88)	**Nudeln mit Frühlingspesto** (→ Seite 84)
EXTRAS, ALTERNATIVEN	1 Banane	150 g Fruchtjoghurt (1,5 %)	1 Paprika in Streifen

DONNERSTAG	FREITAG	SAMSTAG	SONNTAG
1. FRÜHSTÜCK ← oder →	**1. FRÜHSTÜCK** 1 Brötchen mit 1 TL Butter und **Fruchtstar-Aufstrich** (→ Seite 73) und 1 Handvoll Erdbeeren, 1 Glas Milch oder Milchkaffee	**1. FRÜHSTÜCK** ← oder →	**1. FRÜHSTÜCK** 1 Toast mit **Pizzacreme** (→ Seite 72) und 2 Scheiben Mozzarella, 1 Glas Kakao, 1 Handvoll Beeren
2. FRÜHSTÜCK 1 Scheibe Brot mit 2 TL Quark und 1 TL Konfitüre	**2. FRÜHSTÜCK** 1 Scheibe Brot mit 2 TL Kräuterfrischkäse und Paprikascheiben	**2. FRÜHSTÜCK** **Power-Shake** (→ Seite 71)	**2. FRÜHSTÜCK** fällt aus, dafür gibt es Kuchen am Nachmittag

Gefüllte Kohlrabi (→ Seite 105)	**Zucchini-Pasta** (→ Seite 86)	**Pizza mit Rucola und Parmaschinken** (→ Seite 99)	**Familienbrathähnchen** (→ Seite 108)
Knusperbrote (→ Seite 78)	**Knabbergemüse mit Dip** (→ Seite 79)	**Früchtesee mit Knusperinseln** (→ Seite 124)	**Wunsch-Salat** (→ Seite 76) mit 1 Brötchen
1 Birne	**1 Power-Shake** (→ Seite 71)	1 Stück Melone	**Mini-Cheesecakes** (→ Seite 122) am Nachmittag

▶ *Dieser Wochenplan ist kein Kostplan wie im Krankenhaus. Nicht jeder Tag kommt auf dieselbe Kalorienzahl. Sie müssen auch nicht ständig andere Frühstücksideen und Extras überlegen – deshalb finden Sie nicht täglich neue Varianten. Lassen Sie sich vom Speiseplan anregen und planen Sie flexibel für Ihre eigenen Bedürfnisse.*

	MONTAG	DIENSTAG	MITTWOCH
	1. FRÜHSTÜCK	**1. FRÜHSTÜCK**	**1. FRÜHSTÜCK**
	oder →	**Power-Shake** (→ Seite 71) und 2 Zwiebäcke	← oder →
	2. FRÜHSTÜCK	**2. FRÜHSTÜCK**	**2. FRÜHSTÜCK**
	1 Scheibe Brot mit 2 TL Quark und 1 TL Honig	1 Apfel und 2 Zwiebäcke	1 Scheibe Brot mit 2 TL **Pizza-Creme** (→ Seite 72) und Tomatenscheiben
▶ *Keine Lust auf zweimal kochen? Eine warme Mahlzeit am Tag genügt. Die andere können Sie durch eine kalte Brotmahlzeit ersetzen. Geeignete Beispiele dafür, wie Sie eine kalte Brotmahlzeit zusammenstellen können, finden Sie auf Seite 40.*			
MITTAGESSEN	**Sommer-Risotto** (→ Seite 92)	**Auberginenfächer** (→ Seite 94)	**Schmortomaten mit Polenta** (→ Seite 116)
ABENDBROT	**Tomatensuppe mit Käseklößchen** (→ Seite 80)	1 Vollkornbrötchen mit 4 TL **Pizza-Creme** (→ Seite 72)	**Ofenpommes mit Paprikadip** (→ Seite 90)
EXTRAS, ALTERNATIVEN	1 Handvoll Erdbeeren	125 g Quark mit Beeren	1 Nektarine

DONNERSTAG	FREITAG	SAMSTAG	SONNTAG
1. FRÜHSTÜCK 1 Brötchen mit Quark und **Zwetschgenmus** (→ Seite 72), 1 Glas Saft	**1. FRÜHSTÜCK** ← oder →	**1. FRÜHSTÜCK** 1 Brötchen mit Kräuterfrischkäse und Tomatenscheiben, 1 Glas Saft	**1. FRÜHSTÜCK** ← oder
2. FRÜHSTÜCK 100 g Fruchtjoghurt (1,5 %) und 1 Birne	**2. FRÜHSTÜCK** 1 Brötchen mit Tomatenmark, Salat, Gurkenscheiben und 1 Scheibe Schinken oder Käse	**2. FRÜHSTÜCK** 125 g Obstsalat	**2. FRÜHSTÜCK** 1 kleine Portion **Schoko-Grießpudding** (→ Seite 189) mit Zimt und Zucker und zusätzlich Beeren; kann auch als Nachtisch gegessen werden

Nudel-Wok (→ Seite 100)	**Kartoffelwaffeln mit Tomatensalat** (→ Seite 90)	**Tomaten-Knusper-Fisch** (→ Seite 114)	**Sommer-Hackbraten** (→ Seite 105)
Kartoffeln mit Dip (→ Seite 88)	**Wunsch-Salat mit 2 Extras** (→ Seite 76)	**1 Minipizza** (→ Seite 96, Basic-Pizzateig)	1 Scheibe Brot mit Rührei und Salat
1/2 Kohlrabi zum Knabbern	1 Glas Saft	150 g Fruchtjoghurt (1,5 %)	1 Handvoll Beeren

HERBST, WINTER

Das macht jetzt besonders viel Spaß

Im Winter werden die Tage kürzer, es wird langsam aber sicher ungemütlich draußen und wir verbringen automatisch mehr Zeit drinnen. Bewegung kommt jetzt oft zu kurz, dafür schlagen wir beim Essen meist eher zu als in der warmen Jahreszeit – beste Voraussetzungen also für den berühmt-berüchtigten Winterspeck. Aber das muss nicht sein! Auch im Herbst und im Winter gibt es wunderbare Möglichkeiten sich mit Spaß zu bewegen und die Zeit sinnvoller als vor dem Fernseher mit der Plätzchendose in der Hand zu verbringen. Starten Sie durch und kommen Sie mit der ganzen Familie ohne Extra-Pfunde über den Winter:

Kastanien sammeln
Sie machen zusammen mit anderem Sammelgut wie bunten Blättern, Tannenzapfen oder Eicheln Herbstspaziergänge auch für Kinder interessant. Die gesammelten Schätze können hinterher zum Basteln und Dekorieren verwendet werden. In manchen Gegenden Deutschlands lassen sich auch Esskastanien (Maroni) sammeln, die im Ofen geröstet eine fettarme, nährstoffreiche Knabberei sind.

Hallenbad/Thermalbad/Spaßbad
Besonders wenn es draußen kalt ist, macht das Planschen und Schwimmen drinnen Spaß. Für Kinder ist ein Nachmittag im Spaßbad mit Rutsche, Wasserpilz und anderen Sensationen natürlich die Attraktion. Sie selbst werden dabei aber wahrscheinlich eher nicht zum Schwimmen kommen. Dazu sollten Sie sich extra Zeit nehmen und ohne die Kleinen gehen. Oder Sie gehen mindestens mit zwei Erwachsenen – einer passt auf die Kinder auf, der andere kann inzwischen in Ruhe schwimmen.

Sauna
Schwitzen stärkt die Abwehrkräfte, regt den Stoffwechsel an und tut im Winter einfach gut. Auch Kinder ab 3 Jahren können, sobald sie keine Windeln mehr brauchen, schon in der Sauna schwitzen. Saunaanfänger sollten sich vom Personal einweisen lassen. Ganz wichtig: Sauna ist kein Leistungssport, bleiben Sie nur so lange in der Hitze, wie es Ihnen gut tut. Wer unter Bluthochdruck oder Krampfadern leidet, sollte vor dem ersten Saunabesuch mit seinem Arzt sprechen.

Tanzen
Schweben Sie mal wieder mit Ihrem Liebsten übers Parkett – macht Spaß, tut Ihrer Zweisamkeit gut und verbraucht Kalorien. Also: Babysitter engagieren und beim Tanzkurs anmelden! Aber auch Kindern macht die spielerische, rhythmische Bewegung beim Tanzen Freude – sogar im Wohnzimmer. Sportvereine, Fitnessstudios, Musik- und Volkshochschulen und Tanzschulen bieten spezielle Kurse für Kinder an. Im Schulalter wird Tanzen eher Mädchensache, vorher machen auch die meisten Jungs gerne mit.

Drinnen spielen
Volleyball im Kinderzimmer mit Luftballon, Mini-Trampolin im Flur, Kletterwand und Kissenschlacht. Auch drinnen ist Bewegung möglich, wenn Sie (und die Nachbarn) ein bisschen großzügig sind.
Karten- und Brettspiele sind gerade in der kalten Jahreszeit ideal, um sich anzunähern, abzulenken und miteinander ganz nebenbei ins Gespräch zu kommen.

Schneespaß
Dick eingemummelt durch eine weiße Winterlandschaft zu stapfen macht Spaß, entspannt und bringt richtig viel für die Fitness. Schnee-

▶ Drachen steigen lassen

Wenn im Herbst so richtig der Wind bläst, wird es Zeit fürs Drachensteigen. Am schönsten sind natürlich selbst gebastelte Drachen. Besser fliegen allerdings Lenkdrachen, die es in vielen verschiedenen Varianten und in allen Preisklassen im Fachgeschäft gibt. Den größten Fitnesseffekt haben Sie, wenn der Drachen möglichst oft wieder runter kommt und neu nach oben gebracht werden muss …

ballschlacht, Schneemann oder Iglu bauen. Und danach gibt es einen Kinderpunsch (→ Seite 148) zum Aufwärmen.

Schlitten fahren

Diese spielerische Art der Bewegung kommt auch bei Sportmuffeln gut an und ist ein absolutes Winter-Highlight. Unbedingt ausnutzen! Kleine Pummel sind durch ihr Gewicht meist die schnellsten – richtig gut tut allerdings der ungeliebte Weg bergauf.

Wintersport

Klar, ein Skiurlaub ist schön, aber teuer und auf maximal 2 Wochen beschränkt. Viel mehr bringt der Wintersport, den Sie in Ihrer Umgebung machen können. Wenn es eine Eishalle gibt, ist Schlittschuh laufen toll. Schlittschuhe können Sie dort leihen. Sind die Berge in der Nähe, ist Skilaufen angesagt. Im Mittelgebirge kommen Sie eher mit Langlauf zum Zuge. Es muss nicht die superteure Ausrüstung sein. Entweder Sie schauen auf dem Skiflohmarkt (meist im Herbst), oder Sie leihen sie erst einmal, um zu testen, ob es passt.

Weihnachtsbaum holen

Da kommt Vorfreude auf! Besonders anregend (und preiswert): Weihnachtsbäume zum Selbstschlagen. Die Möglichkeit zum Selbstschlagen wird häufig von Forstämtern oder privaten Plantagen angeboten. Übrigens: Auch Adventskränze kann man selber binden. Wenn Sie es sich nicht alleine zutrauen, können Sie schauen, ob die Kirchengemeinde ein solches Angebot hat.

Basteln

Dazu kommt man eigentlich nur im Herbst und Winter. Ihre Kinder können dabei unglaublich viel lernen, trainieren die Feinmotorik und lernen unterschiedliche Materialien kennen. Basteln Sie mit ihnen für Großeltern und Paten Weihnachtsgeschenke, für den Garten ein Vogelhaus, die Dekoration für die Adventszeit – das motiviert und lenkt vom Essen ab. Anregungen gibt es in Bastelläden und im Kindergarten.

Kochen und Backen

Natürlich ist es wichtig, dass Essen und Trinken nicht zum Lebensmittelpunkt werden. Doch richtig mit dem Puppenherd oder sogar in der großen Küche zu kochen macht nicht dick, sondern schützt vor Fastfood-Attacken! Wenn es draußen ungemütlich ist, macht das Werkeln am Herd Spaß. Ihr Kind lernt zu schnippeln, zu kneten, zu riechen, zu schmecken und merkt: Kochen kostet Zeit. Danach schmeckt es doppelt so gut – und wird ganz anders geschätzt.

Rollenspiele für kleine „Verbraucher“

Immer noch ein Hit: Post oder Kaufladen spielen. Beides hilft, die Welt der Erwachsenen zu begreifen. Beim Kaufladen können Sie ganz nebenbei Ihr Kind fit machen für den Einkauf. Sie können auf Etiketten schauen, die Tricks der Kaufleute nachspielen und so stetig den Blick für die fetten Fallen im wirklichen Leben schärfen.

▸ Es gibt kein schlechtes Wetter …

… nur die falsche Kleidung. Nehmen Sie sich dieses englische Sprichwort zu Herzen. Was ist schöner, als durch Haufen von Laub zu waten, in eine Pfütze zu patschen oder durch Lehm zu watscheln? Lassen Sie sich nicht von schlechtem Wetter abschrecken – das ist in unseren Breiten in der kalten Jahreszeit die Regel. Entdecken Sie das sinnliche Vergnügen von Regen und Matsch – viel mehr als Gummistiefel und Regenjacke brauchen Sie nicht.

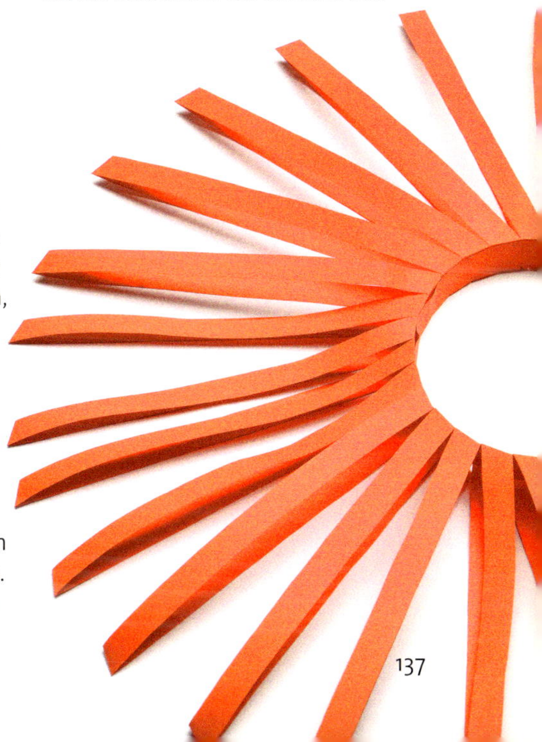

Die dicksten Fallen und wie Sie sie umgehen können

Weihnachtsgans oder Weihnachtsmenü

„Es ist doch Weihnachten" – klar, aber deswegen gleich 5 Pfund mehr auf den Rippen? Es geht auch leicht und festlich, und was Sie sich jetzt nicht anfuttern, müssen Sie hinterher auch nicht wieder abnehmen. Achten Sie auf die Portionen.

▶ **Entschärfen:** Specken Sie Ihr Traditionsessen ab, indem Sie leichte Beilagen, z. B. Salat und Kartoffeln statt Buttergemüse und Knödel dazu essen und statt üppigem Nachtisch einen frischen Obstsalat servieren. Mit einem Fettabschöpfer, den es preiswert im Haushaltsgeschäft gibt, bekommen Sie bei Saucen und Fonds das Fett weg – perfekt für die Weihnachtsgans. Oder warum nicht ein leichtes Weihnachtsmenü als neue Familientradition einführen? Festliche Leichtgewichte finden Sie auf Seite 184.

Plätzchenteller

Eine richtig dicke Falle. Je nach Sorte hat ein Plätzchen etwa 50 bis 100 Kalorien – und bei einem Plätzchen bleibt es meistens nicht. So kommt mit ein paar Griffen in die Plätzchendose schnell eine zusätzliche Hauptmahlzeit zusammen.

▶ **Entschärfen:** Plätzchen-Essstart ist frühestens der 1. Advent! Zelebrieren Sie die Keksstunde mit Vorlesen, Kinderpunsch und wirklich nur ein paar Keksen. Steht erst die ganze Dose auf dem Tisch, ist Hopfen und Malz meist verloren … Ihre Kinder sollten keinen freien Zugang zum Weihnachtsgebäck haben, sondern vor dem Naschen fragen. Legen Sie keinen Riesenvorrat an – was nicht im Haus ist, kann auch nicht gegessen werden. Noch ein Tipp: Selbst backen – Kinder lieben Weihnachtsbäckerei, und Sie wissen was drin ist und gehen viel geiziger damit um!

Stubenhocker

Eine der größten Fallen in der kalten Jahreszeit: In der Winterstarre verharren und die meiste Zeit sitzend in der Wohnung verbringen. So rutscht nicht nur Ihr Bewegungskonto ins Minus, sondern Sie sind auch ständig in Reichweite des Kühlschranks und der Plätzchendose …

▶ **Entschärfen:** Verabreden Sie sich, unternehmen Sie was, fangen Sie ein neues Hobby an – egal welches, aber tun Sie was! Ihre Aktivitäten müssen nicht nur sportlicher Natur sein. Auch Theater, Kino, Malkurs, Konzerte, Ausstellungen oder anderes tun gut – wer nicht den ganzen Tag zu Hause sitzt, hat automatisch mehr Bewegung und denkt weniger ans Essen.

Nikolaus

Schokonikoläuse mit Zuckersternen und Gebäck sind die Vorboten der süßen Schwemme. Bleiben Sie stark und impfen Sie Ihre Familie.

▶ **Entschärfen:** Süßes ist kein wirklich wertvolles Geschenk wie in früheren Zeiten, sondern meist ein fantasieloses. Verkünden Sie das lauthals und rechtzeitig und beschränken Sie die Süßigkeiten auf wenige Leckerbissen. Der „Kloßkerl" oder „Weckmann" ist z. B. etwas ganz Besonderes zum Frühstück. Und im Stiefel kann neben einer nicht essbaren Überraschung, der duftenden Mandarine und den Knacknüssen auch einmal exotisches Obst wie Lychee, Physalis oder Granatapfel sein.

Weihnachtsfeier und sonstige Einladungen

Von November bis Januar ist Hochsaison für Einladungen – vom Adventskaffee über die Weihnachtsfeier bis hin zum Sylvester-Raclette. Und

▶ Top

- *Baisers, Anisplätzchen, Makronen, Honigkuchen, einfache Lebkuchen ohne Glasur und Nüsse oder Magenbrot sind leichte Alternativen beim Weihnachtsgebäck.*
- *Bratapfel – für Süßschnäbel.*
- *Maroni frisch auf die Hand – wärmend und gesund.*
- *Chinesisches Reisgebäck – für alle, die es pikant mögen. Das ist leichter als Chips und Co.*
- *Adventslesen: Jeden Abend Geschichten vorlesen und dazu einen wärmenden Tee.*

▶ Flop

• Plätzchen – klein, aber wahre Kalorienberge.
• Heiße Schokolade oder süßer Kinderpunsch – Glühwein für Erwachsene. Kakao mit 1,5 % Milch und Früchte- oder Yogitee ohne Zucker wärmen leichter.
• Lange Fernseh- oder Videoabende mit Knabberorgien. Lieber einen großen Teller mit Gemüsesticks oder Fruchtstückchen bereitstellen.
• Gänseschmalz und Räucherspeck? Vorsicht! Bündner Fleisch oder Lachsschinken liefern mageres Aroma.

natürlich wird überall lecker aufgetischt. Nicht leicht, dabei leicht zu bleiben – aber es geht, vor allem, wenn man nicht nach dem „Alles-oder-nichts-Prinzip" isst.

▶ **Entschärfen:** Wählen Sie die Speisen geschickt aus. Bei Buffets ausgiebig bei Salat und Gemüse zugreifen, dazu etwas mageres Fleisch oder Fisch und nicht zu viel Brot (und am besten keine Butter) oder Beilagen. Größte Fettfalle sind meistens die Saucen, hier nur Mini-Mengen nehmen. Bei der Käseplatte eher zurückhaltend sein, beim Dessert viel Obst und wenig Creme oder Sahne wählen. Vorsicht bei Häppchen, Canapés und Co.: Die kleinen Dinger sind schnell geschluckt, haben es aber meistens in sich – und Sie haben den Überblick verloren, wie viele Sie jetzt eigentlich schon hatten. Bei Kaffeeeinladungen sind trockene Kuchen oder Obstkuchen die beste Wahl. Üppige Sahnetorten, Blätterteigteilchen oder Ausgebackenes wie Berliner besser stehen lassen – die Sahne am besten auch. Und denken Sie daran: Auch Punsch, Fruchtsaft und Schnaps haben reichlich Kalorien.

Auf dem Weihnachtsmarkt
Das ganze Jahr freuen sich alle darauf – aber meist ist außer Bratwurst, Puffern, Zuckermandeln, Keksen, Glühwein und Kinderpunsch nicht viel gewesen.

▶ **Entschärfen:** Wer wirklich nur einmal geht, genießt es und streicht das Abendbrot. Doch wenn es öfter vorkommt, sollten Sie sich lieber an Maroni statt gebrannte Mandeln, an Crêpes statt Stollen, oder an Lebkuchen statt an Butterkekse halten. Und vor allem: Nur eine Leckerei vertilgen.

Süßer Adventskalender
Adventskalender sind für Kinder einfach ein Muss und gehören zur Vorfreude auf Weihnachten dazu. Wenn der Adventskalender jedoch mit riesigen Naschportionen gefüllt ist, wird er zur Kalorienfalle – damit tun Sie Ihrem Kind in der ohnehin üppigen Adventszeit keinen Gefallen.

▶ **Entschärfen:** Stecken Sie nicht nur Süßigkeiten in den Kalender – auch andere Kleinigkeiten wie z. B. besondere Stifte, Haarspangen oder Gutscheine für gemeinsame Unternehmungen machen Freude. Auch Süßigkeiten dürfen hin und wieder in den Kalender, aber nur eine kleine, aber feine Portion pro Tag, z. B. eine Marzipankartoffel, ein „Gummistern" oder ein Mini-Schokotäfelchen.

Lebkuchen schon im September
Der Handel fährt die Weihnachtsleckereien kurz nach den Sommerferien auf. Wer jetzt schon zuschlägt und sich bis Weihnachten durchs Angebot nascht, sammelt bereits vor der Adventszeit Weihnachtsspeck an – und freut sich gar nicht mehr auf die besonderen Weihnachtsleckereien.

▶ **Entschärfen:** Lebkuchen gehören in die Weihnachtszeit und nicht in den Herbst! Bleiben Sie konsequent und kaufen Sie die Weihnachtsleckereien wirklich erst im Advent.

Faschingskrapfen & Co.
Ein beliebter Auslöser für „Fress-Exzesse" ist die bevorstehende Fastenzeit. Traditionell geht es mächtig fettig zu: Fettgebackenes wie Mandelmutzen, Berliner oder Ballbäuschen waren früher eine wunderbare Vorbereitung auf die Hungerzeit – nur die gibt es hier und heute nicht mehr!

▶ **Entschärfen:** Achten Sie auf die Mengen – ein Berliner ist o. k., wenn er nicht vor Fett trieft, wie es bei Ständen oft passiert. Waffeln duften ebenso köstlich und sind eine leichte Alternative.

WINTERPORRIDGE

Für 1 Portion **2 getrocknete, gewürfelte Aprikosen | 190 ml Milch (1,5 %) 4 EL Haferflocken | 1 Prise Salz | 1 kleine Orange | 1 EL Joghurt (1,5 %) | Zimt**

Aprikosen, Milch und Haferflocken mit dem Salz aufkochen. Bei kleiner Hitze 15 Min. quellen lassen, ab und zu rühren. Orange schälen, Spalten trennen und klein schneiden. Joghurt mit Zimt würzen. Porridge mit Orangen und Joghurt anrichten.

Pro Portion 286 kcal, 12 g E, 5 g F, 45 g Kh

RASPELAPFEL

Für 1 Portion **2 EL Rosinen | 25 ml heißer Früchtetee oder Apfelsaft | 1 entkernter Apfel | 1/2 EL Zitronensaft | 1 EL gehackte Walnüsse | 2 EL kernige Haferflocken**

Rosinen mit der heißen Flüssigkeit mischen. Apfel raspeln (z. B. kurz im Blitzhacker). Zitronensaft zugeben. Nüsse und Flocken anrösten. Apfel und Rosinen mischen. Mit den Nussflocken bestreut servieren.

Info: Eine willkommene Alternative für alle, die keine Milch vertragen.

Pro Portion 228 kcal, 4 g E, 6 g F, 38 g Kh

LATTE SCHOKO-BANANA

Für 2 Gläser **300 ml Milch (1,5 %) 1/2 Päckchen Vanillezucker | 1 EL Kakaopulver | 12 g Bitterschokolade 1 kleine reife Banane | Zwieback**

200 ml der Milch mit Vanillezucker, Kakao und Schokolade erhitzen. Mit Banane pürieren. Restliche Milch erhitzen und aufschäumen. Schoko-Mix auf 2 Gläser verteilen, mit Schaum krönen, mit etwas Kakao bestäuben. Dazu je 2 Zwiebäcke reichen.

Pro Portion (ohne Zwieback) 170 kcal, 7 g E, 5 g F, 24 g Kh

SCHOKOMÜSLI

Für 15 Portionen **350 g Multikornflocken | 100 g Cornflakes 50 g Bananenchips | 2 EL Kokosraspel 3 EL Raspelschokolade | 3 EL Kakaopulver | 3 EL Zucker**

Flocken, Flakes, Chips und Kokosraspel mischen. Alles andere auch mischen. Getrennt in Vorratsgläser geben. Pro Portion 3–4 EL Müsli mit 1 TL Schoko-Zucker süßen und 150 ml Milch (1,5 %) servieren. Dazu 1 Handvoll Obst.

Pro Portion (mit Milch, ohne Obst) 270 kcal, 9 g E, 5 g F, 47 g Kh

SCHOKO-MARONEN-CREME

Für 500 g **150 ml Milch (1,5 %) | 75 g getrocknete, gewürfelte Datteln | 1 EL Honig | 3 EL Kakaopulver | 50 g Schokolade | 200 g gekochte Esskastanien (vakuumverpackt)**

Milch, Datteln, Honig, Kakao und Schokolade erhitzen. Vom Herd nehmen, 10 Min. quellen lassen. Mit den Kastanien fein pürieren.
Info: Fettarme, ballast- und mineralstoffreiche Alternative für Süßmäuler. Im Kühlschrank ca. 1 Woche haltbar.

Pro Portion (20 g) 38 kcal, 1 g E, 1 g F, 6 g Kh

WINTERFRUCHT

Für 350 g **200 g getrocknete Soft-Aprikosen | 100 ml Orangensaft | 2 cm frischen Ingwer | 2 EL Honig | geriebene Schale einer unbeh. Zitrone | 50 g getrocknete Cranberries**

Aprikosen grob würfeln und mit dem Saft aufkochen. Vom Herd nehmen, 15 Min. ziehen lassen. Ingwer schälen und klein schneiden. Ingwer, Honig und Zitronenschale zu den Aprikosen geben und pürieren. Cranberries zugeben.
Info: Gut gekühlt ca. 2 Wochen haltbar.

Pro Portion (20 g) 41 kcal, 1 g E, 1 g F, 9 g Kh

KARTOFFEL-FRISCHKÄSE

Für 400 g **200 g gekochte Kartoffeln | 100 g Ziegenfrischkäse | 3 EL Schmand (20 %) | evtl. etwas Milch | 4 EL Schnittlauchröllchen | Salz | Pfeffer**

Kartoffeln pellen und mit einer Gabel zerdrücken. Mit Frischkäse und Schmand mischen, evtl. noch Milch zugeben. Schnittlauch unterheben. Mit Salz und Pfeffer würzen.
Info: Im Kühlschrank ca. 1 Woche haltbar.

Pro Portion (20 g) 36 kcal, 1 g E, 3 g F, 2 g Kh

SCHINKENCREME

Für 500 g **50 g gehackte Walnüsse | 1 Zwiebel | 2 EL Rapsöl | 200 g gekochtes Kasseler | 200 g Schmand (20 %) | Salz | Pfeffer**

Nüsse in einer trockenen Pfanne rösten und raus nehmen. Zwiebel gewürfelt im Öl andünsten. Kasseler klein würfeln. Alles außer den Nüssen mit dem Schmand pürieren. Mit wenig Salz und Pfeffer würzen, Nüsse unterheben. **Info:** Im Kühlschrank ca. 1 Woche haltbar.

Pro Portion (20 g) 52 kcal, 2 g E, 5 g F, 1 g Kh

MINI-FRUCHTBRÖTCHEN

Für ca. 36 Stück
125 ml Apfelsaft
100 g Butter
2 reife Bananen
300 g Mehl (Type 1050)
200 g zarte Haferflocken
1 Päckchen Trockenhefe
Salz
Mehl zum Arbeiten

1. Apfelsaft erwärmen und die Butter darin schmelzen. Bananen schälen und mit einer Gabel gut zerdrücken.
2. Mehl, Haferflocken und Hefe mischen. Mit den zerdrückten Bananen, 1/2 TL Salz und dem Apfelsaft-Butter-Mix verkneten. Teig abgedeckt an einem warmen Ort 30 Min. gehen lassen.
3. Danach nochmals kneten, bis der Teig nicht mehr klebt. Eventuell 2–3 EL Saft oder Mehl hinzugeben. Der Teig sollte weich, aber formbar sein.
4. Den Backofen auf 200 Grad vorheizen. 1 Blech mit Backpapier auslegen. Teig mit bemehlten Händen zu pflaumengroßen Brötchen formen. Diese mit etwas Wasser einpinseln und im Ofen (Mitte) 12 Min. hellbraun backen.

▲ 20 Min. + 30 Min. Gehen + 12 Min. Backen
Pro Brötchen 77 kcal, 2 g E, 3 g F, 11 g Kh

Profi-Tipp: Die Brötchen lassen sich prima auf Vorrat einfrieren. Zum Auftauen kurz bei 200 Grad aufbacken.

Info: Durch die süßen Bananen kommen die Brötchen ohne Zucker aus und werden gleichzeitig mineralstoffreicher.

ÜBERRASCHUNGS-BAGUETTE

Für 4 Portionen
1 Baguette (400 g)
2 EL Pesto
2 EL Tomatenmark
4 Tomaten
4 mittelgroße Champignons
2 Kugeln Mozzarella (je 150 g)
2 Scheiben Kochschinken (je 25 g)
Salz, Pfeffer

1. Backofen auf 200 Grad vorheizen. Baguette längs durchschneiden. Die eine Hälfte mit Tomatenmark, die andere mit Pesto bestreichen.
2. Tomaten waschen und Stielansätze entfernen. Champignons abbürsten. Mozzarella abtropfen lassen. Alles in dünne Scheiben schneiden.
3. Baguetteunterseite mit der Hälfte von Mozzarella und Schinken, Tomaten und Champignons belegen. Salzen und pfeffern. Restlichen Schinken und Käse darauf verteilen und die obere Brothälfte aufsetzen.
4. Das Baguette mit Alufolie fest und dicht umwickeln und im Ofen (Mitte) ca. 30 Min. backen. Aus der Folie nehmen, in 5 cm breite Stücke schneiden und sofort servieren.

▲ 20 Min. + 30 Min. Backen
Pro Portion 483 kcal, 23 g E, 19 g F, 55 g Kh

Mit einem großen Salat ein leckeres Abendessen. Toll für Kinderpartys.

Auch lecker: Gemüse nach Lust und Laune austauschen, gut schmecken z. B. auch Paprika oder Rucola. Für ein vegetarisches Essen statt Schinken 12 in Scheiben geschnittene Oliven oder 2 EL gehackte grüne Kürbiskerne auf dem Baguette verteilen.

OMELETT-SANDWICH

Für 4 Portionen
1 Bund Frühlingszwiebeln
2 Scheiben Kochschinken (je 25 g)
3 Eier
1 Schuss Milch (1,5 %)
1 gehäufter EL Mehl
Salz, Pfeffer
1 EL Rapsöl
einige Salatblätter, z. B. Eisberg
4 längliche Vollkornbrötchen
4 EL Tomatenmark

1. Frühlingszwiebeln waschen, putzen und in schmale Ringe schneiden. Schinken klein würfeln.
2. Eier mit Milch und dem Mehl verquirlen. Salzen und pfeffern. Zwiebeln und Schinken unterheben.
3. Öl in einer beschichteten Pfanne (Ø 26 cm) erhitzen. Eiermasse darin bei sanfter Hitze zugedeckt ca. 5 Min. braten, ohne sie zu wenden.
4. Salat waschen und trocken schleudern. Brötchen aufschneiden und beidseitig mit Tomatenmark bestreichen. Mit Salat belegen. Jede Unterseite mit einem Viertel Omelett belegen und zusammenklappen. Zum Mitnehmen fest in Frischhaltefolie wickeln.

▲ 15 Min.
Pro Portion 290 kcal, 14 g E, 12 g F, 31 g Kh

Auch lecker: Statt Frühlingszwiebeln rote Paprikawürfel und statt Tomatenmark Ajvar. Für Vegetarier statt Schinken 50 g geriebenen Käse (max. 30 % Fett i.Tr.) zugeben.

Info: Das Omelett ist ein leichter, eiweißreicher Brotbelag, der lange satt macht und schön saftig bleibt. Mit einem großen Salat schmeckt das Omelett auch zum Abendbrot.

RAPUNZELSALAT

Für 4 Portionen **1 Brötchen vom Vortag | 1 TL Butter | 200 g Feldsalat | 200 g Champignons | 3 EL Walnussöl (ersatzweise Rapsöl) | 2 EL Essig | 1 TL Senf | Salz | Pfeffer**

Brötchen würfeln, in der Butter rösten. Salat waschen und putzen. Pilze abreiben und in Scheiben schneiden. Öl, Essig, Senf, Salz und Pfeffer verrühren. Mit Salat und Pilzen mischen. Croutons zur Selbstbedienung dazu servieren.

Pro Portion 124 kcal, 3 g E, 9 g F, 7 g Kh

KRAUTSALAT

Für 4 Portionen **400 g Weißkraut | 150 ml Gemüsebrühe | 1 rote Paprika | 2 EL Rapsöl | 1 EL Essig | 1 TL Senf | 1/2 TL Kümmel | Salz | Pfeffer**

Weißkraut waschen, in feine Streifen hobeln. Mit heißer Brühe übergießen. Paprika waschen, putzen, in schmale Streifen schneiden. Unter das Kraut mischen. Restliche Zutaten zu einem Dressing rühren und mit dem Salat mischen.

Pro Portion 73 kcal, 2 g E, 5 g F, 3 g Kh

ALI BABAS MÖHRENSALAT

Für 4 Portionen **400 g Möhren | 1 Apfel 3 EL Rapsöl | Saft 1/2 Zitrone | 50 g geh. Walnüsse | Zimt | 4 EL Joghurt (1,5 %)**

Möhren waschen und schälen, Apfel entkernen und beides raspeln. Mit Öl, Zitronensaft, Nüssen und etwas Zimt mischen. Mit Joghurt servieren.

Info: Mit einem belegten Brötchen oder Brot wird es zur vollen Mahlzeit. Als Beilagensalat, z. B. zu Geschnetzeltem mit Nudeln oder Ähnlichem, wird es mit Nüssen zu viel.

Pro Portion 245 kcal, 5 g E, 17 g F, 19 g Kh

LINSENSALAT

Für 4 Portionen **200 g Puy-Linsen 400 ml Wasser | 2 Knoblauchzehen 1 TL Thymian | 1 Lorbeerblatt | 1 Bund Frühlingszwiebeln | 1 Apfel | 1 EL Rapsöl 2 EL Apfelsaft | 1 TL Senf | 1–2 EL Balsamico-Essig | Salz | Pfeffer**

Linsen im Wasser mit gepresstem Knoblauch, Thymian und Lorbeer in 35–45 Min. bissfest kochen. Zwiebeln in Ringe, Apfel in Würfel schneiden, unter die warmen Linsen mischen. Restliche Zutaten verrühren, unter den Salat ziehen.

Info: Linsen sind ballaststoff- und eiweißreich – das macht sie zur hervorragenden Sattmacherzutat für Wintersalate. Ideal sind Linsen, die auch nach dem Kochen in Form bleiben, wie z. B. die grünlichen Puy-Linsen, die braunen Tellerlinsen oder die fast schwarzen Beluga-Linsen. Berglinsen und die geschälten roten oder gelben Linsen zerfallen beim Kochen. Die größte Auswahl finden Sie in Biogeschäften.

Beschleuniger: 1 kleine Dose Linsen (400 g) statt selbst gekochten Linsen verwenden.

Pro Portion 117 kcal, 6 g E, 3 g F, 16 g Kh

WINTERZEIT = KNABBERZEIT?

Besonders in der Weihnachtszeit verlocken Plätzchen, Lebkuchen und Co. zum Dauerknabbern. Damit der Winterspeck keine Chance hat, sollten Sie besser auf leichte Snacks wie Mandarinen oder Brotchips umsteigen und die Plätzchendose öfter mal im Schrank lassen ...

Extras ohne Ende

- Orangencarpacchio: Orangen so schälen, dass möglichst viel Weißes entfernt wird. In dünne Scheiben schneiden und mit Zimt bestäuben.
- Käsemöhren: Pro Portion 2 Möhren waschen und schälen. Dazu auf einem Tellerchen 1 TL geriebenen Parmesan zum Dippen.
- Knusprige Brotchips: Brot mit der Brotschneidemaschine in hauchdünne Scheiben schneiden und im Backofen bei 200 Grad 10 Min. backen. In Stücke brechen.
- Wenn es richtig kalt ist, tut was Heißes gut: Die Latte-Schoko-Banana (→ Seite 141) wird zum leichten Extra, wenn Sie den Kakao mit 400 ml Wasser statt Milch kochen.

Tut besonders nach dem Schlittenfahren oder dem Toben im Schnee gut und wärmt von innen:

KINDERPUNSCH

Für 4 Gläser **500 ml Wasser**
250 ml Apfelsaft | 1 Zimtstange
2–3 Nelken | 2 Beutel Früchtetee
150 g TK-Beeren

Wasser, Saft, Zimtstange und Nelken in einen Topf geben und zum Kochen bringen. Vom Herd ziehen und die Teebeutel hinein geben. Punsch zugedeckt 10 Min. ziehen lassen. Die Teebeutel und die Gewürze entfernen. Die gefrorenen Beeren auf 4 feuerfeste Gläser oder Becher verteilen und mit dem Punsch auffüllen. Sofort servieren.
Profi-Tipp: Durch die eiskalten Beeren hat der Punsch sofort Trinktemperatur und sollte nicht zu lange stehen. Für Kinderfeste den Punsch vorbereiten und in einer Thermoskanne warm halten. Erst kurz vor dem Servieren glasweise mit den gefrorenen Beeren mischen.

Pro Glas 46 kcal, < 1 g E, 0 g F, 10 g Kh

MÜSLI-BRATAPFEL

Für 4 Portionen **4 große Äpfel**
8 EL Früchtemüsli (möglichst ohne Zucker) | 2 EL Johannisbeergelee

Den Backofen auf 180 Grad vorheizen. Kerngehäuse der Äpfel ausstechen. Mit einem Mix aus Müsli und Konfitüre füllen. Im Ofen ca. 25 Min. backen.
Profi-Tipp: Mit 150 g Vanillejoghurt (1,5 %) pro Portion ein kleines Abendessen.

Pro Portion (ohne Joghurt) 174 kcal, 3 g E, 2 g F, 36 g Kh

YUFKA-CRACKER

Für 4 Portionen **8 Yufkateigblätter | 4 EL Wasser | Paprikapulver**

Backofen auf 200 Grad vorheizen. Yufkateig mit Wasser einstreichen. Mit Paprikapulver bestäuben, je einmal zusammenklappen und auf einem mit Backpapier ausgelegtem Blech im Ofen 3 Min. backen. In Stücke brechen und servieren.

Info: Yufkateig ist sehr kalorienarm. Daher kommt es auf die Größe der Blätter nicht so an.

Pro Portion: 110 kcal, 3 g E, 0 g F, 23 g Kh

KNABBERERBSEN

Für 4 Portionen **1 Dose Kichererbsen (400 g) | 2 EL Rapsöl | 2 TL Currypulver | etwas Salz**

Kichererbsen sehr gut abtropfen lassen und mit Küchenpapier trocken tupfen. Im heißen Öl in einer tiefen Pfanne 10 Min. unter Rühren anbraten. Mit Currypulver und etwas Salz würzen. Abgekühlt in einer Blechdose ca. 2 Wochen haltbar.

Pro Portion 113 kcal, 5 g E, 4 g F, 13 g Kh

SCHOKOBANANEN

Für 4 Portionen **2 nicht zu weiche Bananen | etwas Kakaopulver**

Bananen schälen und in nicht zu dünne Scheiben schneiden. Auf Schälchen oder kleinen Tellern verteilen und mit Kakaopulver bestäuben. Mit einem Zahnstocher zum Aufpicken servieren.

Pro Portion 52 kcal, 1 g E, 0 g F, 11 g Kh,

NUDELSUPPE MIT WÜRSTCHEN

Für 4 Portionen
2 Stangen Lauch
8 Möhren
2 EL Rapsöl
4 EL Tomatenmark
1 200 ml Gemüsebrühe
120 g Suppennudeln
4 Wiener Würstchen
Sojasauce

1. Lauch und Möhren waschen. Lauch putzen und in Ringe schneiden. Möhren schälen und klein würfeln.
2. Öl in einem Topf erhitzen. Lauch und Möhren darin einige Minuten anbraten, dann das Tomatenmark zugeben und kurz mitrösten. Gemüsebrühe angießen und alles einmal aufkochen lassen.
3. Suppennudeln einstreuen und nach Packungsanweisung gar kochen. Die Wiener Würstchen klein schneiden und gegen Ende der Garzeit in der Suppe heiß werden lassen. Mit Sojasauce abschmecken und servieren.

▲ 20 Min.
Pro Portion 393 kcal, 15 g E, 20 g F, 38 g Kh

Auch lecker: Statt der Würstchen 2 verquirlte Eier in die Suppe einlaufen und stocken lassen. Lauch durch Weißkohl oder Wirsing ersetzen.

Federleicht: Ohne Würstchen und mit nur halb so vielen Nudeln ist die Suppe eine leichte Vorspeise.

Info: Klare Suppen füllen den Magen auf kalorienarme Weise. Durch Nudeln und Würstchen wird das Ganze zur Hauptmahlzeit.

SUPPE ROT-GRÜN MIT SCHUPFNUDELN

Für 4 Portionen
1 Zwiebel, 1 Knoblauchzehe
1 EL Rapsöl
1 Dose Tomaten (400 g)
250 g rote Linsen
200 g gehackter TK-Spinat
250 g Schupfnudeln (Kühlregal)
1 EL Rapsöl
100 ml Sahne
Salz, Pfeffer

1. Zwiebel und Knoblauch schälen und fein würfeln. Öl in einem größeren Topf erhitzen und beides darin andünsten. Die klein geschnittenen Tomaten aus der Dose angießen und zum Kochen bringen.
2. Die Linsen einstreuen und bei kleiner Hitze zugedeckt 5 Min. köcheln lassen. Den tief gefrorenen Spinat zugeben und alles noch 5 Min. köcheln lassen.
3. Inzwischen das Öl in einer Pfanne erhitzen und die Schupfnudeln darin goldbraun braten. Die Sahne zur Suppe gießen und mit Salz und Pfeffer abschmecken. Die Schupfnudeln getrennt zur Suppe reichen, sodass sich jeder selbst bedienen kann.

▲ 25 Min.
Pro Portion 413 kcal, 21 g E, 15 g F, 48 g Kh

Profi-Tipp: Ihre Kinder sind keine Linsenfans? Pürieren Sie die Suppe.

Auch lecker: Statt Schupfnudeln gebratene Gnocchi oder Croutons: 4 Scheiben Brot vom Vortag würfeln und in 1 EL Rapsöl knusprig braten.

Info: Rote Linsen sind unter den Hülsenfrüchten wegen ihrer kurzen Kochzeit die Blitzvariante. Wie alle anderen liefern sie hochwertiges Pflanzeneiweiß und sättigende Ballaststoffe.

HIMMEL-UND-ERDE-SUPPE

Für 4 Portionen
700 g mehlig kochende Kartoffeln
200 g Knollensellerie
1 EL Rapsöl
1 Liter Gemüsebrühe
4 Äpfel (z. B. Jonagold)
400 ml Milch (1,5 %)
4 EL Schinkenspeckwürfel
etwas gehackte Petersilie

1. Die Kartoffeln und den Sellerie waschen, schälen und grob würfeln.
2. Das Öl in einem Topf erhitzen und die Kartoffel- und Selleriewürfel darin anbraten. Die Gemüsebrühe angießen und alles 15 Min. köcheln lassen.
3. Inzwischen die Äpfel waschen, entkernen und grob raspeln. Zusammen mit der Milch zur Suppe geben und alles mit dem Pürierstab fein pürieren. Die Suppe mit Salz und Pfeffer abschmecken.
4. Die Schinkenwürfel in einer Pfanne ohne Fett auslassen und auf Küchenpapier abtropfen lassen. Die Suppe mit den Schinkenwürfeln und etwas gehackter Petersilie bestreut servieren.

▲ 30 Min.
Pro Portion (ohne Brot) 296 kcal, 11 g E, 7 g F, 46 g Kh

Dazu schmeckt pro Portion 1 Scheibe kräftiges Bauernbrot.

Profi-Tipp: Bereiten Sie gleich die doppelte Menge zu – die Suppe lässt sich, ohne Schinken, prima einfrieren.

Auch lecker: Vegetarisch wird die Suppe mit gerösteten grünen Kürbiskernen statt mit Schinkenwürfeln. Pikanter wird sie mit Zucchini statt Apfel.

FRUCHTIGES PUTENCURRY

Für 4 Portionen

100 g getrocknete Aprikosen
1–2 TL mildes Currypulver
1/4 TL Zimt
1/4 TL Kreuzkümmel
400 g Putengulasch (aus der Keule)
500 g Möhren
2 Zwiebeln, 2 Knoblauchzehen
3 EL Rapsöl
Salz, Pfeffer, Zitronensaft

1. Aprikosen mit 350 ml kochendem Wasser überbrühen und ziehen lassen.
2. Currypulver, Zimt und Kreuzkümmel in einem größeren Gefrierbeutel mischen, Putenwürfel zugeben, durch Schütteln bepudern.
3. Möhren waschen, schälen und würfeln. Zwiebeln und Knoblauch schälen, grob würfeln und mit den Aprikosen samt Flüssigkeit pürieren.
4. Öl in einer Pfanne erhitzen. Putenwürfel darin rundherum anbraten. Möhren und den restlichen Curry-Mix zugeben und einige Minuten mitbraten. Aprikosenpüree unterrühren und alles zugedeckt 15–20 Min. schmoren lassen. Mit Salz, Pfeffer und etwas Zitronensaft abschmecken.

▲ 45 Min.
Pro Portion (ohne Beilage) 322 kcal, 13 g E, 18 g F, 27 g Kh

Dazu 250 g Reis kochen.

Auch lecker: Statt Möhren können Sie auch einen kleinen Hokkaido-Kürbis verwenden. Schälen nicht nötig.

Info: Ein Püree aus Trockenfrüchten, Zwiebeln und Knoblauch wird hier zur Sauce ohne fette Zutaten wie Kokosmilch oder Rahm. Der Kreuzkümmel sorgt für das typisch indische Aroma.

SCHLANKE SOLJANKA

Für 4 Portionen

200 g Schweinegulasch
200 g Kasseler (beides mager)
3 saure Gurken
300 g Knollensellerie
300 g Möhren
2 Zwiebeln, 2 Knoblauchzehen
2 EL Rapsöl
1 Dose Tomaten (400 g)
150 g Sauerrahm, 3 EL Ajvar
Pfeffer, Salz, Paprikapulver
1 Zitrone

1. Fleisch klein schneiden. Sellerie und Möhren putzen und würfeln.
2. Zwiebeln und Knoblauch fein schneiden und in einem Topf mit Öl andünsten. Fleisch, Sellerie und Möhren zugeben und kräftig anbraten.
3. So viel Wasser angießen, bis alles knapp bedeckt ist. Geschnittene Tomaten und saure Gurken sowie Ajvar zugeben, kurz aufkochen und 30 Min. köcheln lassen. Ab und zu umrühren.
4. 100 g Sauerrahm und Saft der halben Zitrone einrühren. Mit Pfeffer, Salz und Paprika abschmecken. Den übrigen Sauerrahm und Zitronenscheiben zum Garnieren verwenden.

▲ 45 Min. + 30 Min. Kochen
Pro Portion (ohne Brot) 347 kcal, 24 g E, 21 g F, 14 g Kh

Dazu pro Portion eine Scheibe Brot.

Auch lecker: Soljanka lässt sich wunderbar variieren – sie verträgt Sauerkraut ebenso wie Bratenreste. Feurig wird sie mit Peperoni und Letscho statt Tomaten und Ajvar.

Info: Soljanka ist ein scharfer Eintopf aus Russland. Ganz wichtig für den typischen Geschmack sind die Gurken.

PERLENTOPF

Für 4 Portionen

1 Bund Suppengrün
250 g Suppenfleisch
1 Liter Wasser
500 ml Möhrensaft (ungesüßt)
1 TL Salz
2 Lorbeerblätter
250 g Perlgraupen
1 Packung TK-Suppengemüse (450 g)
1 EL Balsamico-Essig
Pfeffer

1. Suppengrün waschen. Blätter der Petersilie von den Stängeln zupfen und hacken. Petersilienstängel und Gemüse mit Garn zusammenbinden.
2. Das Gemüsebündel zusammen mit Fleisch, Wasser, Möhrensaft, Salz und Lorbeerblättern im Schnellkochtopf 30 Min. auf Stufe 2 garen.
3. Fleisch, Gemüsebündel und Lorbeerblätter herausnehmen. Graupen einstreuen und erneut 10 Min. auf Stufe 2 garen.
4. TK-Suppengemüse und zerkleinertes Fleisch zur Brühe geben und erwärmen. Mit Salz, Pfeffer, Essig abschmecken und mit Petersilie bestreut servieren.

▲ 50 Min. (ohne Schnellkochtopf ca. 3 Stunden)
Pro Portion 443 kcal, 22 g E, 14 g F, 56 g Kh

Beschleuniger: Graupen in einem Mix aus 1 Liter Instant-Fleischbrühe und 500 ml Karottensaft gar kochen. Kurz vor Ende der Garzeit 1 Päckchen TK-Suppengemüse zugeben. Aus 2 rohen Bratwürstchen Brätklößchen formen und im Eintopf gar ziehen lassen.

Info: Graupen sind zu „Perlen" polierte Gerstenkörner. Sie haben viele Ballaststoffe und sättigen lange.

KÄSESPÄTZLE MIT SPINAT

Für 4 Portionen
300 g Mehl (Type 405), 1 TL Salz
geriebene Muskatnuss
3 Eier
1 Gläschen Möhrenpüree (190 g, Babykost)
250 g TK-Blattspinat
100 g geriebener Emmentaler (max. 30 % i. Tr.)

1. Mehl und Salz mischen, mit Muskatnuss würzen. Eier und Möhrenpüree mit dem Handrührgerät unterrühren. Einen Schuss Wasser (max. 50 ml) zum Teig geben, sodass er Pfannkuchenteigkonsistenz hat.
2. In einem großen Topf reichlich Salzwasser aufkochen. Ofen auf 100 Grad vorheizen. Spinat in der Mikrowelle auftauen.
3. Teig portionsweise in eine Spätzlepresse oder einen Spätzlehobel füllen und ins kochende Wasser geben. Kommen die Spätzle an die Oberfläche, mit einem Schaumlöffel herausheben und in eine feuerfeste Form geben. Etwas Spinat und Käse darauf verteilen und im Ofen warm halten. So fortfahren, bis der Teig verbraucht ist.

▲ 35 Min.
Pro Portion 447 kcal, 22 g E, 14 g F, 58 g Kh

Dazu schmeckt ein Salat.

Beschleuniger: 500 g fertige Spätzle aus dem Kühlregal kochen.

Profi-Tipp: 500 g frischen Blattspinat portionsweise zu den fast fertigen Spätzle in den Topf geben. Mit dem Schaumlöffel herausheben.

Info: Durch das Möhrenpüree wird der Teig Dottergelb und leicht. Der Spinat ist kalorienärmer als die Bratzwiebeln, die sonst zu Käsespätzle gehören.

SCHUPFNUDELPFANNE

Für 4 Portionen
1 Zwiebel
200 g Hühnerbrust
750 g Chinakohl
2 EL Rapsöl
1 TL Paprikapulver
Salz, Pfeffer
500 g Schupfnudeln (Kühlregal)
50 g Cashewnüsse
1/2 Bund Schnittlauch

1. Zwiebel schälen und fein hacken. Hühnerbrust unter kaltem Wasser abspülen, trocken tupfen und in 1 cm breite Streifen schneiden. Chinakohl waschen und in Streifen schneiden.
2. Öl in einer tiefen Pfanne erhitzen. Zwiebel glasig dünsten. Hühnerbrust zugeben, anbraten, mit Paprikapulver bestäuben und mit Salz und Pfeffer würzen.
3. Schupfnudeln bei mittlerer Hitze von allen Seiten ca. 5 Min. mitbraten. Dann den Chinakohl zugeben und weitere 2 Min. braten. Cashewnüsse grob hacken und untermischen.
4. Schupfnudeln mit Schnittlauchröllchen bestreuen.

▲ 25 Min.
Pro Portion 456 kcal, 25 g E, 14 g F, 55 g Kh

Auch lecker: Im Sommer können Sie Spitzkohl statt Chinakohl verwenden. Statt Schupfnudeln schmecken auch gebratene Gnocchi.

Info: Chinakohl ist mild und im Nu gegart. Statt Cashewnüssen können Sie auch doppelt so viel Hühnerbrust nehmen.

SPAGHETTI MIT LINSEN-BOLOGNESE

Für 4 Portionen
300 g Spaghetti, Salz
1 Zwiebel, 2 Knoblauchzehen
1 EL Rapsöl, 200 g Möhren
200 g Knollensellerie
1 Dose Tomaten (800 g)
150 g rote Linsen
1 EL Oregano, Pfeffer
1 Prise Zucker, 1 Schuss Sahne
75 g Fetakäse

1. Spaghetti in Salzwasser kochen.
2. Zwiebel und Knoblauch schälen und klein schneiden. Möhren und Sellerie waschen, schälen und würfeln.
3. Zwiebel und Knoblauch in einer Pfanne mit Öl glasig dünsten. Möhren und Sellerie kurz mitdünsten. Tomaten und Linsen zugeben. Große Tomatenstücke mit einem Kochlöffel zerdrücken.
4. Mit Oregano, Salz, Pfeffer und einer Prise Zucker würzen und aufkochen lassen. Bei kleiner Hitze zugedeckt ca. 10 Min. köcheln, bis die Linsen weich sind. Einen Schuss Sahne unterrühren und abschmecken.
5. Spaghetti mit Sauce und zerbröseltem Fetakäse servieren.

▲ 25 Min.
Pro Portion 485 kcal, 23 g E, 9 g F, 76 g Kh

Auch lecker: Schmeckt gut mit etwas Kreuzkümmel gewürzt.

Info: Die Linsen liefern hochwertiges Eiweiß und viele sättigende Ballaststoffe.

Federleicht: Fetakäse weglassen.

Profi-Tipp: Bereiten Sie gleich die doppelte Menge der Sauce zu. Sie lässt sich wunderbar auf Vorrat einfrieren.

LIEBLINGS-LASAGNE

Für 4 Portionen
1 Zwiebel, 1 Knoblauchzehe
2 EL Rapsöl
300 g Rinderhackfleisch
1 Dose Tomaten (800 g)
Salz, Pfeffer, Oregano
250 g Lasagneplatten (ohne Vorkochen)
450 g TK-Rahmspinat-Minis
1 Kugel Mozzarella (150 g)
200 g körniger Frischkäse

1. Zwiebel und Knoblauch klein geschnitten im Öl andünsten. Hackfleisch darin anbraten. Mit Salz, Pfeffer und Oregano würzen. Tomaten zerkleinert dazugeben und 10 Min. köcheln.
2. Backofen auf 200 Grad vorheizen. Eine Form mit Lasagneplatten auslegen. Abwechselnd Sauce, tiefgefrorenen Spinat und Lasagneplatten einschichten. Mit Lasagneplatten enden.
3. Mozzarella würfeln und mit Frischkäse auf der Lasagne verteilen. Im Ofen (2. Schiene von unten) 20–25 Min. backen.

▲ 30 Min. + 20–25 Min. Backen
Pro Portion 494 kcal, 35 g E, 27 g F, 26 g Kh

VEGGI-LASAGNE

Für 4 Portionen
1 Zwiebel
2 EL Rapsöl
600 g Kürbisfleisch (ohne Schale)
100 ml Wasser
1 Dose Mais (400 g)
Salz, Pfeffer
200 g Lasagneplatten (ohne Vorkochen)
1 Päckchen Fetakäse (150 g)
100 g geriebener Käse (max. 30 % i. Tr.)

1. Zwiebel schälen, würfeln und im Öl andünsten. Kürbis würfeln und mitbraten. Wasser angießen und alles zugedeckt 15 Min. köcheln. Pürieren, Mais dazugeben, salzen und pfeffern.
2. Fetakäse zerbröseln. Backofen auf 200 Grad vorheizen. Eine Form mit Lasagneplatten auslegen. Abwechselnd Kürbissauce und Lasagneplatten einschichten, auf jede Saucenschicht etwas Fetakäse streuen. Mit Sauce enden.
3. Lasagne mit Käse bestreuen. Im Ofen (2. Schiene von unten) 25 Min. backen.

▲ 25 Min. + 25 Min. Backen
Pro Portion 477 kcal, 24 g E, 19 g F, 52 g Kh

Federleicht: Bei der Lieblings-Lasagne das Hackfleisch auf 200 g reduzieren und dafür zwei große geraspelte Möhren mit anbraten.

Auch lecker: Für die Veggi-Lasagne statt Kürbis Möhren nehmen und für Fleischfans den Fetakäse durch 150 g Putenschinken in Würfeln ersetzen.

Profi-Tipp: Beim Hokkaido-Kürbis kann die Schale mitgegessen werden. Andere Kürbisarten müssen Sie schälen.

Profi-Tipp: Die Lasagneblätter müssen gut mit Flüssigkeit bedeckt sein, sonst garen sie nicht richtig und bleiben hart.

Profi-Tipp: Machen Sie gleich die doppelte Menge. Lasagne lässt sich sehr gut einfrieren und bei Bedarf im Ofen aufbacken.

Info: Die klassische Lasagne ist sehr kalorienreich, da sie mit Bechamelsauce, einem Mix aus Butter, Mehl und Milch oder Sahne, eingeschichtet und mit reichlich Käse bestreut wird. Besonders Fertigprodukte können es in sich haben!

PUNKTE-AUFLAUF

Für 4 Portionen
800 g TK-Rosenkohl
3 Eier
750 ml Milch (1,5 %)
70 g Kartoffelpüreepulver
150 g Fetakäse
2 EL frische Petersilie
Salz, Pfeffer
1/2–1 EL mildes Currypulver
etwas geriebene Muskatnuss

1. Rosenkohl aus dem Eis nehmen und antauen lassen. Backofen auf 180 Grad vorheizen.
2. Eier trennen. Eigelb mit der Milch, dem Püreepulver, dem zerdrückten Fetakäse und der Petersilie verrühren. Mit Salz, Pfeffer, Curry und Muskat würzen.
3. Eiweiß mit 1 Prise Salz steif schlagen und unter die Püreemasse heben. Die Masse auf die mit Backpapier ausgelegte Fettpfanne des Backofens geben. Rosenkohl darin verteilen. Im Ofen (2. Schiene von unten) 20–25 Min. backen.

▲ 20 Min. + 25 Min. Backen
Pro Portion 389 kcal, 29 g E, 16 g F, 30 g Kh

Profi-Tipp: Sie können auch frischen Rosenkohl verwenden. Damit das Innere gar wird, die Röschen nach dem Waschen und Putzen längs halbieren.

Auch lecker: Schmeckt im Sommer lecker mit Kirschtomaten. Die Garzeit ist dann etwas kürzer (15–20 Min.).

OFENRÖSTI

Für 4 Portionen
600 g Kartoffeln
2 Fenchelknollen
1 rote Paprika
2 Eier
2 EL körniger Frischkäse
2 EL Ajvar
Salz, Pfeffer
75 g Cabanossi

1. Backofen auf 220 Grad vorheizen. Gemüse waschen. Kartoffeln schälen und grob raspeln. Schnittstellen beim Fenchel anschneiden, Grün entfernen und fein hacken, den Rest grob raspeln. Paprika entkernen und würfeln.
2. Eier mit Frischkäse, Ajvar und Fenchelgrün in einer großen Schüssel verquirlen. Mit Salz und Pfeffer würzen. Kartoffeln, Fenchel, Paprika zugeben und alles gut vermengen.
3. Die Fettpfanne des Backofens mit Backpapier auslegen. Kartoffelmischung gleichmäßig darauf verteilen. Im Ofen (Mitte) ca. 30 Min. backen. Cabanossi in dünne Scheiben schneiden, Rösti gleichmäßig damit belegen und weitere 2 Min. backen.

▲ 30 Min. + 30 Min. Backen
Pro Portion (ohne Quark) 305 kcal, 13 g E, 16 g F, 27 g Kh

Dazu 100 g Kräuterquark pro Person.

Auch lecker: Statt Fenchel und Paprika Möhren, Pastinaken, Zucchini oder Kohl. Vegetarier nehmen statt Cabanossi 100 g Mozzarella oder mehr Kräuterquark, oder sie streuen 4 EL geröstete Kürbiskerne aufs fertige Rösti.

Info: Rösti aus dem Ofen ist praktisch und kommt ohne Bratfett aus. Ohne Cabanossi und Kräuterquark mit 200 g gegrillter Putenbrust ein Festschmaus.

KARTOFFEL-GULASCH

Für 4 Portionen
800 g Kartoffeln
2 rote Paprika
500 g grüne, breite Bohnen
1 große Zwiebel
1 EL Rapsöl
4 EL Ajvar
1 EL Paprikapulver
500 ml Wasser
Salz, Pfeffer
4 Wiener Würstchen (ca. 200 g)

1. Kartoffeln waschen, schälen und achteln. Paprikaschoten waschen, putzen und in Streifen schneiden. Bohnen waschen, putzen und in 2 cm-Stücke schneiden. Zwiebel schälen und klein würfeln.
2. Öl erhitzen, Zwiebel darin glasig dünsten. Kartoffeln und Ajvar zugeben und unter Rühren 5 Min. schmoren. Paprikawürfel, Bohnen, Paprikapulver und Wasser zugeben. Mit Salz und Pfeffer würzen und alles 25 Min. zugedeckt köcheln lassen. Ab und zu rühren.
3. Würstchen in Scheiben schneiden und im offenen Kartoffelgulasch erhitzen. Abschmecken und servieren.

▲ 50 Min.
Pro Portion (ohne Brot) 361 kcal, 16 g E, 16 g F, 38 g Kh

Dazu pro Person 1 Scheibe Brot.

Auch lecker: Vegetarier lassen die Würstchen weg und bröseln stattdessen 200 g Fetakäse oder 400 g Räuchertofu über das fertige Gulasch. Zum Szegediner Gulasch wird das Gericht, wenn Sie statt der Bohnen eine kleine Dose Sauerkraut zugeben.

Info: Kartoffeln und Gemüse machen so richtig satt!

GOLD-PÜREE MIT BRATWÜRSTCHEN

Für 4 Portionen

500 g mehlig kochende Kartoffeln
500 g Kürbis
400 ml Gemüsebrühe
300 ml Milch (1,5 %)
1 EL Butter
Salz, Pfeffer
etwas Muskatnuss
1–2 EL Rapsöl
12 Nürnberger Bratwürstchen (250 g)

1. Die Kartoffeln und den Kürbis waschen und schälen. Beides grob zerteilen und in der Gemüsebrühe zugedeckt ca. 15 Min. weich kochen.
2. Die Milch in einem Topf erhitzen, aber nicht kochen. Kartoffel-Kürbis-Mix und Butter zugeben, mit einem Kartoffelstampfer oder einer Gabel zerdrücken. Mit Salz, Pfeffer und geriebener Muskatnuss würzen.
3. Das Öl in eine Pfanne erhitzen und die Bratwürstchen darin rundherum anbraten. Zusammen mit dem Püree servieren.

KNACKIGES HERBSTBLECH

Für 4 Portionen

1 EL Rapsöl
400 g Maroni (mit Schale)
500 g Kartoffeln
1/2 TL Salz
1/2 Bund Rosmarin
4 Äpfel
12 Scheiben roher Schinken (250 g)

1. Backofen auf 220 Grad vorheizen. Ein Backblech mit Backpapier auslegen und mit dem Öl einpinseln.
2. Maroni kreuzweise einritzen.
3. Kartoffeln waschen, längs halbieren, salzen und mit den Maroni und Rosmarin auf dem Backblech verteilen. Im Ofen (Mitte) 40 Min. garen.
4. Inzwischen die Äpfel in Spalten und den Schinken in Streifen schneiden. In den letzten 15 Min. die Äpfel und den Schinken auf dem Blech mitbacken. Das Gericht aus dem Ofen nehmen und servieren.

KÜ-KA-KUGELN

Für 4 Portionen

400 g Kürbisfruchtfleisch (ohne Schale)
300 ml kaltes Wasser
1 Packung Kloßteig halb und halb für Kartoffelknödel
Salz, Pfeffer
4 EL grüne Kürbiskerne
2 EL Butter
50 g geriebener Parmesan

1. Kürbisfruchtfleisch mit der Küchenmaschine fein raspeln. Mit Wasser mischen und das Kloßteigpulver unterkneten. Mit Salz und Pfeffer würzen.
2. Den Teig 10 Min. ausquellen lassen, dann noch mal gut durchkneten und mit angefeuchteten Händen portionsweise zu ca. 2 cm großen Kugeln rollen.
3. Die Knödelchen 2–3 Min. in reichlich Salzwasser kochen, bis sie an die Oberfläche steigen. Mit einem Schaumlöffel herausnehmen, gut abtropfen lassen.
4. Die Kürbiskerne grob hacken. Butter in einer Pfanne schmelzen, Kürbiskerne darin anrösten, dann die Knödelchen darin schwenken. Mit Parmesan bestreut servieren.

▲ 25 Min.
Pro Portion 418 kcal, 17 g E, 26 g F, 28 g Kh

Dazu einen bunten Salat reichen.

Auch lecker: Statt Kürbis Pastinaken, Möhren, Erbsen oder rote Beete, für klassisches Püree nur Kartoffeln.

Profi-Tipp: Das Püree ist ein tolles Gemüseversteck für Gemüsemuffel.

Info: Selbst kochen lohnt sich: Das Püree sättigt durch reichlich Ballaststoffe besser als Instant-Püree und liefert Vitamin C und Beta-Karotin.

▲ 20 Min. + 40 Min. Garen
Pro Portion (ohne Dip) 409 kcal, 18 g E, 9 g F, 62 g Kh

Dazu schmeckt der Paprikadip von Seite 90.

Profi-Tipp: Maroniknacken kommt bei Kindern gut an und ist eine natürliche Essbremse: Da das Knacken dauert, isst man automatisch weniger.

Auch lecker: Statt Schinken 5 Min. vor Ende der Garzeit 4 EL grüne Kürbiskerne über die Kartoffeln streuen.

▲ 25 Min.
Pro Portion 465 kcal, 13 g E, 18 g F, 62 g Kh

Dazu schmeckt ein bunter Salat.

Auch lecker: Außerhalb der Kürbissaison Möhren verwenden. Oder Kürbiskerne und Butter durch Tomatensauce (→ Seite 85) ersetzen. Für süße Knödel Äpfel statt Kürbis und Haselnüsse statt Kürbiskernen verwenden. Mit etwas Puderzucker bestreut servieren.

Info: Kleine Knödelchen kommen bei Kindern gut an und sehen auf dem Teller nach mehr aus als ein großer Knödel.

KNUSPERBÄLLCHEN

Für 4 Portionen (ca. 20 Bällchen)
200 g Grünkernschrot
375 ml Gemüsebrühe
2 Möhren, 1/2 Bund Petersilie
1 Knoblauchzehe
100 g Fetakäse
2 kleine Eier, 5 EL Haferflocken
1 TL Salz, Pfeffer
4 EL Sesamsamen
1 EL Butter

1. Backofen auf 200 Grad vorheizen. Grünkernschrot mit Gemüsebrühe aufkochen und 15 Min. köcheln lassen. Dabei öfter umrühren. Herdplatte ausschalten, Schrot nachquellen lassen.
2. Möhren fein raspeln. Petersilie fein hacken. Knoblauchzehe schälen und pressen. Fetakäse zerbröseln. Alles mit dem Grünkernschrot und Eiern verkneten. Nach und nach die Haferflocken zugeben, bis die Masse gut formbar ist. Mit Salz und Pfeffer würzen.
3. Mit angefeuchteten Händen kleine Bällchen formen, im Sesam wenden und auf ein gefettetes Backblech setzen. Mit je einem Butterflöckchen belegen und auf der mittleren Schiene in ca. 15 Min. goldbraun backen.

▲ 40 Min.
Pro Portion (ohne Beilagen) 398 kcal, 17 g E, 18 g F, 41 g Kh

Dazu passt 250 g Kräuterquark (→ Seite 88), die Sonnensauce (→ Seite 84) oder etwas Sauerrahm (10 %).

Profi-Tipp: Schön gleichmäßig werden die Bällchen, wenn Sie sie mit einem Eisportionierer vorformen.

Info: Grünkern ist unreif geernteter, gerösteter Dinkel. Sein leichtes Räucheraroma macht ihn zum delikaten Fleischersatz.

BULGUR-GRATIN

Für 4 Portionen
300 ml Gemüsebrühe
200 g Bulgur
1 rote Paprika
1 Bund Frühlingszwiebeln
100 g fettarme Salami
1 Dose Mais (400 g)
1 kleine Dose Pizzatomaten (400 g)
2 TL Pizzagewürz
Salz, Pfeffer
100 g geriebener Käse (max. 30 % i. Tr.)

1. Backofen auf 180 Grad vorheizen. Gemüsebrühe aufkochen, Bulgur einrühren und vom Herd nehmen.
2. Paprika putzen und in 1 cm große Würfel schneiden. Frühlingszwiebeln waschen, putzen, in feine Ringe schneiden. Salamischeiben in Streifen schneiden. Alles mit Bulgur und dem unabgetropften Mais vermischen und in einer flachen Auflaufform verteilen.
3. Die Tomaten mit Pizzagewürz, Salz und Pfeffer kräftig würzen und gleichmäßig über dem Bulgur-Mix verteilen. Geriebenen Käse drüber streuen und im Ofen (Mitte) ca. 20 Min. backen, bis der Käse leicht braun wird.

▲ 15 Min. + 20 Min. Backen
Pro Portion 420 kcal, 19 g E, 17 g F, 48 g Kh

Federleicht: Das Gratin wird noch leichter, wenn Sie statt der Salami Räucher-Tofu verwenden.

Info: Bulgur ist vorgegarter, grober Weizengrieß, den Sie in türkischen Lebensmittelgeschäften, Bioläden oder gut sortierten Supermärkten finden. Er hat einen herzhaft-nussigen Geschmack.

ORIENT-RISOTTO

Für 4 Portionen
2 EL Rapsöl
2 Stangen Lauch
250 g Zartweizen
1 TL mildes Currypulver
650 ml Gemüsebrühe
200 g Hühnerbrust
1 unbeh. Zitrone
1/2 Bund Minze oder Petersilie
200 g Joghurt (1,5 %)
Salz, Pfeffer

1. Den Lauch waschen, putzen und in Ringe schneiden. In einem Topf im heißen Öl andünsten. Zartweizen einstreuen, kurz mitdünsten, Curry zugeben und Gemüsebrühe angießen. Kurz aufkochen und zugedeckt 15 Min. köcheln lassen. Öfter umrühren.
2. Hühnerbrust würfeln. Die Zitrone heiß abwaschen, Schale dünn abreiben und eine Hälfte der Zitrone auspressen.
3. Hühnerbrust, Zitronenschale und -saft zum Risotto geben und weitere 5 Min. köcheln lassen. Salzen und pfeffern.
4. Für den Dip die Minze hacken, mit Joghurt mischen, salzen und pfeffern. Mit der Hühnerbrust servieren.

▲ 35 Min.
Pro Portion 386 kcal, 23 g E, 8 g F, 54 g Kh

Auch lecker: Sättigender wird es mit 400 g TK-Erbsen zusätzlich. Statt Zartweizen können Sie auch Risottoreis verwenden.

Info: Vorgegarten Zartweizen gibt es lose oder im Kochbeutel. Schmeckt mild.

Profi-Tipp: Für Gäste die Hühnerbrust extra braten oder grillen und das Risotto mit Granatapfelkernen bestreuen.

TORTILLA MIT LAUCH

Für 4 Portionen
1 Springform (Ø 24 cm)
800 g Kartoffeln
3 Stangen Lauch
3–4 getrocknete Tomaten
3 EL Rapsöl
5 Eier
100 ml Milch (1,5 %)
Salz, Pfeffer
etwas Muskatnuss

1. Kartoffeln waschen, schälen und grob raspeln. Lauch waschen, putzen und in dünne Ringe schneiden. Tomaten klein würfeln. 2 EL des Öls in einer Pfanne erhitzen. Lauch darin andünsten, dann die Kartoffeln zugeben und bei nicht zu starker Hitze in 15 Min. goldbraun braten, dabei häufig wenden.
2. Backofen auf 175 Grad vorheizen. Eier und Milch verquirlen. Mit Salz, Pfeffer und etwas Muskat kräftig würzen. Die Springform mit dem restlichen Öl auspinseln.
3. Kartoffel-Mix und Tomatenwürfel mit der Eiermasse mischen und in die Form füllen. Im Ofen (Mitte) ca. 30 Min. garen. Tortilla in Würfel schneiden und servieren.

▲ 30 Min. + 30 Min. Garen
Pro Portion (ohne Beilagen) 380 kcal, 17 g E, 17 g F, 39 g Kh

Dazu pro Portion 1 kleine Scheibe Brot und eine gute Portion Salat reichen.

Auch lecker: Statt Lauch können Sie auch anderes Gemüse verwenden, z. B. geraspelte Möhren oder Zucchini.

Profi-Tipp: Die Tortilla macht sich, in Würfel geschnitten, auch kalt auf dem Buffet oder als Sandwichbelag gut.

ALI-BABA-WOK

Für 4 Portionen
150 g Glasnudeln
350 g Rinderroulade
2 Frühlingszwiebeln
1 Broccoli (ca. 600 g)
1 EL Rapsöl
Salz, Pfeffer
1 TL mildes Currypulver
1 Dose Kichererbsen (400 g)
250 ml Apfelsaft
Sojasauce

1. Glasnudeln in kaltem Wasser einweichen. Fleisch in 1/2 cm dicke Streifen schneiden. Frühlingszwiebeln waschen und in Ringe schneiden. Broccoli waschen und in Röschen teilen, Stiele schälen und würfeln.
2. Frühlingszwiebeln im heißen Öl in Wok oder Pfanne andünsten. Fleisch zugeben und rundherum anbraten, salzen und pfeffern. Curry darüberstäuben, kurz mitbraten. Broccoli zugeben und 2 Min anbraten.
3. Ausgedrückte Glasnudeln, Apfelsaft und Kichererbsen samt Sud zugeben. Alles ca. 6 Min. bei kleiner Hitze köcheln, bis der Broccoli gar ist. Dabei öfter rühren. Mit Sojasauce würzen.

▲ 25 Min.
Pro Portion 429 kcal, 32 g E, 9 g F, 55 g Kh

Profi-Tipp: Steht das Gericht länger, noch etwas Brühe zugeben – die Glasnudeln saugen viel Flüssigkeit auf.

Info: Glasnudeln sind so durchsichtig, weil sie nur aus Stärke bestehen. Sie sind in etwa so kalorienreich wie andere Nudeln. Allerdings haben sie mehr Volumen und füllen den Teller.

TAIGA-WOK

Für 4 Portionen
800 g Weißkohl
4 rote Äpfel
3 TL Rapsöl
Salz, Pfeffer
2 TL Paprikapulver
etwas gemahlener Kümmel
100 ml Gemüsebrühe
8 dünne Scheiben Kasseler (je 50 g)

1. Weißkohl waschen und putzen. Den Strunk entfernen und den Rest in dünne Streifen hobeln. Die Äpfel waschen, entkernen und in 1 cm große Würfel schneiden.
2. Das Öl in einem Wok erhitzen und den Kohl mit den Äpfeln unter Rühren 3–5 Min. anbraten. Mit Salz, Pfeffer, Paprikapulver und Kümmel würzen, dann die Gemüsebrühe angießen.
3. Zugedeckt ca. 15 Min. dünsten, bis der Kohl weich, aber noch bissfest ist. Kurz vor Ende der Garzeit das Apfel-Kraut noch einmal abschmecken.
4. Das Kasseler gleichmäßig auf dem Gemüse verteilen und zugedeckt heiß werden lassen. Sofort servieren.

▲ 35 Min.
Pro Portion (ohne Beilage) 316 kcal, 24 g E, 14 g F, 23 g Kh

Dazu pro Portion 200 g Kartoffeln oder 1 Scheibe kräftiges Bauernbrot.

Auch lecker: Statt Weißkohl Rotkohl verwenden und statt mit Paprika und Kümmel mit etwas gemahlenem Ingwer abschmecken.

Info: Nehmen Sie mageres Kasseler aus dem Schweinerücken, das keine Fettadern hat. Nur kurz erhitzen – es wird schnell trocken.

ZEBRA-BROTAUFLAUF

Für 4 Portionen

1 Zwiebel
600 g Möhren
2 rote Paprika
1 EL Rapsöl
etwa 200 ml Wasser
2 EL Tomatenmark, Salz, Pfeffer
400 g trockenes Mischbrot
200 g Butterkäse in Scheiben (max. 30 % i. Tr.)
ca. 1/4 l warme Milch (1,5 %)
Butter für die Form

1. Backofen auf 180 Grad vorheizen.
2. Zwiebel hacken und in einem Topf mit Öl glasig dünsten. Möhren und Paprika waschen, würfeln und zugeben. Tomatenmark mitrösten. Nach 5 Min. mit Wasser ablöschen, salzen, pfeffern und weitere 5 Min. zugedeckt köcheln.
3. Brot ohne Rinde in 1 cm breite Scheiben schneiden, in warmer Milch wenden und in eine hohe, gefettete Auflaufform legen. Ein Drittel der Gemüsemischung darüber verteilen und mit Käse belegen. Weiterschichten und mit Käse abschließen. Im Ofen (Mitte) ca. 20 Min. backen.

▲ 20 Min. + 20 Min. Backen
Pro Portion 503 kcal, 23 g E, 17 g F, 64 g Kh

Profi-Tipp: Je älter das Brot, desto trockener ist es und desto mehr Milch brauchen Sie – verlängern Sie mit Wasser. Reines Roggenbrot ist für den Auflauf ungeeignet. Ideal: Weizen- oder Dinkelbrot – egal ob Vollkorn oder weiß.

Beschleuniger: Statt Möhrengemüse 1 große Dose Tomaten (800 g) mit 1 gepressten Knoblauchzehe, Salz, Pfeffer und getrocknetem Pizzagewürz würzen und einschichten.

CHICOREE-AUFLAUF MIT PELLKARTOFFELN

Für 4 Portionen

1 kg Chicoree
2 EL Rapsöl
800 g fest kochende Kartoffeln
1 kleine Dose Tomaten (400 g)
Salz, Pfeffer
2 EL getrocknetes Basilikum
2 Kugeln Mozzarella (je 150 g)

1. Backofen auf 200 Grad vorheizen. Chicoreestauden waschen und halbieren. Bei jeder Staude unten einen Keil herausschneiden.
2. Öl in einer Pfanne erhitzen. Chicoreehälften darin portionsweise von jeder Seite 2–3 Min. anbraten, dann in eine Auflaufform (ca. 3 Liter Inhalt) setzen.
3. Die Tomaten aus der Dose kräftig mit Salz, Pfeffer und Basilikum würzen und gleichmäßig über den Chicoree gießen. Mozzarella abtropfen lassen und in dünne Scheiben schneiden. Den Auflauf damit belegen und im Ofen auf der mittleren Schiene ca. 30 Min. backen.
4. Die Kartoffeln waschen und zur Hälfte mit Salzwasser bedeckt zugedeckt in ca. 20 Min. gar kochen. Mit dem Auflauf servieren.

▲ 15 Min. + 30 Min. Backen
Pro Portion 426 kcal, 22 g E, 21 g F, 36 g Kh

Auch lecker: Mangold statt Chicoree: Mangold waschen und putzen. Stiele 2–3 Min. in der Pfanne anbraten, Blätter zugeben, kurz zusammenfallen lassen. Geht auch mit Lauch: einschneiden und gut waschen, um Erde zu entfernen. Neutraler schmeckt's mit Zucchini.

Info: Chicoree enthält wie alle Salate viel Wasser und wenig Kalorien.

JÄGERSCHNITZELTOPF

Für 4 Portionen

2 Zwiebeln
600 g Champignons
2 EL Rapsöl
8 dünne Kalbsschnitzel (je ca. 60 g, vom Metzger aufschneiden lassen)
2 TL milder Senf
Salz, Pfeffer
600 ml Gemüsebrühe
4 EL Schmand
4 EL gehackte Petersilie
4 EL Semmelbrösel

1. Backofen auf 200 Grad vorheizen.
2. Zwiebeln schälen, würfeln und im heißen Öl in einer Pfanne glasig dünsten. Champignons abreiben, vierteln, zugeben und kräftig anbraten.
3. Schnitzel mit 1 TL Senf dünn einstreichen, salzen und pfeffern und in eine flache Auflaufform (ca. 1,5 l Inhalt) legen. Pilze darauf verteilen.
4. Gemüsebrühe, Schmand und den restlichen Senf in einem Schüttelbecher kräftig schütteln oder verquirlen. Mit Salz, Pfeffer und Petersilie würzen. Gleichmäßig über die Schnitzel gießen. Mit Semmelbröseln bestreuen und im Ofen (Mitte) ca. 20 Min. backen.

▲ 20 Min. + 20 Min. Backen
Pro Portion (ohne Beilage) 310 kcal, 29 g E, 18 g F, 8 g Kh

Dazu schmecken 250 g Reis und Salat.

Auch lecker: Feine Austernpilze statt Champignons. Preiswerter: Pute statt Kalbsschnitzel.

Profi-Tipp: Die Schnitzel müssen sehr dünn sein, sonst werden sie zu trocken.

Info: Pilze sind Gemüse, enthalten aber viel Eiweiß. Mit dem Fleisch zusammen hat das Gericht einen hohen Eiweißanteil. Das regt den Stoffwechsel an.

BROCCOLI-QUICHE

Für 4 Portionen

1 Springform (Ø 26 cm)
100 g Yufkateig (am besten Dreiecke)
2 EL Rapsöl, 2 EL Wasser
3 EL Semmelbrösel
150 g gekochter Schinken
3 Frühlingszwiebeln
500 g Broccoliröschen
1 Dose Mais (400 g), 3 Eier
150 g Joghurt (1,5 %)
150 ml Sahne
Salz, Pfeffer, 1 TL Currypulver

1. Backofen auf 200 Grad vorheizen. Teig mit einem Mix aus Öl und Wasser einpinseln. Boden der Springform mit der Hälfte der Blätter auslegen, einen 3 cm breiten Rand hochziehen. Semmelbrösel darauf streuen.
2. Boden mit der Hälfte des Schinkens belegen. Frühlingszwiebeln in Ringe schneiden. Mit Broccoli und abgetropftem Mais auf dem Schinken verteilen.
3. Eier, Joghurt, Sahne, Salz, Pfeffer, Curry mischen, über das Gemüse geben. Mit Schinken abdecken, restlichen Teig als Deckel darauf legen. Im Ofen (2. Schiene von unten) ca. 30 Min. backen. Die Quiche schmeckt warm oder kalt.

▲ 20 Min. + 30 Min. Backen
Pro Portion 422 kcal, 22 g E, 24 g F, 30 g Kh

Auch lecker: Statt Broccoli Rosenkohl oder Möhren (in 3 cm lange Stücke schneiden). Beides ca. 5 Min. vordünsten, sonst wird es nicht gar. Im Frühling ist Spargel statt Broccoli und Mais toll: Stangen geputzt in 3 cm lange Stücke teilen. Frühlingszwiebeln durch 1 Bund Basilikum ersetzen.

Federleicht: Milch statt Sahne – wird allerdings etwas flüssiger.

KNUSPERHÖRNCHEN

Für 4 Portionen

16 Yufkateig-Dreiecke (240 g)
3 EL Rapsöl, 2 EL Wasser
2 rote Paprika
100 g Fetakäse
2 EL rotes Pesto (Glas)

1. Backofen auf 200 Grad vorheizen. Teig mit einem Mix aus Öl und Wasser einstreichen, je 2 Dreiecke übereinander legen.
2. Für die Füllung Paprika waschen, putzen und sehr klein würfeln. Feta zerbröseln. Beides mit Pesto mischen.
3. Je 1/8 davon auf ein Dreieck geben und zu Hörnchen aufrollen.
4. Auf einem mit Backpapier belegtem Blech im Ofen (2. Schiene) in ca. 8 Min. goldbraun backen.

▲ 25 Min. + 8 Min. Backen
Pro Stück 199 kcal, 9 g F, 6 g E, 23 g Kh

Dazu einen großen Salat.

Info: Als Snack haben die Hörnchen zu viele Kalorien! Halbieren Sie die Käsemengen und machen Sie aus jedem Teigstück 2 Hörnchen.

Info: Yufkateig (auch Filoteig oder Brikteig genannt) wird so knusprig wie Blätterteig, ist aber sehr viel leichter, da er nur aus Wasser und Mehl besteht. Vorsicht beim Einstreichen mit Öl und Wasser, der Teig reißt schnell ein.

Profi-Tipp: Öl-Wasser-Mix in eine Sprühflasche füllen und den Teig einsprühen statt pinseln. Kinder werden die knusprigen Hörnchen lieben!

KASSELER MIT BOUILLONKARTOFFELN

Für 4 Portionen

500 ml Wasser
4 Zwiebeln
1 Lorbeerblatt, 2 Nelken
500 g mageres Kasseler am Stück
800 g fest kochende Kartoffeln
4 Möhren
1 kleine Stange Lauch
1 EL Mehl, 2 EL Rapsöl

1. In einem Topf 500 ml Wasser zum Kochen bringen. Zwiebeln schälen. Eine der Zwiebeln mit Lorbeer und Nelken bestecken. Besteckte Zwiebel und Kasseler ins kochende Wasser geben. 30 Min. zugedeckt sanft köcheln lassen.
2. Inzwischen Kartoffeln und Möhren waschen, schälen, in etwa 1 cm große Würfel schneiden. Lauch waschen, in fingerdicke Ringe schneiden. Gemüse nach den 30 Min. zum Fleisch geben. Weitere 25 Min. garen.
3. Restliche Zwiebeln in Ringe schneiden. Mit etwas Mehl bestäuben und im heißen Öl kross braten.
4. Kasseler in dünne Scheiben schneiden und mit den Röstzwiebeln und den Bouillonkartoffeln servieren.

▲ 60 Min.
Pro Portion 423 kcal, 33 g E, 13 g F, 43 g Kh

Auch lecker: Ohne Kasseler und Zwiebelringe sind die Bouillonkartoffeln in Instantbrühe eine saftige, leichte Beilage zu kurz Gebratenem.

Info: Viel Bouillon macht eine kalorienreiche Sauce überflüssig.

SCHASCHLIKSPIESSE MIT PÜNKTCHENREIS

Für 4 Portionen

Je 1 gelbe und rote Paprika
1 Gemüsezwiebel
250 g kleine Champignons
4 EL Rapsöl
3 TL Paprikapulver
Salz
Pfeffer
350 g Schweinegulasch
150 g Reis
1 kleine Dose Mexiko-Mix (400 g)

1. Backofen auf 200 Grad vorheizen.
2. Paprika waschen, putzen und in Würfel schneiden (wie Fleischwürfel). Zwiebel schälen und achteln. Pilze abreiben, größere halbieren.
3. Öl mit Paprikapulver, Salz und Pfeffer verrühren. Fleisch und Paprikaschoten darin wenden und anschließend abwechselnd auf Schaschlikspieße stecken. Auf den mit Alufolie ausgelegten Rost des Ofens (Mitte) legen und ca. 20 Min. braten. Dabei einmal wenden.
4. Inzwischen den Reis nach Packungsanweisung kochen. Kurz vor Ende der Garzeit den abgetropften Mexiko-Mix einrühren. Zu den Spießen servieren.

▲ 45 Min.
Pro Portion (ohne Beilagen) 424 kcal, 17 g E, 18 g F, 49 g Kh

Dazu Ketchup oder Ajvar und ein Salat, z. B. den Krautsalat von Seite 146.

Auch lecker: Schmeckt auch mit Rind-, Lamm- oder Geflügelfleisch. Statt Mexiko-Mix Mais oder TK-Erbsen unter den Reis rühren.

Profi-Tipp: Aufpassen, dass nichts aus dem Spieß herausragt, es würde verbrennen. Holzspieße deshalb vorher 1 Stunde wässern.

PIZZA-NÜRNBERGER

Für 4 Portionen

1 EL Rapsöl
12 kleine Nürnberger Würstchen (250 g)
1 Zwiebel
3 EL Tomatenmark
300 ml Gemüsesaft
2 EL Crème fraîche (30 %)
Salz
Pfeffer

1. Öl in einer Pfanne erhitzen und die Würstchen darin rundherum anbraten. Aus der Pfanne nehmen.
2. Zwiebel schälen, fein würfeln und in der Pfanne glasig dünsten. Das Tomatenmark kurz mitbraten, dann den Gemüsesaft angießen und die Sauce aufkochen. Einige Minuten einkochen lassen, dann die Crème fraîche unterrühren. Mit Salz und Pfeffer würzen.
3. Die Nürnberger mit der Tomatensauce servieren.

▲ 25 Min.
Pro Portion (ohne Beilagen) 269 kcal, 11 g E, 23 g F, 6 g Kh

Dazu 800 g Kartoffeln oder 250 g Reis oder 250 g Nudeln kochen und einen Salat reichen.

Auch lecker: Die Pizzasauce schmeckt zu allem kurz Gebratenem.

Federleicht: Nürnberger Würstchen mit nur 22 % Fett.

UNIVERSAL-GULASCH

Für 4 Portionen
400 g Zwiebeln
2 EL Rapsöl
1 Knoblauchzehe
2 EL Tomatenmark
500 g Schweinegulasch
Salz, Pfeffer
2 TL Paprikapulver
250 ml Wasser
1 EL Sauerrahm (20 %)

1. Zwiebeln schälen und würfeln. In einem Topf im Öl glasig dünsten. Knoblauch schälen und dazu pressen. Fleisch zugeben und rundherum kräftig anbraten. Tomatenmark kurz mitrösten.
2. Fleisch mit Salz, Pfeffer und Paprika würzen und alles zugedeckt 30 Min. schmoren lassen. Ab und zu umrühren. Wenn es beginnt anzusetzen, das gesamte Wasser zugeben.
3. Sauerrahm unterrühren und das fertige Gulasch nochmals mit Salz und Pfeffer abschmecken.

▲ 45 Min.
Pro Portion 225 kcal, 13 g E, 14 g F, 11 g Kh

Dazu 800 g Kartoffeln oder 250 g Bandnudeln kochen und mit einem Salat servieren.

Auch lecker: Funktioniert auch mit Rind- oder Lammfleisch. Die Garzeit erhöht sich dann auf 1 Stunde.

Info: Wie beim klassischen Gulasch werden hier fast so viele Zwiebeln wie Fleisch verwendet – das ergibt die köstliche, leichte Sauce ohne Mehl.

PUSZTA-TOPF

Für 4 Portionen
2 Zwiebeln
2 Möhren
2 EL Rapsöl
400 g Rindergulasch
Salz, Pfeffer
1 EL Paprikapulver
1 Lorbeerblatt
2 rote Paprika
1 kleine Dose Sauerkraut (314 g)
75 g Sauerrahm (20 %)

1. Zwiebeln schälen, halbieren und in dünne Scheiben schneiden, Möhren raspeln, beides im Öl anbraten. Fleisch zugeben und mitbraten. Mit Salz, Pfeffer, Paprikapulver würzen und Lorbeerblatt zugeben.
2. Zugedeckt 1 1/2 Std. bei mittlerer Hitze schmoren, ab und zu umrühren. Wenn es beginnt anzusetzen und zu bräunen, etwas Wasser zugeben.
3. Paprikaschoten waschen, putzen und klein würfeln. Sauerkraut grob hacken. Zum Fleisch geben und alles noch 20–25 Min. mit Deckel garen.
4. Puszta-Topf noch mal abschmecken und mit dem Sauerrahm servieren.

▲ 25 Min. + 1,5 Std. Schmoren + 25 Min. Garen
Pro Portion 220 kcal, 12 g E, 14 g F, 11 g Kh

Dazu 800 g Kartoffeln oder 250 g Spätzle kochen.

Auch lecker: 1–2 klein gewürfelte Pfefferschoten zugeben – das verschärft und heizt dem Stoffwechsel ein!

Beschleuniger: Im Schnellkochtopf geht's im Nu: Zwiebeln, Möhren und Fleisch mit Gewürzen anbraten, 15 Min. auf Stufe 2 garen. Topf abdampfen, öffnen, Gemüse dazu, alles noch 5 Min. auf Stufe 1 garen.

FIXES CURRY-GULASCH

Für 4 Portionen
500 g Broccoli
2 Zwiebeln
1 EL Rapsöl
400 g Putengulasch (aus der Keule)
2 TL Currypulver
Salz, Pfeffer
100 ml Wasser
100 ml Kokosmilch
1 Dose Kichererbsen (400 g)

1. Broccoli waschen und in Röschen teilen. Zwiebeln schälen und würfeln. Im Öl glasig dünsten.
2. Putenfleisch zugeben und rundherum kräftig anbraten. Mit Currypulver bestäuben, salzen und pfeffern. Wasser und Kokosmilch angießen und aufkochen.
3. Broccoli zugeben und 5 Min. schmoren. Dann die Kichererbsen samt Flüssigkeit zufügen und das Gulasch weitere 5 Min. schmoren. Abschmecken und servieren.

▲ 25 Min.
Pro Portion 311 kcal, 34 g E, 11 g F, 19 g Kh

Dazu 200 g Reis kochen.

Auch lecker: Statt Kichererbsen 200 g getrocknete rote Linsen 2 Min. vor dem Broccoli zugeben, ca. 400 ml mehr Wasser zugießen.

Info: Kokosmilch ist eine Alternative für Milchallergiker und mit 20 % Fett etwas leichter als Sahne.

Profi-Tipp: Kokosmilchreste einfrieren – hält ca. 2 Monate.

PUTE MIT KÜRBISZWEIERLEI

Für 4 Portionen
1 Bund Rucola
1 Bund Frühlingszwiebeln
700 g Putenrollbraten
4 EL Kürbiskernöl
Salz, Pfeffer
1 EL Pizzagewürz
300 g mehlig kochende Kartoffeln
600 g Hokkaido Kürbis
500 ml Gemüsebrühe
3–4 EL grüne Kürbiskerne

1. Backofen auf 180 Grad vorheizen. Rucola und Zwiebeln waschen und putzen. Rucola hacken, Zwiebeln in Ringe schneiden.
2. Pute mit einem Mix aus 1 EL des Öls, Salz, Pfeffer und dem Pizzagewürz einreiben. Mit der Hälfte der Zwiebeln und des Rucolas bestreuen. In Alufolie eingepackt 40 Min. im Ofen garen.
3. Inzwischen Kartoffeln und Kürbis schälen, würfeln, ca. 15 Min. in der Brühe garen; dann pürieren und würzen.
4. Restliche Zwiebeln, Rucola und Öl mit den Kürbiskernen im Blitzhacker (→ Seite 39) zu Pesto verarbeiten, salzen und pfeffern. Pute aufschneiden, mit Kürbispüree und Rucolapesto servieren.

▲ 50 Min.
Pro Portion 459 kcal, 50 g E, 19 g F, 21 g Kh

Profi-Tipp: Durch den hohen Anteil an Kürbis wird das Püree trotz Pürierstab schön locker und nicht zu Kleister.

Info: In Alufolie garen Fisch und Fleisch aromatisch und fettarm – aber ohne Sauce. Deshalb passen das Pesto und die cremig-saftige Beilage gut.

CHINA-ENTENBRUST

Für 4 Portionen
1 walnussgroßes Stück frischen Ingwer
2 unbeh. Limetten (oder 1 Orange)
Salz, Pfeffer
2 Entenbrüste à ca. 200 g

1. Ingwer schälen und fein raspeln. Die Schale der Limetten abreiben, den Saft auspressen, mit Ingwer mischen, salzen und pfeffern. Ente damit einreiben und im Kühlschrank mind. 6 Std. abgedeckt marinieren.
2. Backofen auf 80 Grad vorheizen.
3. In einer ofentauglichen Pfanne die Entenbrüste auf der Hautseite ganz langsam ca. 10 Min. braten, bis sie bräunen und das Fett ausgebraten ist.
4. Fett abgießen, Marinade in die Pfanne geben und die Entenbrüste auf der 2. Schiene im Ofen ca. 2 Std. garen. Ab und zu wenden. Zum Servieren in dünne Scheiben aufschneiden.

▲ 25 Min. + mind. 6 Std. Marinieren + 2 Std. Garen
Pro Portion (ohne Beilagen) 244 kcal, 19 g E, 17 g F, 4 g Kh

Dazu 800 g Kartoffeln und Rotkraut oder Feldsalat (→ Seite 146).

Pannenhilfe: Das Fett unter der Haut muss langsam bei mäßiger Hitze ausbraten. Wird die Haut dabei zu dunkel, erst vor dem Servieren abschneiden; sie schützt das Fleisch im Ofen vor dem Austrocknen.

PUTENRÖLLCHEN

Für 4 Portionen
400 g dünne Putenschnitzel
Salz, Pfeffer
2 EL Kräuterfrischkäse (45 % i. Tr.)
ca. 100 g TK-Rahmspinat-Minis
1–2 EL Mehl
1 EL Rapsöl
1 EL Schmand (20 %)

1. Putenschnitzel von beiden Seiten salzen und pfeffern. Auf einer Seite mit Kräuterfrischkäse einstreichen. Die gefrorenen Spinat-Minis an den Rand der Schnitzel legen, zusammenrollen und mit einem Zahnstocher oder Rouladenspieß feststecken.
2. Röllchen vorsichtig im Mehl wenden und im heißen Öl in einer Pfanne rundherum in 6 Min. braten. Röllchen herausnehmen, etwas Wasser zum Bratenfond geben, kurz aufkochen lassen und Schmand einrühren. Die Sauce mit den Röllchen servieren.

▲ 25 Min.
Pro Portion (ohne Beilagen) 185 kcal, 26 g E, 7 g F, 4 g Kh

Dazu das Gold-Püree von Seite 160 und ein Salat.

Auch lecker: Schnitzel mit 1 Scheibe Serranoschinken, statt Frischkäse belegen – dabei nur vorsichtig salzen.

Info: Der TK-Spinat taut beim Garen auf und hält das Fleisch kalorienarm saftig. Fleischfans dürfen die doppelte Portion – dann aber mit Bandnudeln (250 g Rohgewicht für 4 Personen) essen.

ZIGEUNERGESCHNETZELTES

Für 4 Portionen

2 EL Mehl
Salz, Pfeffer, 1 TL Paprikapulver
350 g Schweinegeschnetzeltes
1 Zwiebel
2 gelbe Paprika
1 EL Rapsöl
250 ml passierte Tomaten (Tetra Pak)
2 EL mildes Ajvar (Paprikapaste)
2 EL Sauerrahm (20 %)

1. Mehl mit etwas Salz, Pfeffer und dem Paprikapulver in einem Gefrierbeutel mischen. Fleisch zugeben und alles kräftig schütteln.
2. Zwiebel schälen und würfeln. Paprika waschen, putzen und würfeln. Öl in einer Pfanne erhitzen, Zwiebel darin glasig dünsten. Fleisch zugeben und anbraten. Paprika 2 Min. mitbraten, Tomaten angießen. Alles ca. 5 Min. köcheln.
3. Geschnetzeltes mit Ajvar, Sauerrahm, Salz und Pfeffer abschmecken.

▲ 25 Min.
Pro Portion (ohne Kartoffeln) 233 kcal, 21 g E, 11 g F, 12 g Kh

Dazu 800 g Kartoffeln kochen.

POPEYE-SCHNETZ

Für 4 Portionen

1 Zwiebel, 1 Knoblauchzehe
2 EL Rapsöl, 2 TL Currypulver
600 g TK-Rahmspinat-Minis
350 g Putengeschnetzeltes
Salz, Pfeffer

1. Zwiebel und Knoblauch schälen und klein würfeln. Im Öl glasig dünsten und das Currypulver hinein streuen.
2. Spinat gefroren zugeben und erwärmen. Geschnetzeltes zugeben und 5 Min. im Spinat garziehen lassen. Eventuell noch mit etwas Wasser verdünnen. Mit Salz und Pfeffer abschmecken.

▲ 20 Min.
Pro Portion (ohne Beilage) 204 kcal, 24 g E, 10 g F, 5 g Kh

Dazu 250 g Nudeln oder Reis kochen.

Auch lecker: Indisch wird es mit Rosinen im Spinat. Wer es lieber getrennt mag: Pute extra zum Spinat servieren.

Info: Sie sparen Kalorien und stillen den Saucenhunger ganz gesund, wenn das Gemüse die Sauce ersetzt.

CHILI-GESCHNETZELTES

Für 4 Portionen

2 Zwiebeln, 1 Knoblauchzehe
1 rote Pfefferschote, 2 EL Rapsöl
350 g Schweinegeschnetzeltes
Salz, Pfeffer, 2 TL Paprikapulver
2 EL Tomatenmark
1 Dose Kidney-Bohnen (400 g)
200 ml Wasser, Chilipulver
1 Frühlingszwiebel

1. Zwiebeln und Knoblauch schälen und klein würfeln. Pfefferschote waschen, entkernen und klein würfeln.
2. Öl in einem Topf erhitzen, Zwiebeln darin andünsten. Fleisch zugeben und anbraten. Mit Salz, Pfeffer und Paprika würzen. Knoblauch, Pfefferschote, Tomatenmark zugeben. 5 Min. schmoren.
3. Bohnen samt Flüssigkeit und Wasser zugeben, einige Min. kochen. Mit Chilipulver würzen. Frühlingszwiebel waschen, putzen und in feine Röllchen schneiden und darüberstreuen.

▲ 25 Min.
Pro Portion (ohne Reis) 302 kcal, 26 g E, 15 g F, 15 g Kh

Dazu 250 g Reis kochen.

SANFTES HÄHNCHEN-GESCHNETZELTES

Für 4 Portionen
600 g Möhren
1–2 Zwiebeln
2 EL Rapsöl, 2 EL Mehl
1 TL Paprikapulver
Salz, Pfeffer
350 g Hähnchengeschnetzeltes
500 ml Gemüsebrühe
100 g Schmand (20 %)

1. Möhren waschen, schälen und in dünne Scheiben schneiden oder hobeln. Zwiebel schälen, halbieren und in dünne Scheiben schneiden. Beides in einem Topf im Öl andünsten.

2. Mehl, Paprikapulver, Salz und Pfeffer mischen, Geschnetzeltes darin wenden. Das Gemüse im Topf etwas zur Seite schieben und das gewürzte Fleisch darin anbraten.

3. Brühe zugießen und alles zugedeckt 10 Min. garen. Schmand einrühren. Mit Salz und Pfeffer abschmecken.

▲ 30 Min.
Pro Portion (ohne Beilage) 304 kcal, 20 g E, 19 g F, 14 g Kh

Dazu 800 g Kartoffeln oder 250 g Reis kochen.

SPAGHETTI MIT THUNFISCHSAUCE

Für 4 Portionen

300 g Spaghetti, Salz
1 Zwiebel, 1 Knoblauchzehe
1 EL Rapsöl, 3 EL Tomatenmark
1 TL getrockneter Oregano
200 ml Kaffeesahne (10 %)
100 ml Gemüsebrühe
1 Dose Thunfisch im eigenen Saft (130 g Abtropfgewicht)
Zitronensaft, Pfeffer, Paprikapulver
1 Tasse TK-Erbsen

1. Spaghetti in reichlich Salzwasser nach Packungsanleitung bissfest kochen.
2. Zwiebel und Knoblauch schälen und würfeln. Beides im Öl in einem weiten Topf glasig dünsten. Tomatenmark kurz mitrösten, Oregano, Kaffeesahne und Gemüsebrühe zugeben. Aufkochen und ca. 5 Min. bei starker Hitze einkochen.
3. Herd runterschalten, Thunfisch samt Saft zugeben und die Sauce fein pürieren. Mit Zitronensaft, Salz, Pfeffer und etwas Paprikapulver abschmecken. Erbsen bei kleiner Hitze 5 Min. in der Sauce warm werden lassen. Zu den Spaghetti servieren.

▲ 20 Min.
Pro Portion 434 kcal, 19 g E, 14 g F, 58 g Kh

Auch lecker: Statt Erbsen 1 Handvoll abgetropfte Kapern zur Sauce geben.

Info: Achten sie darauf, Thunfisch im eigenen Saft zu nehmen. Thunfisch in Öl enthält viel zu viele Kalorien!

Pannenhilfe: Sobald der Fisch dazu kommt, darf die Sauce nicht mehr zu stark erhitzt werden – die Sauce wird sonst grisselig.

LACHS MIT HAUBE

Für 4 Portionen

1 schönes, gleichmäßiges Stück frisches Lachsfilet (600 g)
1 EL Butter
1 Handvoll Rucola
2 EL Rottiseur-Senf (körnig-pikant)
2 gehäufte EL Schmand (20 %)
Salz, Pfeffer

1. Backofen auf 80 Grad vorheizen. Lachsfilet kalt abspülen und trocken tupfen. Auf der Mittellinie entlangstreichen und die ertastbaren Gräten mit einer Pinzette entfernen.
2. Senf und Schmand verrühren, mit Salz und Pfeffer abschmecken. Rucola waschen, hacken und untermischen.
3. Butter in einer großen Pfanne erhitzen und den Lachs darin etwa 3 Min. anbraten. Vorsichtig wenden, nochmals 3 Min. braten. Filet auf ein Stück Alufolie, das etwas größer als der Fisch sein sollte, legen. Folie an den Rändern etwas nach oben biegen.
4. Die Senf-Masse gleichmäßig auf das Lachsfilet streichen. Lachs mit der Alufolie auf den Backofenrost setzen und etwa 1 Std. garen. Zum Servieren auf eine Platte gleiten lassen.

▲ 15 Min. + 1 Std. Garen
Pro Portion (ohne Beilagen) 254 kcal, 28 g E, 16 g F, 1 g Kh

Dazu 250 g Reis und ein grüner Salat.

Auch lecker: Anderer Senf, anderer Geschmack – probieren Sie doch z. B. mal Meerrettich-Senf.

Info: Lachs zählt zu den fetten Fischen und ist kalorienreicher als magere Fische wie z. B. Kabeljau oder Zander. Er enthält jedoch ungesättigte Fettsäuren, die das Herz schützen.

FISCHRAGOUT

Für 4 Portionen

600 g festes, weißes Fischfilet (z. B. Seelachs, Kabeljau, Rotbarsch, Viktoriabarsch)
Saft 1/2 Zitrone
1 kleine Zwiebel
1 EL Rapsöl
2 TL mildes Currypulver
2 Gläschen Möhrenpüree (je 190 g, Babykost)
100 ml Sahne
Salz, Pfeffer

1. Fischfilet in mundgerechte Würfel schneiden und mit dem Zitronensaft beträufeln.
2. Zwiebel schälen, fein würfeln und im Öl glasig dünsten. Currypulver darüberstäuben, dann Möhrenpüree und Sahne einrühren und zum Kochen bringen.
3. Hitze ganz klein stellen, Fischwürfel in die Sauce legen und in ca. 4 Min. gar ziehen lassen. Mit Salz und Pfeffer abschmecken und servieren.

▲ 20 Min.
Pro Portion (ohne Beilagen) 289 kcal, 29 g E, 16 g F, 6 g Kh

Dazu 800 g Kartoffeln, 250 g Reis oder 250 g Bandnudeln und ein grüner Salat.

Auch lecker: Schmeckt auch mit 200 g Krabben oder 400 g Hühnerfleisch.

Info: Fester Seefisch ist so fettarm, dass er ein bisschen Sahne verträgt.

Profi-Tipp: Sobald der Fisch im Ragout ist, nicht mehr rühren – er zerfällt sonst.

ROTKÄPPCHEN-CREPES

Für 4 Portionen
250 g Champignons
600 g TK-Rahmspinat
1 Knoblauchzehe
250 g Backmischung Mehrkornbrot (oder Vollkornmehl)
1/2 TL Salz, Pfeffer, 3 Eier
150 ml Milch (1,5 %)
250 ml Sprudelwasser
25 ml Rapsöl
100 g geriebener Käse (30 % i.Tr.)

1. Champignons putzen und in dünne Scheiben schneiden. Spinat erhitzen, Knoblauchzehe pressen und zugeben.
2. Backofen auf 100 Grad vorheizen. Backmischung, Salz, Pfeffer, Eier, Milch und Wasser zu einem glatten Teig verrühren.
3. Pro Crêpe 1 TL Öl in einer beschichteten Pfanne erhitzen, mit Champignons auslegen, 1 Kelle Teig darübergeben, backen, wenden, mit Käse bestreuen und fertigbacken.
4. Fertigen Crêpe in einer feuerfesten Form mit 2 EL Spinat bestreichen, nächsten Crêpe darauf legen usw. Im Ofen bei 75 Grad warm halten. Zum Servieren wie eine Torte in Stücke schneiden.

▲ 30 Min.
Pro Portion 468 kcal, 25 g E, 21 g F, 44 g Kh

Auch lecker: Statt Champignons 150 g gewürfelten Kochschinken verwenden, Spinat weglassen und stattdessen mit 600 ml Tomatensoße von Seite 85 servieren.

Info: Pilze, Mehl und Käse enthalten unterschiedliche Formen von Eiweiß. In der Kombination ist der Mix besonders hochwertig.

OFENKÜRBIS MIT DIP

Für 4 Portionen
1 Hokkaido-Kürbis (ca. 1,5 kg)
3–4 EL Olivenöl
einige Zweige Rosmarin
10 Knoblauchzehen
2 hart gekochte Eier, 1 EL Rapsöl
250 g Joghurt (1,5 %)
1/2 Bund Basilikum
Salz, Pfeffer
4 Scheiben Vollkornbrot

1. Backofen auf 240 Grad vorheizen. Kürbis waschen, halbieren und die Kerne auskratzen. In 2 cm breite Spalten schneiden.
2. Auf ein mit Alufolie ausgelegtes Backblech legen. Rosmarinzweige und ungeschälte Knoblauchzehen dazwischen verteilen. Mit Olivenöl beträufeln und auf der mittleren Schiene im Ofen ca. 30 Min. backen.
3. Eier pellen und halbieren. Das Eigelb herausnehmen, mit einer Gabel zerdrücken und mit dem Rapsöl zu einer Paste verrühren. Joghurt und fein gehacktes Basilikum unterrühren. Das Eiweiß fein hacken und zugeben. Mit Salz und Pfeffer würzen. Dip mit Kürbisspalten und Brot servieren.

▲ 30 Min. + 30 Min. Backen
Pro Portion (mit Brot) 380 kcal, 15 g E, 18 g F, 39 g Kh

Auch lecker: Ohne Brot eine tolle Beilage zu Grillfleisch.

Profi-Tipp: Den Knoblauch zerdrücken und aufs Brot streichen.

Info: Kürbis liefert sehr viel Karotin, ein Bioaktivstoff, der bei Kindern häufig knapp ist.

KNUSPERKARTOFFELN MIT LINSENSAUCE

Für 4 Portionen
1 kg kleine Kartoffeln, Salz
1 kleine Zwiebel, 1 Knoblauchzehe
1 EL Rapsöl, 1/2 TL getr. Thymian
100 g rote Linsen
500 ml Gemüsebrühe
2 TL Apfelessig, Pfeffer
2 EL Schmand
2 EL Butter
5 EL Körnermix (z. B. Kürbis-, Sonnenblumen-, Pinienkerne)
2 wachsweich gekochte Eier

1. Kartoffeln waschen und mit Schale in wenig Salzwasser zugedeckt gar kochen. Zwiebel und Knoblauch schälen, klein würfeln und im Öl andünsten.
2. Thymian und Linsen kurz mitdünsten. Brühe und Essig angießen. Zugedeckt 15 Min. köcheln. Pürieren und mit Salz und Pfeffer würzen.
3. Kartoffeln pellen. Butter schmelzen. Körnermix darin anrösten, die Kartoffeln darin schwenken und etwas anrösten. Eier schälen und halbieren.
4. Schmand glattrühren und mit einem Löffel spiralförmig auf die Sauce geben. Kartoffeln mit Sauce und Eiern reichen.

▲ 40 Min.
Pro Portion 473 kcal, 18 g E, 20 g F, 52 g Kh

Profi-Tipp: Mit Pellkartoffeln vom Vortag ein Blitzrezept.

Auch lecker: Statt der Eier können Sie auch pro Person ein kleines Wiener Würstchen oder Bratwürstchen servieren. Schmand dann auf 1 EL reduzieren. Der Apfelessig lässt sich durch einen anderen milden Essig ersetzen.

MILCHREISGRATIN MIT ZWETSCHGEN

Für 4 Portionen

750 g Zwetschgen
1 Liter Milch (1,5 %)
Salz
300 g Milchreis
4 EL Zucker
2 TL Zimt

1. Backofen auf 200 Grad vorheizen. Zwetschgen entsteinen, halbieren und an einem Ende 1 cm tief einschneiden.
2. Milch mit einer Prise Salz aufkochen. Milchreis und 2 EL des Zuckers nach und nach einrühren. Alles noch einmal aufkochen, dann in eine flache, feuerfeste Form füllen.
3. Mit Zwetschgen belegen, dabei die eingeschnittene Seite nach oben. Im Ofen (Mitte) ca. 25 Min. backen. Vor dem Servieren mit einem Mix aus dem restlichen Zucker und dem Zimt bestreuen.

▲ 20 Min. + 25 Min. Backen
Pro Portion 367 kcal, 13 g E, 7 g F, 62 g Kh

Auch lecker: Funktioniert auch mit TK-Zwetschgen oder anderen Früchten, z. B. mit Aprikosen, Rhabarber, Apfel- oder Birnenspalten. Statt Zimt können Sie Kakaopulver nehmen.

Info: Hier können sich Süßmäuler so richtig satt essen. Die Zwetschgen machen das Ganze zur vollwertigen Mahlzeit.

APFEL-SCHMARRN

Für 4 Portionen

3 Eier
2 EL Zucker
400 g Magerquark
150 ml Milch (1,5 %)
100 g Mehl
50 g Schmelzflocken
2 Äpfel
4 TL Butter
etwas Puderzucker zum Bestäuben

1. Eier mit Zucker, Quark und Milch verquirlen. Mehl und Schmelzflocken einrühren.
2. Äpfel waschen, vierteln, entkernen und in schmale Spalten schneiden. Die Hälfte der Butter in einer beschichteten Pfanne (Ø 28 cm) schmelzen und die Hälfte der Apfelspalten darin von beiden Seiten anbraten.
3. Die Hälfte des Teiges darübergeben und bei mäßiger Hitze etwa 5 Min. backen. Wenden, 2 Min. anbacken lassen, dann mit 2 Pfannenwendern in grobe Stücke teilen. Stücke rundherum goldbraun backen.
4. Die zweite Hälfte genauso backen. Mit Puderzucker bestäubt servieren.

▲ 35 Min.
Pro Portion 319 kcal, 11 g E, 10 g F, 45 g Kh

Auch lecker: Schmeckt auch mit anderem Obst, z. B. Pfirsichen, Birnen oder Zwetschgen.

Profi-Tipp: Unbedingt eine große Pfanne verwenden, sonst stockt der Teig zu langsam und lässt sich nur schwer wenden. In einer kleineren Pfanne besser 3 Partien backen.

MANNA

Für 4 Portionen

4 getrocknete Datteln
200 g Hirse
350 ml Orangensaft
350 ml Kaffeesahne (10 %)
1 Prise Salz
2 EL gemahlener Mohn
4 Orangen
1 TL Zimt
250 g Joghurt (1,5 %)
2 EL Honig

1. Datteln entkernen und klein würfeln. Hirse, Orangensaft, Kaffeesahne, Salz, Dattelwürfel und Mohn in einem Topf verrühren und zum Kochen bringen.
2. Zugedeckt auf niedrigster Stufe ca. 30 Min. köcheln lassen. Gelegentlich umrühren.
3. Inzwischen die Orangen schälen, in die einzelnen Spalten teilen und in kleine Stücke schneiden. Kurz vor Ende der Garzeit mit dem Zimt zur Hirse geben.
4. Joghurt und Honig glattrühren. Zum Hirsebrei servieren.

▲ 15 Min. + 30 Min. Kochen
Pro Portion 497 kcal, 13 g E, 14 g F, 77 g Kh

Info: Die kleinen goldgelben Hirse-Kügelchen haben es in sich: Hochwertiges Eiweiß und Kohlenhydrate, Vitamine und viel Eisen – ideal für ein süßes Hauptgericht.

Profi-Tipp: Kaffeesahne ist in der Küche ein guter Sahne-Ersatz, weil sie fettärmer ist und trotzdem nicht gerinnt.

ROTES SCHWEINEFILET ITALIA

Für 6 Portionen

2 Schweinefilets (je ca. 500 g)
5 EL rotes Pesto (Glas)
2 EL Butter, 2 EL Mehl
1 Zwiebel
2 Knoblauchzehen, 1 EL Rapsöl
4 EL Tomatenmark
je 300 ml Tomaten- und Möhrensaft
2 EL Schmand (20 %)
Salz, Pfeffer

1. Backofen auf 80 Grad vorheizen. 2 Stücke Alufolie zurechtschneiden. Filets mit Pesto bestreichen, auf die Folie legen, Folie oben und an den Seiten gut schließen. Im Ofen (Rost) 2 Std. garen.
2. Butter und Mehl verkneten und kalt stellen.
3. Eine Viertelstunde vor dem Essen Zwiebel und Knoblauch schälen, portionsweise durch eine Knoblauchpresse ins heiße Öl pressen und andünsten. Tomatenmark zugeben, Säfte angießen, Mehlbutter einrühren, Sauce aufkochen. 5 Min köcheln, Schmand zugeben und würzen. Fleisch ca. 5 Min. ruhen lassen, aufschneiden und mit Sauce servieren.

▲ 20 Min. + mind. 2 Std. Garen
Pro Portion (ohne Beilagen) 353 kcal, 40 g E, 18 g F, 8 g Kh

Dazu passen das Gold-Püree (→ Seite 160) und der Feldsalat (→ Seite 146).

Info: Filet ist nicht nur das edelste, sondern auch eines der fettärmsten Teile des Schweins – genau das Richtige für einen leichten Festtagsbraten.

Profi-Tipp: Zarte, magere Fleischstücke eignen sich prima zum Niedrig-Temperatur-Garen. Vorteil: Es macht nichts, wenn sie 30 Min. länger im Ofen sind – ideal für Familien.

LAMMKEULE A L'ORANGE

Für 8 Portionen

3 Rosmarinzweige
2 Knoblauchzehen
3 EL Rapsöl, 1/4 TL Lebkuchengewürz
Salz, Pfeffer
1,5 kg entbeinte Lammkeule
2 Zwiebeln, 2 Möhren
100 g Knollensellerie
2 EL Tomatenmark
200 ml Orangensaft, 200 ml Wasser
1–2 TL Orangenmarmelade

1. Rosmarinnadeln hacken. Knoblauch pressen. Mit dem Öl mischen, würzen. Fleisch damit rundherum einreiben.
2. Backofen auf 80 Grad vorheizen. Zwiebeln, Möhren und Sellerie schälen und klein raspeln. Fleisch in einem Bräter rundherum kräftig anbraten und herausnehmen. Gemüse im Bräter 5 Min. schmoren, Tomatenmark kurz mitbraten, dann Saft und Wasser angießen. Fleisch hineinlegen. Im Ofen (unten) 3 Std. garen.
3. Fleisch herausnehmen, bis zum Servieren in Alufolie wickeln. Gemüse und Fond im Bräter fein pürieren und ca. 100 ml Wasser zugeben. Mit Salz, Pfeffer und Marmelade abschmecken.

▲ 30 Min. + 3 Std. Garen
Pro Portion (ohne Beilagen) 354 kcal, 55 g E, 11 g F, 9 g Kh

Dazu 800 g Kartoffeln und ein Salat.

Info: Sauce zum Braten ist für Kinder wichtig, sonst wird es zu trocken. Ideal, wenn die Basis Gemüse ist: es macht die Sauce leicht und liefert Ballaststoffe.

Profi-Tipp: Lässt man das Fleisch bis zum Servieren in Alufolie ruhen, so trocknet es nicht aus und bleibt warm.

WEIHNACHTSPUTE LIGHT

Für 6 Portionen

1 walnussgroßes Stück Ingwer
50 g geröstete und gesalzene Erdnüsse
1 Chilischote, Salz, Pfeffer
1 Zwiebel
3 reife Tomaten
1 Möhre
750 g Putenbrust
1 EL Rapsöl
75 ml Sahne

1. Am Vortag Ingwer schälen und mit den Erdnüssen im Blitzhacker (→ Seite 39) pürieren. Chilischote waschen, entkernen und klein würfeln. Mit der Paste verkneten.
2. Am nächsten Tag den Backofen auf 80 Grad vorheizen. Zwiebel, Tomaten und Möhre würfeln.
3. Pute im Bräter im Öl rundherum leicht anbraten, rausnehmen. Gemüse kräftig anbraten, Pute wieder darauf setzen. Mit der Erdnusspaste bestreichen. Geschlossen im Ofen 3 1/2 Std. garen.
4. Pute herausnehmen, aufschneiden, Fleischsaft auffangen. Mit Sahne zum Gemüse geben, aufkochen und pürieren. Salzen und pfeffern.

▲ 20 Min. + 3,5 Std. Garen
Pro Portion (ohne Beilagen) 247 kcal, 33 g E, 11 g F, 4 g Kh

Dazu 250 g Reis-Wildreis-Mix kochen und Paprika-Möhren-Gemüse oder einen Salat reichen.

Profi-Tipp: Wer die Sauce feiner mag, streicht sie durch ein feines Sieb.

Auch lecker: Schweinelachs oder Rinderfilet statt Pute.

SÜSSE FLIEGENPILZE

Für ca. 50 Stück

50 g getrocknete Cranberries
4 Eiweiß
120 g Zucker
1 Päckchen Vanillezucker
1 Prise Salz
1 TL unbeh. geriebene Zitronenschale
75 g Magerquark
120 g Kokosflocken
50 g zarte Haferflocken

1. Backofen auf 160 Grad vorheizen. Cranberries klein hacken. Eiweiß mit dem Zucker, dem Vanillezucker, dem Salz und der Zitronenschale sehr steif schlagen.
2. Quark, Cranberries, Kokos- und Haferflocken mischen und vorsichtig unter den Eischnee heben.
3. Backblech mit Backpapier auslegen. Mit zwei angefeuchteten Teelöffeln die Masse in kleinen Bergen auf das Blech setzen. Im Ofen (Mitte) ca. 20 Min. backen. Abkühlen lassen, dann gut verschlossen in einer Blechdose aufbewahren.

▲ 20 Min. + 20 Min. Backen
Pro Stück (bei 50 Stück) 33 kcal, 1 g E, 2 g F, 4 g Kh

Auch lecker: Statt Cranberries können Sie auch klein gewürfelte Trockenaprikosen verwenden.

Info: Quark macht die Makronen saftiger und eiweißreicher. Kokosflocken sind so leichtgewichtig, dass sie im Verhältnis zum Volumen weniger Kalorien liefern als andere Nüsse.

ADVENTS-WAFFELN

Für 6 Waffeln

2 Eier
1 Prise Salz
30 g getrocknete Datteln (oder Sultaninen)
50 g Butter
1 EL Zucker
100 g Vollkornmehl
50 g Haferflocken
1 TL Lebkuchengewürz
250 ml Molke oder Buttermilch
etwas Öl
Puderzucker

1. Eier trennen. Eiweiß mit einer Prise Salz steif schlagen. Datteln zerkleinern.
2. Eigelb, Butter und Zucker mit dem Handrührgerät schaumig rühren.
3. Mehl, Haferflocken, Lebkuchengewürz und Molke dazurühren. Eischnee unterheben, Datteln zugeben. Teig 10 Min. ausquellen lassen.
4. Waffeleisen anheizen, Backflächen mit wenig Öl einpinseln. 2 EL Teig auf das Waffeleisen geben und goldbraun backen. Mit Puderzucker bestäubt servieren.

▲ 30 Min.
Pro Stück (ohne Beilage) 210 kcal, 6 g E, 10 g F, 23 g Kh

Dazu schmeckt Obstsalat oder Kompott.

Auch lecker: Mit Mandarinenquark (pro Portion 75 g Magerquark mit einem Schuss Sprudelwasser glatt rühren, mit etwas Zucker süßen und die Spalten einer Mandarine zugeben) wird es zum süßen Hauptgericht.

RÜBLI-TORTE

Für 1 Springform (Ø 26 cm)

250 g Möhren
1 unbeh. Orange
5 Eier
150 g Zucker
1 TL Zimt
200 g gemahlene Mandeln mit Schale
100 g Vollkornmehl
2 TL Backpulver, 1 Prise Salz
Butter und Semmelbrösel für die Form
Puderzucker

1. Möhren waschen, schälen und fein raspeln. Mit dem Saft einer Orange und abgeriebener Orangenschale mischen. Backofen auf 180 Grad vorheizen.
2. Eier trennen, Eigelb mit Zucker und Zimt mit dem Handrührgerät ca. 5 Min. aufschlagen. Mandeln, Mehl und Backpulver mischen und nach und nach unterrühren. Möhrenraspel zugeben. Eiweiß mit dem Salz steif schlagen und vorsichtig unter den Teig heben.
3. Form fetten und mit Semmelbröseln ausstreuen. Teig einfüllen und im Ofen (Mitte) ca. 40 Min. backen. 10 Min. in der Form abkühlen lassen, dann herausnehmen und auf dem Gitter mit Puderzucker bestäuben.

▲ 20 Min. + 40 Min. Backen
Pro Stück (bei 16 Stücken) 164 kcal, 5 g E, 9 g F, 15 g Kh

Profi-Tipp: Zur Dekoration mit einem Sparschäler Möhrenstreifen schneiden und zur Blüte legen.

Auch lecker: Für eine Schokotorte 2 EL Kakaopulver unter das Mehl mischen.

Info: Möhren machen den Kuchen kalorienarm saftig. Bei Mandeln immer die Schale mitmahlen: Sie enthält viele Ballast- und Bioaktivstoffe.

APFELSCHNEE

Für 6 Portionen **500 g Äpfel | 1 kaltes, ganz frisches Eiweiß | 1 Prise Salz 1 Spritzer Zitronensaft | 50 g Zucker**

Backofen auf 200 Grad vorheizen. Äpfel waschen, entkernen und 20 Min. im Ofen braten. Pürieren, kaltstellen. Eiweiß mit Salz und Zitrone sehr steif schlagen, Zucker einrieseln lassen. Apfelbrei zugeben. Dabei immer weiter schlagen, bis die Masse steif, schaumig und glänzend ist. Sehr kalt servieren.

Pro Portion 80 kcal, 1 g E, 0 g F, 18 g Kh

SCHOKO-GRIESSPUDDING

Für 4 Portionen **1 Dose ungesüßte Kokosmilch (400 ml) | 2 TL Kakaopulver 100 ml Traubensaft | 2 Päckchen Vanillezucker | 1 Prise Salz | 50 g Vollkorngrieß**

Kokosmilch mit Kakao, Saft, Vanillezucker und Salz aufkochen. Grieß einrühren, 5 Min. bei kleiner Hitze quellen lassen, ab und zu rühren. Auf Dessertschälchen verteilen, abkühlen lassen. Dazu passt Obstsalat.

Pro Portion (ohne Obstsalat) 268 kcal, 3 g E, 21 g F, 19 g Kh

WINTER-TIRAMISU

Für 4 Portionen **125 g Magerquark 125 g Joghurt (1,5 %) | 1 Pck. Vanillezucker | 2 Orangen | 100 g Honigkuchen 1/2 TL Kakao | 1/4 TL Lebkuchengewürz**

Quark, Joghurt, Vanillezucker verrühren. Orangen filetieren, Saft auffangen. Kuchen in 1 cm-Scheiben schneiden, mit dem Saft tränken. Kastenformboden (25 cm) damit auslegen. Im Wechsel Orangen, Quark, Kuchen einschichten. Mit Quark enden. Mind. 3 Std. kühl stellen. Mit Kakao-Gewürz-Mix bestäuben.

Pro Portion 161 kcal, 7 g E, 1 g F, 29 g Kh

ORANGENJELLY

Für 4 Portionen **6 Blatt Gelatine 500 ml frisch gepresster Orangensaft 2–3 EL Honig | 1 Zimtstange**

Gelatine in kaltem Wasser einweichen. Die Hälfte des Saftes mit Honig und Zimt erhitzen. Gelatine unter Rühren darin auflösen. Nicht kochen, sonst geliert sie nicht. Restlichen Saft zugeben. Auf 4 Gläser verteilen. Abgedeckt mind. 5 Std. kalt stellen. Dazu Joghurt-Sahne (→ Seite 122) reichen.

Pro Portion (ohne Joghurt-Sahne) 97 kcal, 3 g E, 0 g F, 20 g Kh

▶ *Dieser Wochenplan ist kein Kostplan wie im Krankenhaus. Nicht jeder Tag kommt auf dieselbe Kalorienzahl. Sie müssen auch nicht ständig andere Frühstücksideen und Extras überlegen – deshalb finden Sie nicht täglich neue Varianten. Lassen Sie sich vom Speiseplan anregen und planen Sie flexibel für Ihre eigenen Bedürfnisse.*

▶ *Keine Lust auf zweimal kochen? Eine warme Mahlzeit am Tag genügt. Die andere können Sie durch eine kalte Brotmahlzeit ersetzen. Geeignete Beispiele dafür, wie Sie eine kalte Brotmahlzeit zusammenstellen können, finden Sie auf Seite 40.*

	MONTAG	DIENSTAG	MITTWOCH
	1. FRÜHSTÜCK 2 Scheiben Brot mit Tomatenmark, 2 Scheiben Käse oder Schinken, 1 Glas Saft	**1. FRÜHSTÜCK** ← oder →	**1. FRÜHSTÜCK** 1 Brötchen mit **Winterfrucht-Aufstrich** ohne Butter (→ Seite 142), 1 Glas Milch oder Milchkaffee
	2. FRÜHSTÜCK 1 Scheibe Brot mit 1 Portion **Pizza-Creme** (→ Seite 72) und Paprikascheiben	**2. FRÜHSTÜCK** 125 g Magerquark mit Banane	**2. FRÜHSTÜCK** 1 Scheibe Brot mit 1 Portion **Schoko-Maronen-Creme** (→ Seite 142)

MITTAGESSEN	**Gold-Püree mit Bratwürstchen** (→ Seite 160)	**Spaghetti mit Thunfischsauce** (→ Seite 178)	**Lieblings-Lasagne** oder **Veggi-Lasagne** (→ Seite 156)
ABENDESSEN	**Auberginenfächer** (→ Seite 94) mit Baguette und Salat	**Chicoree-Auflauf mit Pellkartoffeln** (→ Seite 166)	**Broccoli-Quiche** (→ Seite 168)
EXTRAS, ALTERNATIVEN	150 g Fruchtjoghurt (1,5 %) oder 1 Kugel Fruchteis	1 Glas Kakao	1 Apfel

DONNERSTAG	FREITAG	SAMSTAG	SONNTAG
1. FRÜHSTÜCK	**1. FRÜHSTÜCK**	**1. FRÜHSTÜCK**	**1. FRÜHSTÜCK**
← oder →	**Latte Schoko-Banana** (→ Seite 141) und 2 Zwiebäcke	← oder →	**Schokomüsli** (→ Seite 141)
2. FRÜHSTÜCK	**2. FRÜHSTÜCK**	**2. FRÜHSTÜCK**	**2. FRÜHSTÜCK**
Omelett-Sandwich (→ Seite 144) und Obst	125 g Obstsalat	fällt aus, dafür gibt es nachmittags einen Müsli-Bratapfel	fällt aus, dafür gibt es mittags Nachtisch

Nudelsuppe mit Würstchen (→ Seite 150)	**Käsespätzle mit Spinat** (→ Seite 154)	**Schlanke Soljanka** (→ Seite 152) mit 1 Scheibe Brot	**Universal-Gulasch** (→ Seite 172)
Wunsch-Salat mit 2 Extras (→ Seite 76) und 1 Scheibe Brot	**Ali Babas Möhrensalat** (→ Seite 147) mit 1 Bratwürstchen und 1 Scheibe Brot	**Knusperhörnchen** (→ Seite 168) mit Salat	1 Scheibe Brot mit **Kartoffel-Frischkäse** (→ Seite 142) und **Rapunzelsalat** (→ Seite 146)
Schokobananen (→ Seite 149)	2 Möhren	**Müsli-Bratapfel** (→ Seite 148) am Nachmittag	**Winter-Tiramisu** (→ Seite 189) als Nachtisch

▶ *Dieser Wochenplan ist kein Kostplan wie im Krankenhaus. Nicht jeder Tag kommt auf dieselbe Kalorienzahl. Sie müssen auch nicht ständig andere Frühstücksideen und Extras überlegen – deshalb finden Sie nicht täglich neue Varianten. Lassen Sie sich vom Speiseplan anregen und planen Sie flexibel für Ihre eigenen Bedürfnisse.*

▶ *Keine Lust auf zweimal kochen? Eine warme Mahlzeit am Tag genügt. Die andere können Sie durch eine kalte Brotmahlzeit ersetzen. Geeignete Beispiele dafür, wie Sie eine kalte Brotmahlzeit zusammenstellen können, finden Sie auf Seite 40.*

	MONTAG	DIENSTAG	MITTWOCH
1. FRÜHSTÜCK	1 Brötchen mit Quark und 2 TL Honig, 1 Glas Milch oder Milchkaffee	← oder →	**Schokomüsli** (→ Seite 141), 1 Glas Saft
2. FRÜHSTÜCK	1 Scheibe Brot mit 1 Portion **Schoko-Maronen-Creme** (→ Seite 142)	1 Joghurt (1,5 %) mit 2 EL **Knuspermüsli** (→ Seite 70)	1 Scheibe Brot mit 1 Scheibe Käse oder Schinken und 1 Möhre

MITTAGESSEN	**Knusperkartoffeln mit Linsensauce** (→ Seite 180)	**Schaschlikspieße mit Pünktchenreis** (→ Seite 170)	**Schupfnudelpfanne** (→ Seite 154)
ABENDBESSEN	**Milchreisgratin mit Zwetschgen** (→ Seite 182)	**Zebra-Brotauflauf** (→ Seite 166)	**Ofenrösti** (→ Seite 158)
EXTRAS, ALTERNATIVEN	1 Stück Gurke	2 Scheiben Ananas	1 Handvoll Weintrauben

DONNERSTAG	FREITAG	SAMSTAG	SONNTAG
1. FRÜHSTÜCK	**1. FRÜHSTÜCK**	**1. FRÜHSTÜCK**	**1. FRÜHSTÜCK**
← oder →	1 Brötchen mit 2 TL Kräuterfrischkäse und 1 Scheibe Käse oder Schinken, 1 Glas Saft	← oder →	**Winterporridge** (→ Seite 140)
2. FRÜHSTÜCK	**2. FRÜHSTÜCK**	**2. FRÜHSTÜCK**	**2. FRÜHSTÜCK**
1 Brötchen mit körnigem Frischkäse und **Winterfrucht-Aufstrich** (→ Seite 142)	125 g Magerquark mit Obst	150 g Fruchtjoghurt (1,5 %)	fällt aus, dafür gibt es Nachtisch

Kasseler mit Bouillonkartoffeln (→ Seite 170)	**Fruchtiges Putencurry** (→ Seite 152)	**Suppe Rot-Grün mit Schupfnudeln** (→ Seite 150)	**China-Entenbrust** (→ Seite 174), aber mit Reis statt Kartoffeln
Bulgur-Gratin (→ Seite 162)	**Wunsch-Salat mit 2 Extras** (→ Seite 76) und 1 Scheibe Brot	**Kü-Ka-Kugeln** (→ Seite 160) mit Salat	**Pellkartoffeln mit Kräuterquark** (→ Seite 88)
2 Mandarinen	100 g Joghurt (1,5 %) und 2 EL Müsli	1 Orange	**Orangenjelly** (→ Seite 189) als Nachtisch

▶ Dieser Wochenplan ist kein Kostplan wie im Krankenhaus. Nicht jeder Tag kommt auf dieselbe Kalorienzahl. Sie müssen auch nicht ständig andere Frühstücksideen und Extras überlegen – deshalb finden Sie nicht täglich neue Varianten. Lassen Sie sich vom Speiseplan anregen und planen Sie flexibel für Ihre eigenen Bedürfnisse.

	MONTAG	DIENSTAG	MITTWOCH
	1. FRÜHSTÜCK oder →	**1. FRÜHSTÜCK** **Raspelapfel** (→ Seite 141), 1 Glas Milch oder Milchkaffee	**1. FRÜHSTÜCK** ← oder →
	2. FRÜHSTÜCK 150 g Fruchtjoghurt (1,5 %)	**2. FRÜHSTÜCK** **2 Mini-Fruchtbrötchen** (→ Seite 144)	**2. FRÜHSTÜCK** 1 Scheibe Brot mit 1 Portion **Schinkencreme** (→ Seite 143)

▶ Keine Lust auf zweimal kochen? Eine warme Mahlzeit am Tag genügt. Die andere können Sie durch eine kalte Brotmahlzeit ersetzen. Geeignete Beispiele dafür, wie Sie eine kalte Brotmahlzeit zusammenstellen können, finden Sie auf Seite 40.

	MONTAG	DIENSTAG	MITTWOCH
MITTAGESSEN	**Ofenkürbis mit Dip** (→ Seite 180)	**Jägerschnitzeltopf** (→ Seite 166)	**Manna** (→ Seite 182)
ABENDESSEN	**Rotkäppchen-Crêpes** (→ Seite 180)	**Linsensalat** (→ Seite 147) und 1 Scheibe Brot	**Überraschungs-Baguette** (→ Seite 144) mit Salat
EXTRAS, ALTERNATIVEN	1 Kiwi	2 Möhren	150 g Fruchtjoghurt (1,5 %)

DONNERSTAG	FREITAG	SAMSTAG	SONNTAG
1. FRÜHSTÜCK	**1. FRÜHSTÜCK**	**1. FRÜHSTÜCK**	**1. FRÜHSTÜCK**
1 Brötchen mit 1 Portion **Schoko-Maronen-Creme** (→ Seite 142), 1 Glas Saft	← oder →	1 Scheibe Brot mit Kräuterfrischkäse und Tomatenscheiben und 1 Scheibe Brot mit Senf, Käse und Gurkenscheiben, 1 Glas Saft	← oder
2. FRÜHSTÜCK	**2. FRÜHSTÜCK**	**2. FRÜHSTÜCK**	**2. FRÜHSTÜCK**
1 Apfel und 2 Zwiebäcke	1 Scheibe Brot mit 1 Scheibe Käse oder Schinken, Salat und Gurkenscheiben	125 g Magerquark mit Obst	fällt aus, dafür gibt es Nachtisch

Fischragout (→ Seite 178)	**Perlentopf** (→ Seite 152)	**Orient-Risotto** (→ Seite 162)	**Putenröllchen** (→ Seite 174)
1 Scheibe Brot mit Spiegelei und Salat	**Knackiges Herbstblech** (→ Seite 160)	**Schoko-Grießpudding** (→ Seite 189)	**Knusperhörnchen** (→ Seite 168)
1 Apfel	2 Scheiben Zwieback	2 Mandarinen	**Müsli-Bratapfel** (→ Seite 148) als Nachtisch

	MONTAG	DIENSTAG	MITTWOCH
▶ Dieser Wochenplan ist kein Kostplan wie im Krankenhaus. Nicht jeder Tag kommt auf dieselbe Kalorienzahl. Sie müssen auch nicht ständig andere Frühstücksideen und Extras überlegen – deshalb finden Sie nicht täglich neue Varianten. Lassen Sie sich vom Speiseplan anregen und planen Sie flexibel für Ihre eigenen Bedürfnisse.	**1. FRÜHSTÜCK** oder →	**1. FRÜHSTÜCK** **Winterporridge** (→ Seite 140), 1 Glas Saft	**1. FRÜHSTÜCK** ← oder →
	2. FRÜHSTÜCK 1 Scheibe Brot mit 1 Scheibe Schinken oder Käse und 1 Möhre	**2. FRÜHSTÜCK** 125 g Magerquark mit 2 Mandarinen	**2. FRÜHSTÜCK** 1 kleine Portion **Schoko-Grießpudding** (→ Seite 189)
▶ Keine Lust auf zweimal kochen? Eine warme Mahlzeit am Tag genügt. Die andere können Sie durch eine kalte Brotmahlzeit ersetzen. Geeignete Beispiele dafür, wie Sie eine kalte Brotmahlzeit zusammenstellen können, finden Sie auf Seite 40.			
MITTAGESSEN	**Punkte-Auflauf** (→ Seite 158)	**Spaghetti mit Linsen-Bolognese** (→ Seite 154)	**Taiga-Wok** (→ Seite 164)
ABENDESSEN	**Rapunzelsalat** (→ Seite 146)	**Himmel-und-Erde-Suppe** (→ Seite 150)	**Knusperbällchen** (→ Seite 162)
EXTRAS, ALTERNATIVEN	1 Glas Saft	1 Stück Gurke	1 Kakao

DONNERSTAG	FREITAG	SAMSTAG	SONNTAG
1. FRÜHSTÜCK	**1. FRÜHSTÜCK**	**1. FRÜHSTÜCK**	**1. FRÜHSTÜCK**
1 Brötchen mit 1 TL Butter, 1 gekochtem Ei und Tomatenscheiben, 1 Glas Saft	← oder →	1 Brötchen mit Quark und **Winterfrucht-Aufstrich** (→ Seite 142), 1 Glas Milch oder Milchkaffee	← oder
2. FRÜHSTÜCK	**2. FRÜHSTÜCK**	**2. FRÜHSTÜCK**	**2. FRÜHSTÜCK**
1 Brötchen mit 1 Portion **Schoko-Maronen-Creme** (→ Seite 142)	1 Orange	3 Scheiben Ananas	fällt aus, dafür gibt es Nachtisch

Tortilla mit Lauch (→ Seite 164)	**Lachs mit Haube** (→ Seite 178)	**Pizza-Nürnberger** (→ Seite 170)	**Chili-Geschnetzeltes** (→ Seite 176)
2 Scheiben Vollkorntoast mit **Kartoffel-Frischkäse** (→ Seite 142) und Gurkenscheiben und 1 Glas Milch	1 Brötchen mit 1 Portion **Schinkencreme** (→ Seite 143)	**Omelett-Sandwich** (→ Seite 144)	**Krautsalat** (→ Seite 146) mit 2 Scheiben Baguette
1 Birne	150 g Fruchtjoghurt (1,5%)	2 Scheiben Zwieback	**Apfelschnee** (→ Seite 188) als Nachtisch

SERVICE

Nur ein paar Gramm zu viel oder schon Übergewicht?

„Bin ich oder ist mein Kind oder Partner wirklich zu dick?“ Mithilfe des Body-Mass-Index, kurz BMI, finden Sie eine angemessene Antwort. Er berechnet sich aus dem Körpergewicht und der Körpergröße wie folgt:
Körpergewicht (kg) dividiert durch das Quadrat der Körpergröße. Eine Beispielrechnung finden Sie im Kasten rechts.
Wer nicht rechnen möchte, kann den Body-Mass-Index auch mithilfe von Skalen bestimmen (→ Grafik rechts). Unter dieser Grafik können Sie nachlesen, wie's gemacht wird.
Doch wie ist der errechnete BMI zu bewerten? Wann fängt Übergewicht an und wo Untergewicht?
Die entsprechenden Werte für Erwachsene finden Sie in der Tabelle auf Seite 201. Klar zu erkennen: Das gesunde Gewicht darf mit dem Alter steigen.
Auch bei Kindern orientiert sich der Bereich des gesunden Gewichts am Durchschnitt. Er ist je nach Alter und Geschlecht unterschiedlich. Denn Kleinkinder sind meist noch knuffiger. Ihr Gewicht ist im Verhältnis zur Größe etwas höher, bei der ersten Streckung im Vorschulalter sind Kinder dann erheblich schlanker. Die Grafiken unten für Mädchen und Jungen helfen Ihnen, den BMI Ihres Kindes auszuwerten. Liegt der Wert innerhalb des dunkel gefärbten Bereiches, ist das Gewicht Ihres Kindes normal. Ein Wert ober- oder unterhalb der eingefärbten Fläche bedeutet dagegen Über- beziehungsweise Untergewicht. Ergeben die Berechnungen bei Ihnen oder Ihrem Kind Übergewicht, sollten Sie zusätzlich einen Arzt konsultieren. In jedem Fall ist dann dieses Buch das richtige für Sie. Auch bei Untergewicht sollten Sie sicherheitshalber einen Arzt aufsuchen und abklären lassen, ob alles in Ordnung ist.

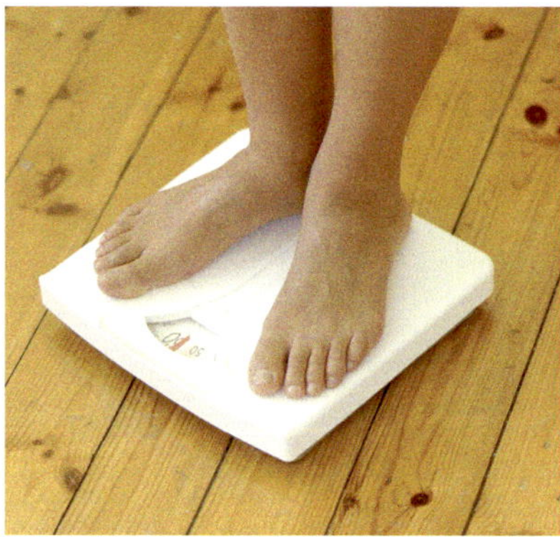

Beispiel:
Sie sind 1,64 groß und wiegen 79 kg.

$$\text{BMI} = \frac{79}{1{,}64\ \text{m} \times 1{,}64\ \text{m}\ (= 2{,}68)} = 29{,}4$$

Welcher BMI-Wert ist für Kinder der richtige?

Mädchen

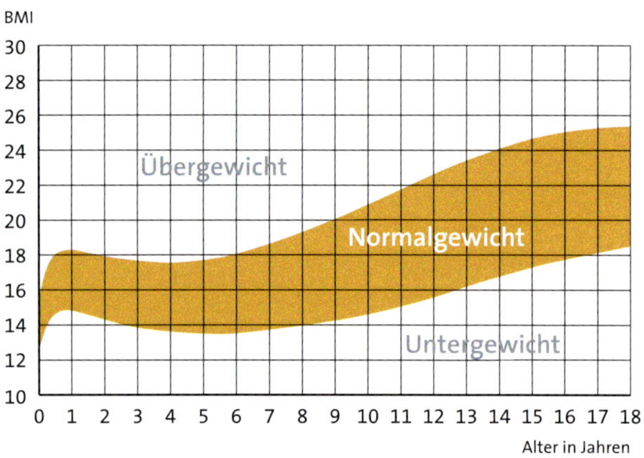

Jungen

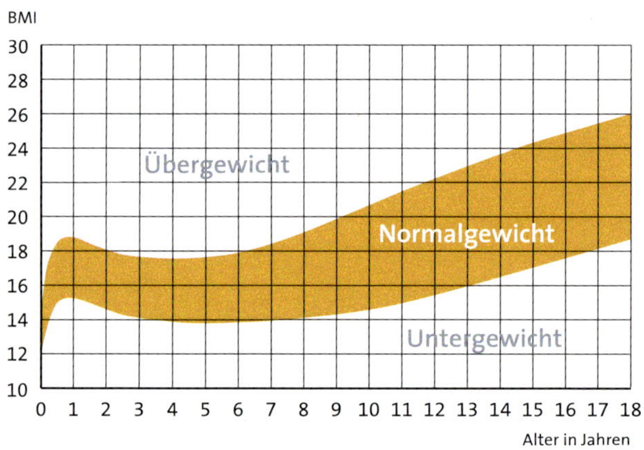

Quelle: LMR und aid

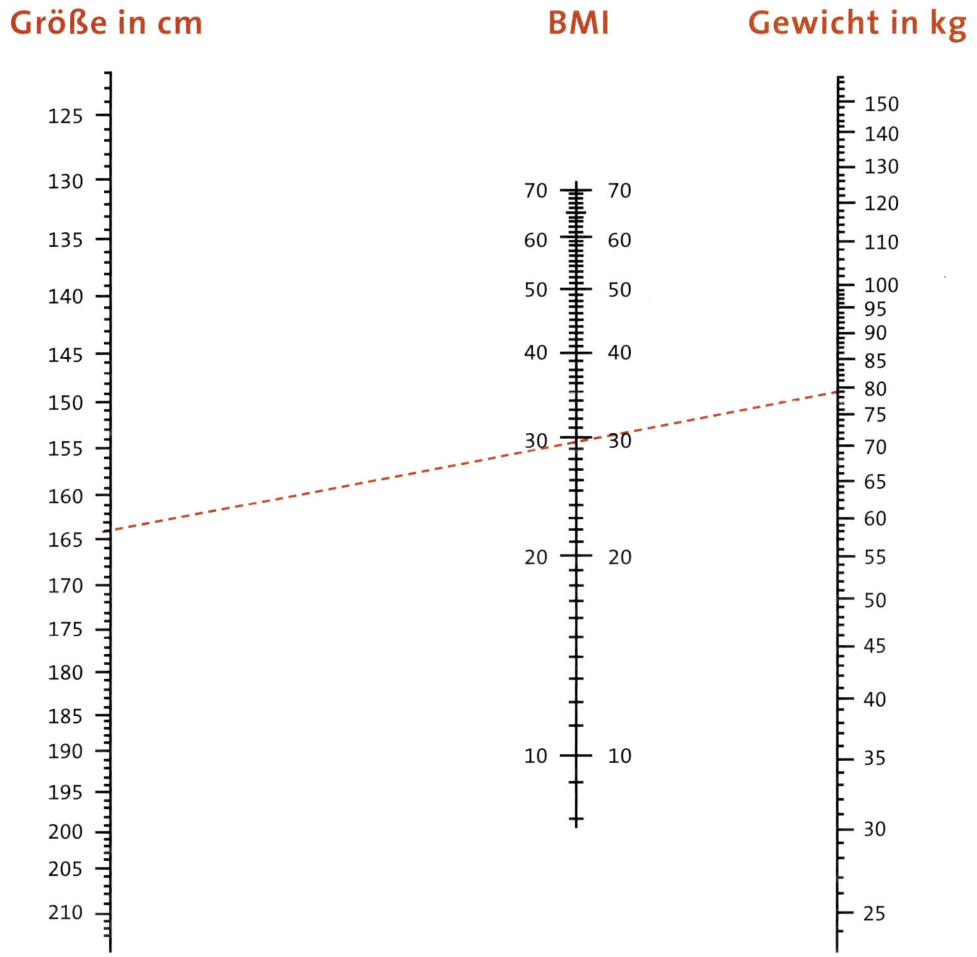

Wie bestimme ich meinen BMI?

Nehmen Sie ein Lineal und einen Stift. Suchen Sie auf der linken Achse Ihre Größe und auf der rechten Achse Ihr momentanes Gewicht. Nun verbinden Sie beide Punkte mit einer Linie. Wo diese Linie die BMI-Achse schneidet, liegt Ihr BMI.

Quelle: aid

Welcher BMI-Wert ist für Erwachsene der richtige?

Alter	BMI Normalgewichtsbereich	Wünschenswerter BMI Männer	Wünschenswerter BMI Frauen
19 bis 24 Jahre	19–24	21,4	19,5
25 bis 34 Jahre	20–25	21,6	23,2
35 bis 44 Jahre	21–26	22,9	23,4
45 bis 54 Jahre	22–27	25,8	25,2
55 bis 64 Jahre	23–28	26,0	26,0
ab 65 Jahre	24–29	26,6	27,3

Quelle: National Research Council

Was hat wie viele Kalorien?

Wenn Sie es genau wissen wollen oder sich nicht sicher sind, wie viele Kalorien ein bestimmtes Lebensmittel enthält, können Sie in dieser Tabelle nachschauen. Hinter den einzelnen Lebensmitteln steht in Klammern die übliche Portionsmenge in Gramm. Die Kalorien sind jeweils pro übliche Portion und pro 100 g angegeben.
Auf Seite 206 können Sie nachlesen, wie viele Kalorien Sie und Ihr(e) Kind(er) pro Tag brauchen.

Quellen:
Klevers Kompass Kalorien & Fette, München, Gräfe und Unzer Verlag, 2004
Kalorien mundgerecht, Frankfurt/Main, Umschau, 1996
Heseker, Beate und Helmut: Nährstoffe in Lebensmitteln, die große Energie- und Nährwerttabelle, Frankfurt/Main, Umschau, 1993
DGE-PC professional (Nährwertberechnungsprogramm)

LEBENSMITTEL *(Stück- oder Portionsgröße)*	**KALORIEN** *pro Stück/ Portion*	*pro 100 g*
OBST		
Ananas (125 g)	73	59
Apfel (1 Stück/125 g)	65	50
Aprikosen (1 Stück/50 g)	21	42
Aprikosen, getrocknet (4 Stück/25 g)	62	249
Banane (1 Stück/150 g)	143	95
Beeren-Mischung, TK (125 g)	89	71
Birne (1 Stück/140 g)	73	52
Cranberries (10 g)	33	326
Datteln, getrocknet (4 Stück/25 g)	71	258
Erdbeeren (125 g)	40	32
Grantapfelkerne (125 g)	97	78
Himbeeren (125 g)	42	34
Kirschen (125 g)	79	63
Kiwi (1 Stück/45 g)	27	61
Limetten (1 Stück/60 g)	28	47
Mandarinen (1 Stück/40 g)	20	50
Mango (1 Stück/125 g)	75	60
Orange (1 Stück/150 g)	70	47
Pfirsich (1 Stück/115 g)	47	41
Rhabarber (150 g)	20	13
Rosinen (25 g)	75	298
Trauben (1 Zweig/125 g)	89	71
Zitrone (1 Stück/125 g)	70	56
Zwetschgen (3 Stück/35 g)	15	43
GEMÜSE, SALAT & PILZE		
Austernpilze (200 g)	20	10
Blumenkohl (200 g)	46	23
Broccoli (200 g)	52	26
Champignons (200 g)	30	15
Chicoree (100 g)	17	17
Chilischoten (2 g)	1	40
Chinakohl (200 g)	28	14
Erbsen, frisch (200 g)	164	82
Erbsen, TK (200 g)	172	86
Feldsalat (60 g)	9	14
Fenchel (200 g)	50	25
Frühlingszwiebel (100 g)	25	25
Gurke (150 g)	18	12
Gurken, saure (100 g)	16	16
Ingwer (10 g)	5	50
Kartoffeln (250 g)	171	69
Kohlrabi (200 g)	50	25
Kürbis (200 g)	54	27
Lauch (200 g)	52	26

LEBENSMITTEL (Stück- oder Portionsgröße)	KALORIEN pro Stück/ Portion	pro 100 g
Mais, Dose (150 g)	114	76
Mangold (200 g)	50	25
Maroni (Esskastanien, 60 g)	104	173
Paprika (200 g)	40	20
Pastinaken (200 g)	34	17
Rahmspinat, TK, je nach Hersteller (200 g)	84	42
Rosenkohl (200 g)	72	36
Rosenkohl, TK (200 g)	78	39
Rote Beete (200 g)	84	42
Rotkohl (200 g)	46	23
Rucola (60 g)	8	14
Sauerkraut (kleine Dose, 314 g)	35	11
Sellerie (200 g)	34	17
Spargel (200 g)	36	18
Spinat (200 g)	34	17
Spinat, TK, gehackt (200 g)	36	18
Spitzkohl (200 g)	46	23
Suppengrün (25 g)	5	21
Tomaten (200 g)	34	17
Tomaten, Dose (400 g)	60	15
Tomaten, getrocknet, ohne Öl (6 g)	4	66
Weißkohl (200 g)	50	25
Zucchini (200 g)	28	19
Zwiebel (80 g)	22	28
HÜLSENFRÜCHTE		
Bohnen, grün und breit, gegart (200 g)	50	25
Kichererbsen, getrocknet (25 g)	81	325
Kichererbsen, gegart (60 g)	68	114
Kidney-Bohnen, Dose (150 g)	160	107
Linsen, Rohgewicht (60 g)	185	309
Linsen, gegart (60 g)	69	115
Mexiko-Mix, Dose (425 g)	225	53
Räuchertofu (100 g)	146	146
MEHL		
Mehl Type 405 (1 EL/20 g)	67	337
Mehl Type 1050 (1 EL/20 g)	67	334
Vollkornmehl (1 EL/20 g)	62	309
CORNFLAKES & MÜSLI		
Cornflakes (1 Portion/30 g)	107	335
Früchtemüsli (1 Portion/50 g)	170	340
Haferflocken (1 EL/10 g)	37	370
Multikornflocken (1 EL/20 g)	62	307

LEBENSMITTEL (Stück- oder Portionsgröße)	KALORIEN pro Stück/ Portion	pro 100 g
Schmelzflocken (1 EL/10 g)	35	350
Schokomüsli (1 Portion/50 g)	195	389
BACKWAREN		
Baguette 400 g	992	248
Brötchen (1 Stück/50 g)	126	251
Croissant (1 Stück/70 g)	355	508
Laugengebäck (1 Stück/50 g)	170	340
Mischbrot (1 Scheibe/45 g)	99	219
Rosinenbrötchen (1 Stück/45 g)	114	253
Toastbrot (1 Stück/25 g)	76	253
Vollkornbrot (1 Scheibe/45 g)	94	188
Vollkornbrötchen (1 Stück/60 g)	133	222
Vollkorntoast (1 Stück/30 g)	70	233
Weißbrot (1 Scheibe/30 g)	71	235
Yufkateig (100 g)	329	329
GETREIDE, NUDELN UND ANDERE BEILAGEN		
Bandnudeln, Rohgewicht (50 g)	176	352
Bandnudeln, gegart (125 g)	188	150
Bulgur, Rohgewicht (100 g)	325	325
Glasnudeln, Rohgewicht (50 g)	81	162
Grünkernschrot, Rohgewicht (20 g)	65	324
Hirse, gegart (80 g)	91	114
Kloßteig halb und halb für Kartoffelknödel (100 g)	109	109
Lasagneplatten, Rohgewicht (100 g)	364	364
Lasagneplatten, gegart (200 g)	310	155
Milchreis, gegart (250 g)	322	129
Perlgraupen, Rohgewicht (20 g)	68	339
Reis, gegart (150 g)	167	111
Risottoreis, Rohgewicht (100 g)	349	349
Schupfnudeln, Fertigprodukt, gegart (50 g)	64	127
Spaghetti, Rohgewicht (50 g)	176	352
Spaghetti, gegart (125 g)	188	150
Spätzle, Fertigprodukt, Rohgewicht (50 g)	176	352
Spätzle, gegart (150 g)	250	167
Suppennudeln, Rohgewicht (50 g)	176	352
Suppennudeln, gegart (100 g)	188	150
Vollkorngrieß, Rohgewicht (20 g)	65	326
Zartweizen, Rohgewicht (50 g)	178	356

LEBENSMITTEL (Stück- oder Portionsgröße)	KALORIEN pro Stück/ Portion	pro 100 g
MILCHPRODUKTE		
Buttermilch (150 g)	54	36
Crème Fraîche, 40 % Fett (15 g)	57	379
Milch, 3,5 % Fett (150 g)	96	64
Milch, 1,5 % Fett (150 g)	74	49
Molke (150 g)	37	25
Kaffeesahne, 10 % Fett (5 g)	10	203
Kondensmilch 7,5 % Fett (15 g)	20	133
Sahne (1 EL/15 g)	43	288
Sauerrahm, 20 % Fett (1 EL/25 g)	29	117
Schmand, 20 % Fett (1 EL/25 g)	51	205
JOGHURT & QUARK		
Joghurt, 3,5 % Fett (150 g)	99	66
Joghurt, 1,5 % Fett (150 g)	69	46
Vanillejoghurt, 1,5 % Fett (150 g)	143	95
Fruchtjoghurt, 3,5 % Fett (150 g)	148	99
Fruchtjoghurt, 1,5 % Fett (150 g)	124	83
Magerquark (100 g)	70	70
Zum Vergleich: Schokoladenpudding (200 g)	599	299
KÄSE (Fett in Trockenmasse = i.Tr.)		
Butterkäse 50 % i.Tr. (1 Scheibe/30 g)	105	350
Emmentaler, gerieben 45 % i.Tr. (30 g)	115	383
Fetakäse 45 % i.Tr. (30 g)	71	236
Frischkäse 70 % i.Tr. (1 EL/30 g)	101	335
Frischkäse, körnig 20 % i.Tr. (1 EL/30 g)	31	102
Gouda 48 % i.Tr. (1 Scheibe/30 g)	109	365
Kräuterfrischkäse 60 % i.Tr. (1 EL/30 g)	75	249
Mozzarella 45 % i.Tr. (1 Kugel/125 g)	294	235
Parmesan 52 % i.Tr. (30 g)	119	396
Raspelkäse 45 % i.Tr. (50 g) (je nach Sorte)	178	355
Ziegenfrischkäse (1 EL/30 g)	24	79
ZUCKER & HONIG		
Honig (1 EL)	61	306
Vanillezucker (1 TL)	20	405
Zucker, weiß (1 TL)	20	405
NÜSSE		
Cashewnüsse (60 g)	341	568
Erdnüsse, geröstet und gesalzen (100 g)	568	568
Haselnüsse (60 g)	381	636

LEBENSMITTEL (Stück- oder Portionsgröße)	KALORIEN pro Stück/ Portion	pro 100 g
Körnermix (Kürbis-, Sonnenblumen-, Pinienkerne, 60 g)	340	566
Kürbiskerne (20 g)	112	560
Mandeln (60 g)	342	569
Sesamsamen (20 g)	112	559
Walnüsse (40 g)	262	654
SÜSSIGKEITEN		
Bananenchips (25 g)	131	525
Bitterschokolade (4 Stückchen)	79	394
Bonbon (1 Stück)	20	400
Fruchteis (1 Kugel)	99	132
Honigkuchen (1 Stück)	152	305
Lakritz (20 g)	56	375
Marmorkuchen (1 Stück)	274	391
Marzipan (50 g)	230	459
Milchschokolade (4 Stückchen)	107	536
Milchspeiseeis (1 Kugel)	64	85
Obstkuchen aus Hefeteig (1 Stück)	216	144
Plätzchen/Kekse (ca. 5 Stück)	249	498
Pralinen (1 Stück)	49	405
Raspelschokolade (1 EL)	89	444
Sahnetorte (1 Stück)	338	282
Schokoriegel (1 Riegel)	275	458
Weingummi (8 g)	28	188
KNABBEREIEN		
Chips (25 g)	134	535
Cracker (25 g)	123	490
Erdnussflips (25 g)	132	529
Nachos (25 g)	125	501
Popkorn mit Zucker (40 g)	153	383
Salzstangen (20 Stück)	104	347
Studentenfutter (25 g)	121	483
Trockenobst (25 g)	72	289
FLEISCH		
Hühnerbrust (1 Stück/125 g)	180	144
Geflügelfleisch (1 Stück/150 g)	283	189
Entenbrust (1 Stück/125 g)	152	122
Putenbrust (1 Stück/125 g)	134	107
Putenfleisch mit Haut (1 Stück/150 g)	324	216
Pute, Schenkel (1 Stück/150 g)	232	155
Suppenfleisch (50 g)	130	261
Rinderroulade mager (1 Stück/150 g)	182	121
Rinderhackfleisch (1 Portion/100 g)	202	202

LEBENSMITTEL *(Stück- oder Portionsgröße)*	**KALORIEN** *pro Stück/ Portion*	*pro 100 g*
Schweinehackfleisch (1 Portion/100 g)	250	250
Kalbsschnitzel (1 Stück/125 g)	141	112
Schweineschnitzel (1 Stück/125 g)	134	107
Kasseler (1 Stück/100 g)	172	172
Schweinegulasch (1 Portion/150 g)	241	161
Wiener Würstchen (100 g)	296	296
Nürnberger Bratwürstchen (1 Stück/150 g)	431	287
Lammfilet (1 Stück/150 g)	224	150
Lammkeule (1 Stück/100 g)	234	234
WURST		
Gekochter Schinken (1 Scheibe/30 g)	34	113
Serranoschinken (1 Scheibe/20 g)	53	267
Roher Schinken (1 Scheibe/30 g)	84	279
Putenbrust (1 Scheibe/20 g)	21	106
Salami, fettarm (1 Scheibe/30 g)	79	263
Cabanossi (1 Stück/30 g)	135	451
Fleischwurst (1 Stück/30 g)	91	304
Geflügelmortadella (1 Scheibe/30 g)	52	174
FISCH		
Fischstäbchen (1 Stück)	58	193
Kabeljau (1 Stück/150 g)	115	77
Krabben (100 g)	91	91
Lachsfilet (1 Stück/150 g)	196	131
Thunfisch im eigenen Saft (1 Dose/130 g Abtropfgewicht)	284	219
Zander (1 Stück/150 g)	126	84
GETRÄNKE		
Apfelsaft (1 Glas/200 ml)	97	48
Colagetränk (1 Glas/200 ml)	121	61
Früchtetee (1 Tasse/150 ml)	0	0
Gemüsesaft (1 Glas/200 ml)	65	32
Grüner Tee (1 Tasse/150 ml)	0	0
Kaffee, schwarz (1 Tasse/150 ml)	0	0
Karottensaft (1 Glas/200 ml)	44	22
Kräutertee (1 Tasse/150 ml)	0	0
Limonade (1 Glas/200 ml)	83	42
Mineralwasser (1 Glas/200 ml)	0	0
Orangensaft (1 Glas/200 ml)	92	46
Roiboostee (1 Tasse/150 ml)	0	0
Schwarzer Tee (1 Tasse/150 ml)	0	0
Tomatensaft (1 Glas/200 ml)	29	15
Traubensaft (1 Glas/200 ml)	143	71

LEBENSMITTEL *(Stück- oder Portionsgröße)*	**KALORIEN** *pro Stück/ Portion*	*pro 100 g*
ALKOHOLISCHE GETRÄNKE		
Bier (1 Glas/330 ml)	140	42
Sekt (1 Glas/100 ml)	79	79
Wein (1 Glas/125 ml)	93	74
FETTE & ÖLE		
Butter (1 EL)	148	741
Kokosmilch (100 g)	191	191
Kürbiskernöl (1 EL)	106	879
Olivenöl (1 EL)	106	881
Rapsöl (1 EL)	105	875
EIER		
Ei (1 Stück)	93	154
Eigelb (1 Stück)	75	342
Eiweiß (1 Stück)	18	55
BROTAUFSTRICH		
Johannisbeerkonfitüre (1 TL)	69	277
Orangenmarmelade (1 TL)	70	279
Nuss-Nougat-Creme (1 TL)	104	521
WÜRZZUTATEN		
Ajvar (1 EL)	8	78
Gemüsebrühe (100 ml)	3	3
Ketchup (1 EL)	17	110
Mayonnaise (1 EL)	149	743
Meerrettich (1 TL)	3	64
Pesto grün (1 EL)	56	563
Pesto rot (1 EL)	28	279
Senf (1 TL)	4	86
Sojasauce (1 EL)	16	108
Tomatenmark (1 EL)	7	74
SONSTIGES		
Kakaopulver (1 EL)	17	342
Kartoffelpüree zubereitet (250 g)	168	67
Kartoffelpüreepulver (25 g)	82	328
Kokosraspel/Kokosflocken (1 EL)	122	610
Möhrenpüree (1 Glas/190 g)	48	25
Semmelbrösel (1 EL)	36	358

Wer braucht wie viele Kalorien?

So viel Energie am Tag brauchen Mädchen und Jungen bzw. Frauen und Männer in unterschiedlichem Alter pro Tag. Bei den Zahlen handelt es sich um grobe Durchschnittwerte auf der Basis der Richtwerte der DGE für mäßig aktive Menschen. Je nach körperlicher Aktivität und Körpergröße schwankt der Bedarf.

Alter in Jahren	*Mädchen/Frauen pro Tag*	*Jungen/Männer pro Tag*
1	*950 kcal*	*950 kcal*
2–3	*1 100 kcal*	*1 100 kcal*
4–6	*1 450 kcal*	*1 450 kcal*
7–9	*1 800 kcal*	*1 800 kcal*
10–12	*2 150 kcal*	*2 150 kcal*
13–14	*2 200 kcal*	*2 700 kcal*
15–18	*2 500 kcal*	*3 100 kcal*
19–24	*2 000 kcal*	*2 500 kcal*
25–50	*1 900 kcal*	*2 400 kcal*
51–65	*1 800 kcal*	*2 200 kcal*
65 und älter	*1 600 kcal*	*2 000 kcal*

Schnelle Küche: Welche Fertigprodukte eignen sich?

Schnelle Küche muss nicht ungesund und nicht kalorienreich sein. Hier eine Liste mit empfehlenswerten Fertigprodukten und Tipps für die schlanke Wahl. Vergleichen Sie die Zutaten- und Nährwertangaben auf den Packungen – die Unterschiede sind teils enorm.

Tiefkühlprodukte
(für Ofen, Pfanne und Mikrowelle)

- **Gemüse**: Gemüsemischungen und Gemüsebeilagen in allen Variationen, besonders wenn sie „natur“, also ohne fette Sauce oder Butter sind – besser selbst mit etwas Butter und Kräutern verfeinern.
- **Obst**: Pur oder als Mix, besonders wenn es „natur“ und ungesüßt ist.
- **Pasta- oder Reisgerichte**: Gerichte mit viel Gemüse und wenig Fleisch sind leichter. Immer auf den Kalorien- und Fettgehalt achten, besonders Lasagne ist meist eine Kalorienbombe.
- **Pizza**: Am leichtesten sind die Sorten Margherita, Hawaii, Schinken, Thunfisch oder Gemüsepizzas. Vorsicht bei Salami- oder Käsepizza – besser nur eine halbe Pizza pro Person mit viel Salat oder aufgepeppt mit Gemüse servieren. Das Gleiche gilt für belegte Baguettes.
- **Suppen**: Viel Flüssigkeit, wenig Kalorien – perfekt!
- **Fleisch**: Mageres Fleisch wie Puten- oder Hähnchenbrust ohne Panade. Panierte Fleischstücke nehmen beim Braten viel Fett auf. Bei mariniertem Fleisch die Marinade gut abtropfen lassen.
- **Fisch**: Fischfilet natur ist am leichtesten. Tomatige Saucen sind meist kalorienarm. Panaden, Knusperkrusten oder cremige Saucen machen's kalorienreicher. Fischstäbchen im Backofen braten, das spart Fett.
- **Kartoffelprodukte**: Ofenpommes (die sich ohne Fett zubereiten lassen), Potato Wedges, Kartoffelklöße.
- **Eis**: Fruchteis und Sorbet, Milchspeiseeis, Stieleis auf Fruchtbasis.
- **Kuchen**: Hefekuchen – alles andere ist meist viel zu fett.

Dosenprodukte

- **Suppen**: Viel Flüssigkeit, wenig Kalorien.
- **Eintöpfe**: Auf Zutaten achten – Gemüseeintöpfe sind meist leicht, fette Wurst- oder Fleischeinlagen machen sie oft zu Kalorienbomben.
- **Fisch**: Thunfisch naturel, Fisch in Tomatensauce.
- **Gemüse**: Monoprodukte oder reine Gemüsemischungen, z. B. Mais,

Tomaten, Mexiko-Mix oder Erbsen.
- **Obst**: Auf den Zuckergehalt achten. Es gibt Produkte ganz ohne oder mit wenig Zucker.
- **Hülsenfrüchte**: In allen Varianten.

Produkte aus dem Kühlregal
- **Gnocchi**: Am besten gleich in der Sauce heiß machen – das spart Fett beim Anbraten.
- **Ravioli, Tortellini, Maultaschen & Co.** Am besten mit Spinat- oder Fleischfüllung. Käsefüllung ist meist fett. In Bouillon, Tomaten- oder Spinatsauce erhitzen.
- **Schupfnudeln**: In Bouillon oder traditionell mit Sauerkraut, aber ohne Speck erhitzen.
- **Spätzle und Frischeinudeln**
- **Rohkost oder Blattsalat ohne Dressing**. Das Dressing lieber selbst zubereiten → Seite 76, 77.
- **Hefeteig für Pizza**: Mit Tomatensugo und Käse relativ fettarm – zusätzlich Gemüse darauf packen.

Trocken-Fertiggerichte
Trocken-Fertiggerichte sollten Sie eher nicht im Haus haben, da sie qualitativ an Tiefkühlkost und viele Dosenprodukte nicht heranreichen können. Allenfalls infrage kommen:
- **Tütensuppen**: Durch den hohen Wassergehalt der fertigen Suppen fast immer eine leichte Wahl. Der Salzgehalt ist jedoch meist hoch und sie sind arm an wichtigen Nährstoffen.
- **Kartoffeln**: Kartoffelpüree, Kartoffelklöße.
- **Nudelprodukte**: Mit Tomatensauce. Vorsicht bei Käse- oder Sahnesaucen. Nudelsnacks sind durch ihre suppige Konsistenz meist kalorienarm. Insgesamt liefern diese Produkte aber keine wichtigen Nährstoffe, nur Kalorien.

Fertige Saucen
- **Tomatensauce** ist fett- und kalorienarm.
- **Bolognesesaucen** und cremige Saucen enthalten meist viel Fett und viele Kalorien.
- **Pesto** nur in kleinen Mengen verwenden, da es viel Fett enthält. Rotes Pesto ist leichter als grünes.
- **Salatdressings**: Cremige Saucen besser stehen lassen, Öl- und Essigsaucen (Vinaigrette) sind leichter.

Rezepte zum Vorkochen und Einfrieren

Von den folgenden Rezepten lohnt es sich, die doppelte Menge zu kochen und eine Hälfte einzufrieren:

Frühling/Sommer
- *Frühlingsragout (→ Seite 116)*
- *Geschmorte Hühnerbeine, mit Reis oder Nudeln (→ Seite 112)*
- *Hackklößchen in grüner Sauce, aber mit Nudeln (→ Seite 105)*
- *Hähnchenfrikassee (→ Seite 110)*
- *Kohlrabi-Hack-Topf (→ Seite 82)*
- *Murmel-Auflauf (→ Seite 94)*
- *Ratatouille (→ Seite 82)*
- *Sanfter Nudeltopf (→ Seite 82)*
- *Sommer-Risotto (→ Seite 92)*
- *Sonnensauce (→ Seite 84)*
- *Tomatensuppe mit Käseklößchen (→ Seite 80)*
- *Universal-Tomatensauce (→ Seite 85)*

Herbst/Winter
- *Chili-Geschnetzeltes (→ Seite 176)*
- *Fixes Curry-Gulasch (→ Seite 172)*
- *Himmel-und-Erde-Suppe (→ Seite 150)*
- *Linsen-Bolognesesauce (→ Seite 154)*
- *Nudelsuppe mit Würstchen (→ Seite 150)*
- *Perlentopf (→ Seite 152)*
- *Puszta-Topf (→ Seite 172)*
- *Sattmach-Gulasch (→ Seite 158)*
- *Schlanke Soljanka (→ Seite 152)*
- *Suppe Rot-Grün mit Schupfnudeln (→ Seite 150)*
- *Thunfischsauce (→ Seite 178)*
- *Universal-Gulasch (→ Seite 172)*

Literaturtipps

Broschüren und Informationsmaterial

Deutsche Gesellschaft für Ernährung e.V. (DGE):

Leichter, aktiver, gesünder
Die Broschüre enthält Tipps für Ernährung und Sport bei übergewichtigen Kindern. Kosten: 2,50 Euro inkl. Versand.

ICH nehme ab
Ringordner mit einem praxisorientierten Programm zum Abnehmen. Für Jugendliche und Erwachsene, aber eher nicht für Kinder geeignet. Kosten: 35 Euro inkl. Versand.

Vollwertig essen und trinken nach den 10 Regeln der DGE
Gesunde Ernährung verpackt in 10 einfachen Regeln liefert diese Informationsbroschüre. Kosten: 3 Euro inkl. Versand.

▶ Bestellung:
DGE-MedienService
Bornheimer Straße 33 b
53111 Bonn
Tel. 02 28/9 09 26 26
oder beim Media-Service unter
www.dge.de

Forschungsinstitut für Kinderernährung (FKE):

OptimiX Empfehlungen für die Ernährung von Kindern und Jugendlichen
Gesunde Kinderernährung verständlich, praxisnah zusammengefasst und mit vielen Tipps für den Familienalltag gespickt. Kosten: 3 Euro zzgl. Porto und Versandpauschale.

Empfehlungen für die Ernährung von übergewichtigen Kindern – gemeinsam abnehmen mit optimiX
Umfangreiche, praxisnahe Informationen und Rezepte. Kosten 3 Euro zzgl. Porto und Versandpauschale.

▶ Bestellung:
www.fke-do.de
oder beim FKE-Broschürenvertrieb
unter Tel. 02 31/71 49 21

aid infodienst – Verbraucherschutz, Ernährung, Landwirtschaft e.V.:

Achten Sie aufs Etikett! – Kennzeichnung von Lebensmitteln
Broschüre mit allen wichtigen Informationen zur Lebensmittelkennzeichnung. Kosten: 3 Euro zzgl. Porto und Versandpauschale.

▶ Bestellung:
aid-Vertrieb DVG
Birkenmaarstraße 8
53340 Meckenheim
Tel. 0 22 25/92 61 46
E-Mail: bestellung@aid.de
oder unter www.aid.de

Bücher zum Thema Ernährung allgemein

V. Boggio: Übergewicht bei Kindern. Eltern können helfen
Weinheim, Beltz, 2004
Keine Diät für Kinder, sondern eine Anleitung zur Änderung der Ess- und Bewegungsgewohnheiten. Einfach und verständlich geschrieben hilft es Eltern, ihr Kind zu motivieren und ihm, ohne es zu verletzen, zu helfen.

D. von Cramm: Das große GU Kochbuch Kinderernährung
München, Gräfe und Unzer, 2004
Vom ersten Brei bis zum Pausenbrot: Das Koch- und Ernährungsbuch enthält über 250 Rezepte für jede Familienphase. Dazu fundierte Infos über Ernährungserziehung und Ernährung, Warenkunde, Kochpraxis und einen umfangreichen Glossar.

D. von Cramm: Kinder-Knigge für Eltern
München, Südwest Verlag, 2005
Essen und Trinken, Bewegung, Freizeit, Entspannen, mithelfen im Familienalltag – das hängt mit der Erziehung zusammen. Dieses Buch bringt die wichtigsten Grundregeln auf den Punkt, ermutigt Eltern Respekt, Rücksicht und Hilfe von ihren Kindern einzufordern und sie tatsächlich ins Leben zu führen. Ganz wichtig: Regeln fürs Benehmen bei Tisch.

I. Elmadfa, W. Aign, E. Muskat, D. Fritzsche: Die große GU Nährwert-Kalorien-Tabelle
München, Gräfe und Unzer, 2006/07
(auch mit CD-Rom erhältlich)
Umfassende Nährwert- und Kalorientabelle für alle, die es genau wissen wollen.

J. Juul: Was gibt's heute? Gemeinsam essen macht Familien stark
Düsseldorf/Zürich, Walter Verlag, 2002
Familientherapeut Juul hält mit diesem Buch ein Plädoyer für gemeinsame Familienmahlzeiten. Anschaulich und mit viel Humor erklärt er, warum gemeinsame Mahlzeiten für das Familienklima so wichtig sind. Welche Hintergründe Essprobleme haben und wie man sie lösen kann wird dabei genauso erläutert wie die Frage „Was ist gutes Essen?"

U. Korsten-Reck: Nina macht Mut
Berlin, Ullstein Hc, 2001
Ein Mut- und Mitmachbuch über Nina, die es geschafft hat, ohne Diät und mit viel Bewegung erfolgreich abzunehmen. Und zwar mit dem von der Autorin an der Freiburger Universitätsklinik entwickelten Therapieprogramm Fitoc (→ Seite 210), bei

dem durch eine Änderung des Ess- und Bewegungsverhaltens mit Spaß die Pfunde purzeln.

Mealus Ernährungsorganizer
Kleiner Diätcomputer, der eine umfangreiche digitale Nährwerttabelle enthält, außerdem Ihren persönlichen Energie- und Nährstoffbedarf berechnet sowie Ihr elektronisches Ernährungsprotokoll führt und berechnet. Der Computer wird in Apotheken und, meist etwas preisgünstiger, im Internet angeboten, zum Beispiel: www.mealus.de, www.dge.de

V. Pudel: So macht Essen Spaß!
Weinheim, Beltz Taschenbuch, 2002
Viele Informationen über das Ernährungsverhalten von Kindern und seine Hintergründe. Außerdem: Vollwertige Ernährung, Probleme mit dem Essen, der Nährstoffschlüssel. (Das Buch erschien 1995 unter dem Titel „Ketchup, BigMac, Gummibärchen".)

Bücher zum Thema Bewegung

C. Grüger: Bewegungsspiele für eine gesunde Entwicklung
München, Ökotopia, 2002
Eine wahre Fundgrube für altersgerechte, kreative Bewegungsspiele für Kinder von 3 bis 8. Die gut umsetzbaren Spiele für drinnen und draußen fördern Fähigkeiten wie Konzentration, Gleichgewicht, Koordination, Geschicklichkeit oder Feinmotorik. Verständliche Beschreibungen, die aber leider ohne Bilder auskommen müssen. Wunderbar geeignet für Kindergeburtstage.

S. Schneider: Bewegung macht Kinder schlau
Freiburg, Christophorus im Verlag Herder, 2004
Zahlreiche praxistaugliche Ideen, um Kindergartenkinder zu Hause oder im Kindergarten zu mehr Bewegung anzuregen. Zwischen den zahlreichen Spielideen erklärt die Autorin verständlich und einfach, warum Bewegung nicht nur den Körper, sondern auch Seele und Geist stärkt.

G. Walter: Lirum Larum Löffelspiel
München, Kösel-Verlag, 2003
Eine Fülle von Spielen und Anregungen, die den ganz normalen Familienhaushalt zum Erfahrungsspielplatz werden lassen. Die praxiserprobten Ideen zeigen, wie Ihr Kind bei alltäglichen Tätigkeiten wie Tisch decken, Kuchen backen oder einkaufen spielerisch gefördert wird. Geeignet für Kinder von 3 bis 7.

S. Wanders: Bewegung macht klug
Freiburg, Velber Verlag, 2003
Praxisnaher Ratgeber für die Förderung der kindlichen Lust an der Bewegung und die motorische Entwicklung. Er enthält eine Fülle von Bewegungsspielen, die durch viele Fotos und anschauliche Beschreibungen leicht nachvollziehbar sind. Eingeteilt sind die Spielvorschläge in Koordinationsspiele, Kooperationsspiele, entspannende und gestaltende Spiele. Wie Kinder mit dem ganzen Körper lernen, erklärt die Autorin im leicht verständlichen Theorieteil.

B. Wilmes-Mielenhausen: Das Hüpfe Kletter Purzel Buch
Freiburg, Christophorus im Verlag Herder, 2001
Viele Tipps, Anregungen und Spielideen, um Kindergarten- und Grundschulkinder mit Spaß in Bewegung zu bringen und ihre Körperwahrnehmung zu fördern. Alltagstaugliche, verständliche Spielanleitungen, übersichtlich gestaltet und mit interessanten Hintergrundinformationen.

Internetadressen

Arbeitsgemeinschaft für Adipositas im Kindesalter (AGA)
www.a-g-a.de
Viele Informationen zum Thema, jedoch oft sehr wissenschaftlich. Interessant ist vor allem die Elterninformation. Unter dem Menüpunkt Therapieeinrichtungen lassen sich ambulante und stationäre Hilfseinrichtungen in ganz Deutschland finden.

Deutsche Gesellschaft für Ernährung (DGE)
www.dge.de
Hier finden Sie aktuelle und seriöse Ernährungsinformationen, können Broschüren und andere Materialien bestellen und qualifizierte Ernährungsberaterinnen in Ihrer Nähe finden.

Forschungszentrum für Kinderernährung
www.fke-do-de
Unabhängiges Forschungsinstitut mit aktuellen, seriösen Informationen zum Thema Kinderernährung und empfehlenswerten Broschüren.

Freizeit- und Sportangebote unter
www.meinestadt.de
Hier lassen sich Informationen Ihrer Stadt und Umgebung abrufen.

Verbraucherzentralen in Ihrer Nähe finden Sie unter
www.vzbv.de

Vereine finden Sie unter
www.meinverein24.de
Sport- und andere Vereine in Ihrem Wohnort suchen und finden: Es gibt nichts, was es nicht gibt, und zwar nicht nur in Großstädten, sondern auch in kleinen Dörfern.

Programme

Medizinisch angeleitete Programme, die übergewichtigen Kindern helfen:

Adipositasprogramm für Kinder und Jugendliche der Universitätsklinik Ulm
Gruppenprogramm für übergewichtige Kinder und Jugendliche im Alter von 8 bis 12 Jahren und 14 bis 16 Jahren. Die Gruppentreffen zur Ernährungs- und Verhaltenstherapie finden alle zwei Wochen über ein halbes Jahr statt.
Universitätskinderklinik Ulm
Adipositasprogramm
Prittwitzstraße 43
89075 Ulm

Adipositasgruppenschulung des Kinderkrankenhauses Wilhelmstift Hamburg
Gruppenprogramm für Kinder und Jugendliche mit einer fünftägigen Blockwoche und anschließend sechs wöchentlichen Treffen. Zusätzlich Elternschulungen. Vorraussetzung für die Teilnahme ist, dass die Kinder Mitglied in einem Sportverein sind und dort regelmäßig trainieren.
Katholisches Kinderkrankenhaus Wilhelmstift Gemeinnützige GmbH
Liliencronstraße 130
22149 Hamburg
Tel. 0 40/6 73 77-0
www.kkh-wilhelmstift.de

Ambulante Adipositastherapie für übergewichtige Kinder und Jugendliche der Deutschen Klinik für Diagnostik Wiesbaden
Gruppenprogramm für Kinder und Jugendliche (4 bis 18 Jahre) mit Bewegungsmotivation, Ernährungs- und Verhaltensschulung.
Deutsche Klinik für Diagnostik
Aukammallee 33
65191 Wiesbaden

Ambulante Therapie für Übergewichtige Kinder und Jugendliche der Universität Heidelberg
Gruppenprogramm für Kinder und Jugendliche von 10 bis 18 Jahren. Das Programm umfasst wöchentliche Treffen mit gemeinsamem Sport und monatliche Treffen zur Verhaltens- und Ernährungstherapie.
Adipositasambulanz
Universitätsklinik Heidelberg
Abt. Innere Medizin
Bergheimer Straße 58
69115 Heidelberg
oder
Abt. Kinderheilkunde I
Universitäts-Kinderklinik HD
Im Neuenheimer Feld 120
69120 Heidelberg

BABELUGA 365plus
Spezialtherapie für übergewichtige Kinder von der DAK und der Charité Berlin, das ein einjähriges ambulantes Therapieangebot mit einer sechswöchigen Intensivbehandlung in einer Fachklinik kombiniert. Teilnehmen können übergewichtige DAK-versicherte Kinder und Jugendliche zwischen 8 und 15 Jahren nach einem ärztlichen Check.
Sozialpädiatrisches Zentrum (SPZ) der Charité
BABELUGA 365plus
Campus Virchow-Klinikum
Augustenburger Platz 1
13353 Berlin

Club Minu
Schweizer Verhaltenstraining für Kinder zwischen 11 und 15 Jahren. Dauer: 9 Monate mit 15 Treffen und 14-tägigem Sommerlager.
Club Minu
Migros-Genossenschafts-Bund
Direktion Kultur- und Soziales
Postfach
CH-8031 Zürich
Tel. (Einwahl aus Deutschland)
00 41/2 77/21 73
E-Mail: soziales@mgb.ch
www.minuweb.ch

Donald Dick Club
Therapieangebot für 8- bis 13-Jährige. Wöchentliche Treffen mit gemeinsamer Bewegung in der Halle oder im Freien, Ernährungs- und Verhaltensschulungen.
Donald Dick Club
Hilde Kolbe
Hugenottenstraße 101
61381 Friedrichsdorf

Familienintervention der KOPS
Beratung übergewichtiger Kinder bzw. ihrer Familien im Rahmen einer großen Studie. Die Berater gehen zum Gespräch in die Familie, Kinder ab 10 werden mit in das Gespräch einbezogen. Die Danone-Stiftung fördert dieses Projekt.
www.uni-kiel.de

Fitoc
Ernährungstraining, Verhaltenstherapie und Elternarbeit werden mit intensivem Bewegungstraining kombiniert.
Medizinische Universitätsklinik Freiburg
Abt. Rehabilitative und Präventive Sportmedizin
Hugstetter Straße 55
79106 Freiburg
Tel. 07 61/270-74 77
E-Mail: info@fitoc.de
www.fitoc.de

Insula
Adipositas-Langzeitprogramm des evang.-luth. Diakoniewerk Hohenbrunn für Jugendliche und junge Erwachsene ab 12 Jahren mit starkem Übergewicht.
Insula
83483 Bischofswiesen/Strub
Tel. 0 86 52/59-522
www.insula.de

KIDS – Schulungsprogramm für übergewichtige Kinder und Jugendliche
Erlebnisorientierte Schulungsprogramme für übergewichtige Kinder und Jugendliche (8 bis 17 Jahre), die aus den Bausteinen Ernährung, Psychologie und Bewegung zusammengesetzt sind.
KIDS
Löher Straße 17
51491 Overath
Tel. 0 22 04/7 45 43
E-Mail: kidsmail@web.de
www.kids-ernaehrung.de

Kids im Gleichgewicht
Gemeinsame Aktion des Kinderhospitals Osnabrück mit vielen Krankenkassen der Osnabrücker Region. Für Kinder mit deutlichem Übergewicht im Alter von 8 bis 12 Jahren und ihre Familien.
Kinderhospital Osnabrück
Kindertagesklinik
Iburger Straße 187
49082 Osnabrück
Tel. 05 41/56 02-123
www.kinderhospital.de/kind_jug_med_schul_adifit.php

Kinder-Ernährungs-Beratungssystem
Fernberatungssystem für Kinder und Jugendliche von 6 bis 16 Jahren.
Ernährungs-Beratungs-Service
Unteranger 1
82327 Tutzing

Moby Dick
Umfassendes Programm mit Bewegung, Ernährung, Verhaltenstherapie, Elternarbeit. In vielen Städten.
Moby Dick, Präventionszentrum
Lilienstraße 36
20095 Hamburg
Tel. 0 40/3 25 27-421 oder
0 40/3 25 25-238
E-Mail: info@mobydickhamburg.de
www.mobydicknetzwerk.de

Obeldicks
Ambulantes Schulungsprogramm an der Vestischen Kinderklinik in Datteln. Das einjährige Programm richtet sich an stark übergewichtige Kinder und Jugendliche von 6 bis 15 Jahren.
Obeldicks-Adipositasschulung
Vestische Kinderklinik Datteln
Universität Witten/Herdecke
Dr.-Friedrich-Steiner Straße 5
45711 Datteln
Tel. 0 22 63/9 75-0
www.kinderklinik-datteln.de

Power Kids
12-Wochen-Trainingsprogramm für zu Hause, das auch über die Kinderärzte vertrieben wird. Als Einstieg geeignet – aber kein Ersatz für eine Therapie. Die Power Kids können sich im Internet in einem Forum austauschen.
Bezugsadresse:
AOK-Verlag
Lilienthalstraße 1–3
53423 Remagen
www.powerkids.de

Ferner bieten viele Krankenkassen für ihre Mitglieder Sportkurse, Ernährungs- und Gesundheitsberatung sowie Informationsmaterial an. Fragen Sie bei Ihrer Krankenkasse nach solchen Angeboten, oft sind sie sehr preiswert oder sogar kostenlos.

Weitere Informationen über ambulante Programme in Ihrer Wohnortnähe unter **www.adipositas-gesellschaft.de/ambulant.php**

Ernährungsberatung

Zahlreiche Krankenkassen übernehmen die Kosten für Einzel- oder Gruppenberatungen bei anerkannten, niedergelassenen Ernährungsberatern.

Informationen über Ernährungsberatungsstellen in Ihrer Nähe erhalten Sie bei folgenden Institutionen:

Deutsche Gesellschaft für Ernährung
Godesberger Allee 18
53175 Bonn
Tel. 02 28/37 76 60-0
www.dge.de

Institut Quetheb e. V.
Schloßplatz 1
83410 Laufen
Tel. 0 86 82/95 44 00
www.quetheb.de

Verband der Oecotrophologen e. V. (VDOE)
Reuterstraße 161
53113 Bonn
Tel. 02 28/2 89 22-0
www.vdoe.de

Lebensmittelglossar

Ajvar
Ajvar ist eine würzig-säuerliche Paste aus Paprika, die ihren Ursprung in Serbien hat und dem Tomatenmark ähnelt. Sie finden es im Glas in gut sortierten Supermärkten und in türkischen oder griechischen Lebensmittelgeschäften. Vorsicht, es gibt milde und scharfe Ajvar-Sorten. Die Paste würzt nicht nur Suppen, Eintöpfe oder Saucen, sondern schmeckt auch als fettarmer Brotaufstrich oder zu Gegrilltem.

Bulgur
Bulgur ist vorgegarter, grober Weizengrieß. Er hat eine relativ kurze Kochzeit und ist daher ideal für die schnelle Familienküche. Bulgur hat einen herzhaft-nussigen Geschmack, liefert lange satt machende Kohlenhydrate und ist reich an Magnesium, Kalium und Vitamin B_6. Sie können ihn als Beilage, für Salate oder in Suppen verwenden. Er schmeckt auch süß zubereitet. Kaufen kann man ihn in türkischen Lebensmittelgeschäften, Bioläden oder gut sortierten Supermärkten. Luftig und trocken lässt er sich problemlos bis zu 9 Monate lagern.

Couscous
Couscous wird aus Weizengrieß hergestellt, der mit Weizenmehl vermischt und mit kaltem Salzwasser benetzt durch Rollen zu feinen Körnchen gepresst wird. Er enthält Folsäure und Vitamin B_1. Couscous ist lecker als Salat, in Suppen oder als Beilage zu Fleisch oder Gemüse. Sie finden ihn in gut sortierten Supermärkten, türkischen oder orientalischen Lebensmittelgeschäften, meist in der vorgegarten Instant-Variante, die ganz einfach zu kochen und blitzschnell gar ist. Original-Couscous ist hingegen aufwendig in der Zubereitung.

Cranberries
Die roten Beeren sind Moosbeeren, eine Variante der Preiselbeere, und werden in Nordamerika angebaut. In Deutschland werden sie fälschlicherweise auch unter dem Namen Kulturpreiselbeere angeboten. Cranberries schmecken fruchtig-herb, aber nicht ganz so säuerlich wie Preiselbeeren. Sie enthalten besonders viel Vitamin C sowie Bioaktivstoffe und stärken daher die Abwehrkräfte. Angeboten werden sie frisch (ab dem Spätherbst) und getrocknet. Sie lassen sich gut einfrieren. Besonders gut eignen sie sich zum Backen, als Kompott, für Saucen (auch zu Pikantem z. B. Wild) oder getrocknet im Müsli. Frische Beeren gut kühlen und rasch verarbeiten, sie verderben schnell.

Glasnudeln
Die dünnen Glasnudeln werden aus Mungobohnenstärke hergestellt und sind fast durchsichtig. Sie werden getrocknet zu Bündeln verschnürt in Asialäden oder gut sortierten Supermärkten angeboten. Glasnudeln müssen vor dem Kochen kurz in kaltem Wasser eingeweicht werden und sind dann im Nu gar. Sie sind einer der kalorienärmsten Vertreter der Nudelfamilie und eignen sich besonders gut als Suppeneinlage.

Grünkern
Grünkern ist unreif geernteter, gedarrter Dinkel. Durch seinen hohen Ballaststoffgehalt sättigt er besonders lange. Grünkern hat einen intensiven nussig-rauchigen Geschmack. Er eignet sich für Suppen, Aufläufe oder als Beilage, geschrotet lässt er sich zu vegetarischen Bratlingen oder Klößchen verarbeiten.

Hirse
Hirse ist eine Getreideart, die in Afrika und Asien zu den Grundnahrungsmitteln gehört. Die kleinen runden Kügelchen sind sehr eisenreich und enthalten viel Kieselsäure. Hirse kann als Beilage, in Suppen, Salaten, Aufläufen oder sogar im Müsli gegessen werden. Auch für süße Speisen, z. B. Obstaufläufe, können Sie Hirse verwenden. Sie bekommen sie in fast allen Supermärkten, in Bioläden oder Reformhäusern.

Hirsemehl
Hirsemehl finden Sie in der Regel nicht im Supermarkt, aber im Bioladen oder Reformhaus. Sie können Hirse auch mit einer alten Kaffeemühle oder im Blitzhacker selbst mahlen. Wenn Ihnen das zu aufwendig ist und Sie kein Hirsemehl bekommen, können Sie es durch Saucenbinder ersetzen. Gesünder ist jedoch Hirsemehl. Es enthält, im Gegensatz zu normalem Saucenbinder, viele Mineralstoffe, vor allem Eisen, Kieselsäure und Vitamine. Es wird schnell bitter – größere Mengen in Portionen einfrieren.

Ingwer
Ingwer stammt aus Südostasien und wird dort als Würz- und Heilmittel verwendet. Er hat ein mehr oder weniger scharfes, leicht zitroniges Aroma, das nicht nur pikanten, sondern auch süßen Gerichten einen Frische-Kick gibt. Am aromatischsten ist die frische Wurzel, es gibt ihn aber auch getrocknet als Pulver, kandiert

oder in Sirup eingelegt. Frischer Ingwer bleibt ungeschält im Kühlschrank ca. 2 Wochen schmackhaft und wird nicht holzig. Er kann, geschält und gerieben, gut auf Vorrat eingefroren werden. Wenn er ganz frisch ist, lässt sich Ingwer gut durch die Knoblauchpresse drücken. Ansonsten ist es einfacher, ihn klein zu schneiden. Probieren Sie doch mal Ingwertee – die Geheimwaffe gegen Erkältungen: 1 walnussgroßes Stück Ingwer schälen, klein schneiden und mit 750 ml Wasser 10 Min. köcheln lassen, absieben und mit etwas Honig gesüßt und mit Orangen- oder Zitronensaft verfeinert heiß trinken.

Kaffirblätter
Die Blätter des Kaffir-Limettenbaumes sind in der asiatischen Küche sehr beliebt. Sie haben einen sehr frischen zitronigen Geschmack und können wie Lorbeerblätter in Gerichten mitgekocht werden. Sie finden sie getrocknet, tiefgefroren oder frisch in Asiageschäften. Tipp: Die Blätter lassen sich prima auf Vorrat einfrieren.

Kokosmilch
Die dickflüssige Kokosmilch wird aus Kokosfleisch und Kokoswasser hergestellt und schmeckt leicht süßlich. In der asiatischen Küche wird sie oft zum „Entschärfen“ von scharf gewürzten Currys, aber auch für Süßspeisen verwendet. Es gibt sie in Asialäden oder Supermärkten flüssig in Dosen, in Tetra Paks, in Konzentratform zu Blöcken gepresst oder als Pulver, das mit Wasser angerührt werden muss. Vorsicht, Kokosmilch ist fast so fettreich wie Sahne, enthält ungesunde gesättigte Fettsäuren und sollte deshalb sparsam verwendet werden. Reste lassen sich prima einfrieren.

Mie-Nudeln
Die chinesischen Eiernudeln eignen sich sehr gut für die schnelle Familienküche. Sie sind vorgegart und müssen deshalb nur kurz in kochendem Wasser ziehen. Mie-Nudeln bekommen Sie spiralförmig aufgedreht und zu Platten gepresst in Asialäden oder in gut sortierten Supermärkten.

Mohn
Zum Backen und Kochen wird der Samen des Schlafmohns verwendet. Die graublauen Mohnsamen schmecken leicht haselnussartig. Mohn eignet sich gut zum Würzen von Brot, Kuchen und Gebäck. Er enthält viel gesunde ungesättigte Fettsäuren, Kalzium und Eisen. Vor dem Backen sollte der Mohn gemahlen werden, da er erst dann sein volles Aroma entfalten kann. Mohn lässt sich am besten in einem Mörser, einer Kaffeemühle oder einer speziellen Mohnmühle zerkleinern. Der gemahlene Mohn sollte schnell verbraucht werden, da er sonst ranzig wird.

Perlgraupen
Perlgraupen sind polierte Gerstenkörner. Sie punkten vor allem mit sättigenden Ballaststoffen und Mineralstoffen wie Magnesium, Phosphor und Eisen. Sie haben einen leicht süßlichen Geschmack und eignen sich gut für Suppen, Eintöpfe, Risotto oder als Beilage. Man bekommt sie in jedem Supermarkt.

Pesto
Pesto stammt aus der italienischen Küche und ist eine würzige Paste aus Basilikum, Olivenöl, Pinienkernen und Parmesan. Außer diesem klassischen grünen „Pesto Genovese“ gibt es aber auch andere Sorten, z. B. rotes Pesto mit getrockneten Tomaten oder Nusspesto mit Walnüssen. Es schmeckt nicht nur pur zur Pasta, sondern eignet sich auch zum Würzen oder als Brotaufstrich. Vorsicht, Pesto ist recht fettreich und sollte deshalb sparsam verwendet werden. Sie bekommen es im Glas in fast jedem Supermarkt.

Polenta (Maisgrieß)
Polenta ist getrockneter, gemahlener Mais. In Italien ist Polenta als Brei oder gekocht und zu knusprigen Schnitten gebraten eine sehr

beliebte Beilage. Der Grieß ist ballaststoffreich und sättigt gut, außerdem enthält er viel Karotin, ein Bioaktivstoff, der die Zellen schützt und bei Kindern oft knapp ist. Polenta sollte möglichst frisch sein, da sie schnell ranzig wird und dann bitter schmeckt. Achten Sie deshalb auf das Mindesthaltbarkeitsdatum und kaufen Sie nur kleine Mengen. Polenta gibt es in gut sortierten Supermärkten, Bioläden und italienischen Lebensmittelgeschäften.

Puy-Linsen
Die grünlich schwarz gesprenkelten Linsen sind eine Spezialität aus Frankreich. Sie haben einen leicht nussigen Geschmack und bleiben beim Kochen bissfest, daher sind sie ideal für Salate. Neben sättigenden Kohlenhydraten und Ballaststoffen liefern sie, wie alle Hülsenfrüchte, viel hochwertiges Pflanzeneiweiß. Puy-Linsen bekommen Sie in Bioläden.

Rottiseur- oder körniger Senf
Bei grob geschrotetem Senf sind die Senfkörner teilweise noch sichtbar und er hat einen kräftigen Geschmack. Durch seine Senföle werden der Stoffwechsel und die Verdauung angeregt.

Sojasauce
Die beliebte Würzzutat aus der asiatischen Küche wird aus Sojabohnen, Wasser und Salz gebraut. Es gibt kräftige dunkle Sorten und leichtere helle Sorten. Sojasauce eignet sich besonders gut zum Nachwürzen von fertigen Speisen, da sie sich besser verteilt als Salz. Sie bekommen sie mittlerweile in fast allen Supermärkten oder in Asiageschäften. Achten Sie darauf, dass Sie hochwertige Sojasauce ohne Karamell, Zucker, Kunstaromen oder Konservierungsstoffe kaufen.

Sprudelwasser
Mit Sprudelwasser meinen wir kohlensäurehaltiges Wasser. Das kann Mineralwasser sein oder mit einem Trinkwassersprudler bereitetes Leitungswasser. Wichtig ist die Kohlensäure. Sie macht Gerichte luftiger.

Wrap
Die dünnen Teigfladen gibt es fertig im Supermarkt zu kaufen. Sie müssen kurz aufgebacken werden und können dann vielseitig belegt werden, z. B. mit klein geschnittenen Würstchen, Schinkenstreifen oder gebratenem Hackfleisch oder rein vegetarisch mit verschiedenen Gemüsesorten. Probieren Sie auch mal die süße Variante mit Obst und Quark. Kindern macht es viel Spaß die Wraps mit verschiedenen Zutaten selbst zu belegen. Wraps eigenen sich auch hervorragend für Partys oder Kindergeburtstage.

Yufkateig (auch Filoteig oder Brikteig)
Er wird beim Backen ähnlich knusprig wie Blätterteig, ist aber sehr viel fettärmer, da er nur aus Wasser und Mehl besteht. Sie finden ihn eingeschweißt im Kühlregal türkischer Lebensmittelgeschäfte. Yufkateig können Sie auf Vorrat kaufen, er lässt sich bis zu 2 Wochen im Kühlschrank lagern und auch gut einfrieren. Wichtig: Er sollte stets gut verpackt sein, sonst trocknet er aus und bricht leicht beim Verarbeiten.

Zartweizen
Leicht süßlich schmeckende Alternative zu Reis, die wegen des neutralen Aromas auch bei Kindern meist gut ankommt. Die Weizenkörner sind schon vorgegart und deshalb besonders schnell und einfach zuzubereiten. Im Supermarkt finden Sie ihn lose oder im Kochbeutel. Es gibt ihn pur oder in verschiedenen Geschmacksrichtungen. Bevorzugen Sie Zartweizen natur, den Sie nach Ihrem eigenen Geschmack verfeinern können – übrigens auch süß.

Stichwortverzeichnis

Rezepte von A bis Z

Abkürzungen

cm	Zentimeter
E	Eiweiß
EL	Esslöffel
F	Fett
Fett i.Tr.	Fett in Trockenmasse
g	Gramm
getr.	getrocknet
kcal	Kilokalorien
kg	Kilogramm
Kh	Kohlenhydrate
kJ	Kilojoule
l	Liter
ml	Milliliter
TL	Teelöffel
unbeh.	unbehandelt

Umrechnungstabelle Backtemperaturen

je nach Herdform

Ober- und Unterhitze	Umluft	Gasherd
150 Grad	140 Grad	Stufe 1
180 Grad	160 Grad	Stufe 2
200 Grad	180 Grad	Stufe 3
225 Grad	200 Grad	Stufe 4
250 Grad	220 Grad	Stufe 5

Impressum

Herausgeber und Verlag
Stiftung Warentest
Lützowplatz 11–13
10785 Berlin
Tel. 0 30/26 31-0
Fax 0 30/26 31-25 25
www.stiftung-warentest.de

Vorstand
Dr. jur. Werner Brinkmann

Weitere Mitglieder der Geschäftsleitung
Hubertus Primus (Publikationen)
Dr.-Ing. Peter Sieber (Untersuchungen)

Autorin
Dagmar von Cramm,
Dipl. oec. troph., Freiburg
Mitglied im Präsidium der Deutschen Gesellschaft für Ernährung

Mitarbeit Autorin (Redaktion)
Inga Pfannebecker, Dipl. oec. troph.

Versuchsküche
Sandy Matthes
Barbara Micucci

Lektorat
Uwe Meilahn (Leitung)
Ursula Rieth
Heike Plank

Fachliche Beratung
Vera Kaftan-Namyslowski
Brigitte Kluth-Kosnik
Christiane Röhling
Dorothee Soehlke-Lennert

Layout, Bildredaktion, Styling, Produktion
Susann Unger, Berlin
www.susannunger.de

Fotografie, Bildbearbeitung
Hans-Wulf Kunze

Bildnachweis
aid infodienst, S. 22
Corbis/Lupton S. 10, /Allig S. 11, /Williams S. 14, /Green S. 20, /McMahon S. 42, /Cardoso S. 42, /Emely S. 43, /van den Heuvel S. 47, 51, 136, 137, /Hosking S. 53, /JLP S. 57, /Leonard S. 65, /Rogers S. 66, /Stewart S. 68
Getty Images/Johner S. 8, 10, /Platt S. 14, /Maudslay S. 17, /Stock4B S. 20, /Neumann S. 23, /Bush S. 24, /Mo S. 36, /Tancrediphotocom S. 69, /Duerichen S. 198
Mauritius/Workbookstock S. 19, /Foodpix S. 198, /Bourrier S. 200
Peter Nielsen, S. 5
Plainpicture/Schneider S. 30, /Kuttig S. 42, /Normal S. 48, /Christmann S. 49, /Eizinger S. 59, /Kaiser S. 52, /Johner S. 60, 67 (2), 199, /Powell S. 63, /alt-6 S. 134
Stockfood/Rynio S. 18, /Sporrer S. 62, 134, /FoodPhotography S. 64, /Schieren S. 68 (2), /Stock S. 68 (2), /Westermann S. 138, /Lehmann S. 139, /Peters S. 206, /Bischof S. 213, /Sandmann/Wegner S. 214

Infografiken
Kati Hammling

Quellen/Copyright:
S. 15, Energieumsatz, nach Ravussin, CMA Centrale Marketing-Gesellschaft der deutschen Agrarwirtschaft mbH, Bonn

S. 16, DGE-Ernährungskreis,
S. 31, Dreidimensionale Lebensmittelpyramide: Deutsche Gesellschaft für Ernährung e. V., Bonn

S. 21, Kinderpyramide,
S. 201, BMI-Scalen: aid infodienst – Verbraucherschutz, Ernährung, Landwirtschaft e. V., Bonn

S. 200, BMI für Mädchen, Jungen: LMR Baden-Württemberg und aid, Esspedition Schule

Verlagsherstellung
Rita Brosius
Kerstin Uhlig

Druck
aprinta Druck GmbH & Co. KG
86650 Wemding

Einzelbestellung
Stiftung Warentest
Vertrieb, Postfach 81 06 60
70523 Stuttgart
Tel. 0 180 5/00 24 67
Fax 0 180 5/00 24 68
(jeweils 12 Cent pro Minute aus dem Festnetz)
www.stiftung-warentest.de

Redaktionsschluss
Juli 2006

Weitere Titel aus unserem Buchprogramm

Das neue Kochbuch durchs Jahr
Genießer kommen hier auf ihre Kosten. Die Rezepte begleiten Sie mit den Zutaten durchs Jahr, die gerade Saison haben. Mit vielen praktischen Tipps und umfangreicher Warenkunde.

384 Seiten | 19,8 x 25,5 cm
Mai 2004 | gebunden
ISBN 3-931908-90-9
Best.-Nr. Y 0401
29,00 €

Handbuch Medikamente
Limitierte Sonderausgabe
Erstmals kartoniert erscheint die 6. Auflage des Standardwerks als Sonderausgabe zum günstigeren Preis. Der Ratgeber für alle, die wissen wollen, was Ärzte verschreiben.

1240 Seiten | 19,5 x 25,0 cm
Erscheint am 28.09.2006 | kartoniert
ISBN 3-937880-36-4
Best.-Nr. Y 0604
25,00 €

Renovieren –
Preiswert und umweltschonend
Wände streichen, Fußböden verlegen, Möbel aufarbeiten: Unser Ratgeber zeigt mit Schritt-für-Schritt-Anleitungen und zahlreichen Fotos, wie es geht.

208 Seiten | 16,8 x 22,5 cm
April 2006 | kartoniert
ISBN 3-937880-24-0
Best.-Nr. L 0603
14,90 €

Schulkind! 5–12 Jahre
Dieser einfühlsame Ratgeber zeigt Ihnen, wie der Schulalltag heute aussieht und wie Sie Ihr Kind in den ersten Schuljahren unterstützen können. Mit vielen Tipps zu Familienalltag, Ernährung und Gesundheit.

304 Seiten | 17,2 x 24,0 cm
Juni 2004 | gebunden
ISBN 3-931908-91-7
Best.-Nr. H 0402
19,90 €

Handbuch Selbstmedikation
Aktualisierte Neuauflage
Unser umfassendes Handbuch beschreibt und bewertet Medikamente, gibt Anwendungsempfehlungen und Hinweise zu Neben- und Wechselwirkungen.

752 Seiten | 19,8 x 25,5 cm
Erscheint am 04.10.2006 | gebunden
ISBN 3-937880-27-5
Best.-Nr. Y 0601
34,00 €

Reparaturen zu Hause
Vom tropfenden Wasserhahn bis zur kompletten Renovierung: Unser Buch illustriert grundlegende Arbeitstechniken und gibt Ihnen praxisorientierte Hilfestellung für den Materialkauf.

320 Seiten | 19,8 x 25,5 cm
März 2005 | gebunden
ISBN 3-937880-02-X
Best.-Nr. Y 0501
20,00 €

Vererben und Erben
Die gesetzlichen Regelungen sind kompliziert, sowohl für Erblasser als auch für Erben. Unser Ratgeber beantwortet die wichtigsten Fragen zu Testament, Erbrecht und Steuern.

264 Seiten | 16,8 x 22,5 cm
August 2005 | kartoniert
ISBN 3-937880-15-1
Best.-Nr. L 0504
14,90 €

Das Rückenbuch
Der Rücken ist für Bewegung gebaut und davon haben wir in unserem Alltag oft viel zu wenig. Die Folge sind Beschwerden. Unser Ratgeber zeigt, wie sich Schmerzen vermeiden und behandeln lassen.

224 Seiten | 17,2 x 24,0 cm
Mai 2004 | gebunden
ISBN 3-931908-92-5
Best.-Nr. H 0401
19,90 €

Möbel kaufen
Unser Ratgeber informiert über Material und Innenleben von Möbeln, hilft Qualitätsmerkmale zu erkennen und gibt praktische Tipps für das Wohnen mit Kindern.

ca. 200 Seiten | 16,8 x 22,5 cm
Erscheint am 15.11.06 | kartoniert
ISBN 3-937880-37-2
Best.-Nr. L 0605
12,90 €

Bestellen Sie direkt bei Stiftung Warentest unter www.test.de/buecher oder bei Ihrem Buchhändler.